A essência
da mente

CIP-BRASIL. CATALOGAÇÃO NA PUBLICAÇÃO
SINDICATO NACIONAL DOS EDITORES DE LIVROS, RJ

A574e

Andreas, Steve
　　A essência da mente : usando o seu poder interior para mudar / Steve Andreas, Connirae Andreas ; tradução Heloísa Martins Costa. - [5. ed]. - São Paulo : Summus, 2022.
　　312 p. ; 21 cm.

　　Tradução de: Heart of the mind : engaging your inner power to change.
　　Inclui bibliografia
　　ISBN 978-65-5549-085-5

　　1. Programação neurolinguística. I. Andreas, Connirae. II. Costa, Heloísa Martins. III. Título.

22-79216　　　　　　　　　　　　　　　　　　　　CDD: 158.1
　　　　　　　　　　　　　　　　　　　　　　　　　CDU: 81"234

Gabriela Faray Ferreira Lopes - Bibliotecária - CRB-7/6643

www.summus.com.br

Compre em lugar de fotocopiar.
Cada real que você dá por um livro recompensa seus autores
e os convida a produzir mais sobre o tema;
incentiva seus editores a encomendar, traduzir e publicar
outras obras sobre o assunto;
e paga aos livreiros por estocar e levar até você livros
para a sua informação e o seu entretenimento.
Cada real que você dá pela fotocópia não autorizada de um livro
financia o crime
e ajuda a matar a produção intelectual de seu país.

A essência da mente

Usando o seu poder interior para mudar

Steve Andreas
Connirae Andreas

summus editorial

Do original em língua inglesa
HEART OF THE MIND
Engaging your Inner Power to Change
Copyright © 1989, 2022 by Real People Press
Direitos desta tradução adquiridos por Summus Editorial

Editora executiva: **Soraia Bini Cury**
Edição: **Janaína Marcoantonio**
Tradução: **Heloísa Martins Costa**
Revisão: **Raquel Gomes**
Capa: **Alberto Mateus**
Projeto gráfico e diagramação: **Crayon Editorial**

Summus Editorial
Departamento editorial
Rua Itapicuru, 613 – 7º andar
05006-000 – São Paulo – SP
Fone: (11) 3872-3322
http://www.summus.com.br
e-mail: summus@summus.com.br

Atendimento ao consumidor
Summus Editorial
Fone: (11) 3865-9890

Vendas por atacado
Fone: (11) 3873-8638
e-mail: vendas@summus.com.br

Impresso no Brasil

*Para Richard Bandler e John Grinder,
cocriadores da Programação Neurolinguística,
e para Leslie Cameron-Bandler e Judith De Lozier
e Robert Dilts e David Gordon,
nossos mestres durante tantos anos.*

*Qualquer tecnologia que seja desenvolvida
o suficiente é igual à mágica.*

Arthur C. Clarke

O coração tem razões que a própria razão desconhece.

Blaise Pascal

Sumário

Introdução 15

1. Como eliminar o medo de falar em público 17
O medo de falar em público é um dos mais frequentes. Saber *como* pensamos sobre a questão de falar diante de outras pessoas faz uma grande diferença para vencer esse temor tão comum.

2. Como ser mais independente nos relacionamentos 25
Como aumentar a capacidade de fazer autoavaliações e reduzir a dependência em relação à opinião dos outros. Inclui um processo para eliminar a codependência.

3. Como curar traumas 41
Uma maneira de resolver traumas do passado, substituindo sentimentos e crenças limitantes por sentimentos e crenças de confiança e poder.

4. Como eliminar reações alérgicas 51
Um processo rápido e delicado que já ajudou muitas pessoas a ficarem livres dos sintomas de uma ampla gama de alergias e sensibilidades.

5. Como reagir de forma positiva a críticas 61
Um método que permite reagir automaticamente a críticas de maneira positiva, aprendendo com a informação recebida.

6. Fobias, traumas e maus-tratos 71
Todos nós já passamos por experiências traumáticas, e algumas pessoas sofreram maus-tratos. Um dos métodos apresentados elimina as reações fóbicas, e outro permite à pessoa se "desligar" do trauma e se "ligar" plenamente às experiências positivas do passado.

7. Intenções positivas 91
Todo comportamento tem um objetivo positivo. Se compreendemos esse objetivo, podemos dar valor a comportamentos e sentimentos problemáticos e obter novas opções, melhorando nossa autoestima e nossos relacionamentos.

8. Como criar os filhos de forma positiva 107
Como ter acesso à nossa sabedoria parental, criar um relacionamento mais profundo com nossos filhos e usar a linguagem para estimular comportamentos positivos e desestimular o mau comportamento. Os mesmos métodos também ajudarão a melhorar nossa comunicação com colegas de trabalho e amigos.

9. Como ser firme de maneira respeitosa ... 119
Neste capítulo, descrevemos uma sessão com uma mulher que adotou um novo ponto de vista que lhe possibilitou pedir um aumento — e depois conseguir outro sem precisar pedi-lo. Outra mulher aprendeu a lidar com o ex-marido e sua nova esposa ao modificar uma crença profunda a respeito de si mesma.

10. Como superar a dor da perda ... 135
Um método em duas etapas que transforma a dor da perda num meio de nos conectarmos com a essência da pessoa que se foi e passar a uma etapa de vida mais positiva.

11. A estratégia das pessoas naturalmente esbeltas ... 147
É possível aprender a comer como as pessoas naturalmente esbeltas o fazem. Essas pessoas pensam sobre a comida e comem de forma diferente daquelas que lutam para manter o peso.

12. Como resolver conflitos internos ... 159
O que fazer quando um lado nosso deseja uma coisa e outro deseja outra? Este capítulo mostra como atingir um meio-termo satisfatório e confortável para resolver o conflito.

13. Como superar a vergonha e a culpa ... 167
A vergonha é considerada uma emoção tóxica que prende as pessoas ao vício e à codependência. Descubra como transformar, de maneira rápida e agradável, essas emoções destrutivas em uma poderosa percepção de si mesmo.

14. Motivação positiva ... 185
Qual é o segredo das pessoas que conseguem motivar-se de maneira fácil e eficiente, enquanto outras passam o tempo protelando o que querem fazer — e sofrem por causa disso? Apresentamos os quatro estilos de motivação ineficiente e ensinamos estratégias para uma excelente automotivação.

15. Como tomar decisões ... 197
Quer a decisão seja de maior ou menor importância, a maioria das pessoas usa um único padrão mental. Estilos inadequados de tomada de decisão podem provocar inação, sofrimento ou arrependimento. Este capítulo mostra como a tomada de decisão eficiente é fácil, eficaz e satisfatória.

16. Como lidar com desastres ... 209
Como uma pessoa que escapou de um acidente fatal conseguiu se recuperar do pânico e adquiriu um senso maior de competência e autoestima.

17. Intimidade, segurança e violência ... 217
Alguns fatores podem impedir a intimidade e aumentar a sensação de violência premente. Mostramos como um rapaz conseguiu criar novas opções para o distanciamento e a violência.

18. Linhas do tempo pessoais ... 225
A maneira como vivenciamos nosso passado, presente e futuro tem um impacto impressionantemente poderoso sobre nossa personalidade e nossas capacidades. Aprenda como mudar a "codificação temporal" para obter resultados específicos.

19. Como usar a capacidade natural de cura do corpo 251
Os "pacientes excepcionais" são mais capazes de se recuperar de doenças "incuráveis" do que as outras pessoas. Neste capítulo, mostramos como incorporar as atitudes internas naturais que ajudam a curar.

20. Saber o que se quer 283
Saber o que fará uma grande diferença em nossa vida é, no mínimo, tão importante quanto saber como conseguir o que queremos. Conheça as perguntas que podem nos orientar a selecionar objetivos satisfatórios.

Posfácio 293

Anexo I: Pistas visuais de acesso 297

Anexo II: Aprendendo e aplicando a PNL – Mais recursos 299

Anexo III: Treinamento e certificados 303

Anexo IV: A programação neurolinguística no Brasil 305

Bibliografia 307

Introdução

O best-seller *Amor, medicina e milagres*, do dr. Bernie Siegel, baseou-se no que ele aprendeu com seus pacientes excepcionais — aqueles que viveram mais do que os médicos previam ou aqueles que conseguiram se curar das chamadas doenças "terminais". O dr. Siegel observou que algumas pessoas conseguiram transformar sua vida para se livrarem da doença.

Da mesma maneira, a Programação Neurolinguística surgiu do estudo dos processos mentais de pessoas que sabiam fazer algo excepcionalmente bem ou que haviam vencido por completo algum tipo de dificuldade. Costumamos achar que as habilidades excepcionais são dons, traços da personalidade ou talentos inatos. A PNL demonstra que, se pensarmos em nossas habilidades como capacidades aprendidas, conseguiremos compreendê-las com mais facilidade e ensiná-las a outras pessoas.

O campo da PNL baseia-se na compreensão de que criamos grande parte da nossa experiência pela maneira específica como vemos, ouvimos e sentimos as coisas em nosso corpo-mente — normalmente considerado como um todo e denominado "pensamento". É por isso que uma pessoa pode ficar aterrorizada frente à simples tarefa de falar em público ou convidar alguém para sair, enquanto outra se sentirá feliz e cheia de energia diante do mesmo desafio.

O que há de realmente novo na PNL é que agora sabemos *como* examinar o pensamento de alguém de uma maneira que nos permita aprender suas habilidades e capacidades. Quando aprendemos realmente a pensar como outra pessoa, automaticamente adquirimos os mesmos sentimentos e reações dessa pessoa. Em áreas problemáticas da nossa vida, essa capacidade de examinar nosso pensamento e nossos sentimentos nos dá a chave para encontrarmos soluções.

Neste livro, oferecemos aos nossos leitores uma "cadeira na primeira fila", para que observem de perto como a PNL pode ajudar a melhorar a vida das pessoas. Todos os casos aqui apresentados são de pessoas que participaram dos nossos seminários ou clientes em sessões particulares. Todos os nomes e informações foram mudados, a não ser no caso das pessoas que aparecem nos vídeos.

Em cada um dos casos apresentados, destacamos as características mais importantes daquilo que estamos fazendo e apresentamos algumas das ideias e técnicas principais que orientaram o nosso trabalho. No entanto, não entramos em detalhes. Embora incentivemos nossos leitores a experimentar o que aprenderem com este livro, *pedimos que sejam muito cuidadosos e gentis tanto consigo mesmos como com outras pessoas. A PNL é um conjunto de métodos muito poderosos, e qualquer coisa tão poderosa pode ser mal utilizada. Para as pessoas que desejarem aprender a usar os métodos da PNL, insistimos que adquiram um treinamento específico antes de se tornarem ambiciosas demais.*

Temos três objetivos ao apresentarmos cada um dos casos deste livro. O primeiro é dar uma mensagem de esperança, oferecendo uma breve demonstração da imensa gama de problemas que podem ser resolvidos rápida e facilmente com a PNL. Como tantas outras coisas, a mudança só é difícil e lenta quando não sabemos o que fazer.

Nosso segundo objetivo é apresentar exemplos de vários tipos de intervenção que podem ser usados para resolver problemas e tornar possível uma vida mais satisfatória. Algumas dessas intervenções nem sequer existiam um ano antes da publicação da edição original deste livro, e, quando ele chegar às mãos dos leitores, muitos outros métodos terão sido desenvolvidos.

Nosso terceiro objetivo é oferecer uma nova compreensão a respeito de como funciona nossa mente e demonstrar como essa informação pode ser usada para orientar nosso pensamento e tornar nossa vida mais agradável e satisfatória — e provavelmente mais longa.

Steve e Connirae Andreas

1. Como eliminar o medo de falar em público

Joan era assessora de campanha de um deputado estadual. Parte do seu trabalho consistia em falar em público para grupos de pessoas. Mesmo sendo capaz de fazê-lo, ela sentia um profundo desconforto. Quando chegava a sua vez de falar, ficava tensa, sentia um aperto na garganta e sua voz subia de tom. Ela dizia sentir-se "desligada" das pessoas para quem falava. Entretanto, gostava de conversar com pequenos grupos *após* a conferência. "Nesse momento, sinto-me ligada a elas como indivíduos, e fica mais fácil me comunicar. Gosto muito desta parte do meu trabalho."

COMO O PENSAMENTO DE JOAN CRIOU O MEDO DE FALAR EM PÚBLICO

Quando perguntei a Joan se sabia como criava sua tensão e seu desconforto, ela respondeu que não. Já que a informação de que eu precisava era "inconsciente", pedi a ela que se imaginasse na situação problemática para ver o que podia descobrir.

"Pense em uma das situações em que o problema ocorreu e veja-se *antes* de se levantar para tomar a palavra. Veja o que via então, sinta a cadeira em que está sentada e ouça os sons ao seu redor. Faça um sinal quando tiver conseguido..."*

Quando ela deu o sinal, continuei: "Agora, veja-se levantando-se e caminhando para o local de onde falará. Ao fazer isso, observe o que cria a tensão..."

Ela tentou, e pude observar que seus ombros se ergueram e seu tórax ficou tenso. Quando começou a falar, sua voz ficou mais alta e aguda, e então eu soube que ela estava revivendo a situação problemática. Ao comentar a experiência, Joan descreveu sua sensação de tensão e desconforto

---

* As reticências são usadas para indicar pausa.

detalhadamente, porém ainda sem saber como a tinha criado. Ela precisava de mais ajuda.

"Feche os olhos e volte à situação de estar diante do público. Ao ficar de pé, observe o que poderia estar dizendo a si mesma, ou as imagens que poderia estar criando internamente... Tente olhar para o grupo e observe se há algo incomum nos olhos ou no rosto das pessoas." Como eu já havia trabalhado com o medo de falar em público antes, sei que geralmente ele aparece porque a pessoa pensa que está sendo observada, julgada ou rejeitada pelo público, o que se torna mais claro quando observamos os olhos ou o rosto das pessoas na plateia.

Alguns minutos depois, Joan mexeu levemente o corpo e disse: "Os olhos parecem de desenho animado! Todos esses olhos vazios estão me olhando sem expressão!"

Se nos imaginarmos no lugar de Joan, olhando para uma sala cheia de olhos de desenho animado em tamanho real, é fácil perceber por que ela ficava tensa e "desligada" do grupo! Agora que eu sabia como ela criava o problema, o próximo passo era criar a solução.

COMO CRIAR UMA SENSAÇÃO DE CONFORTO

"De pé diante do público, olhe através dos olhos sem expressão e veja os *verdadeiros olhos* das pessoas que ali se encontram. Comece com uma pessoa e, quando puder enxergar seus olhos, passe para outro rosto. Continue fazendo contato visual com todas as pessoas no grupo, seguindo seu próprio ritmo, e diga-me que mudanças percebe em si mesma..."

Assim que Joan começou, seus ombros e seu tórax ficaram mais relaxados, e ela começou a sorrir. Meio minuto depois, falou com uma voz próxima à sua voz normal: "Sinto-me melhor agora. Posso ver as pessoas e sinto-me mais relaxada. Mas ainda estou desligada delas".

Quando lhe perguntei como criava essa sensação de desligamento que ainda restava, ela disse, pensativa: "Acho que tem a ver com o fato de eu estar fisicamente acima delas. Mesmo não estando num palco, estou sempre de pé enquanto as pessoas estão sentadas, de forma que continuo acima delas. Não gosto de olhar de cima para baixo. Não existe contato direto com os olhos".

Já que nas situações vindouras ela continuaria de pé, ficando mais alta do que a plateia, eu precisava encontrar uma maneira de fazê-la *sentir* que,

A essência da mente

mesmo havendo uma diferença de altura, estava olhando diretamente para as pessoas. Um primeiro passo seria convencê-la de que isso era possível.

"Joan, você já esteve em uma palestra na qual sentiu que o orador estava falando diretamente para você, como se só houvesse vocês dois, embora ele estivesse falando de cima do tablado?"

Joan pensou e respondeu: "Sim, já estive".

"Ótimo, então sabe que isso é *possível*. Quero que feche os olhos e lembre-se dessa palestra. Observe o que o orador fazia para estabelecer uma relação pessoal com você, mesmo estando mais alto."

Algum tempo depois, Joan abriu os olhos, sorriu e disse: "Ele olhava para o público e sorria, e algumas pessoas sorriam de volta... Sempre que falo em público, fico apavorada e meu rosto fica tão tenso e rígido que é difícil sorrir".

"Muito bem. Agora que já se sente mais à vontade diante do público, fica mais fácil sorrir, não acha? Vamos experimentar. Feche os olhos e imagine-se preparando-se para falar em público. Antes de começar, tente sorrir para as pessoas e observe quem sorri também. Algumas pessoas sorrirão, outras não. De qualquer forma, este será o primeiro passo da sua interação com o grupo."

Alguns minutos depois, Joan abriu um largo sorriso e disse: "Funciona. Algumas pessoas sorriram de volta e isso me fez sentir ligada a elas. Como pode ser tão simples?" O importante não foi fazer Joan sorrir, mas descobrir algo que a fizesse *sentir* a ligação pessoal que desejava.

Esta sessão durou cerca de 15 minutos. Algumas semanas depois, Joan nos contou que nas últimas palestras se sentira mais à vontade, relaxada e ligada ao público.

OUTRAS MANEIRAS DE SENTIR MEDO DE FALAR EM PÚBLICO

Poucas pessoas criam um medo de falar em público da mesma forma que Joan, mas todas fazem algo *internamente* que cria o desconforto. Algumas imaginam que não conseguirão falar. Outras receiam que o público logo comece a reclamar e vá embora. Outras, ainda, lembram-se de uma ocasião em que se sentiram humilhadas por terem preparado mal uma palestra.

Assim que se compreende como *essa* pessoa cria o problema, sua reação sempre fará sentido. Nossas reações não são aleatórias; são simples consequências da maneira como nossa mente funciona. Pouco importa *o que* cada um de nós faz para criar um problema. Assim que a pessoa descobrir o que faz, poderá adotar uma atitude mais útil.

No caso de Joan, mudamos diretamente alguns elementos de sua experiência interna. Pode-se obter o mesmo resultado observando o que a pessoa pressupõe e usando intervenções puramente verbais para mudar a forma como ela pensa, como no exemplo a seguir.

O MEDO DE FALAR EM PÚBLICO DE BETTY

Betty também queria vencer seu medo de falar em público. "Quero me sentir à vontade durante uma palestra ou um seminário", foi o que pediu.

"O que a impede de se sentir automaticamente à vontade durante uma palestra?", perguntei.

"É que as pessoas sabem mais do que eu."

"Elas sabem mais do que você?", repeti. "Como você pode saber tanto, a ponto de saber disso?", perguntei com um sorriso. Aqui, tentei usar o raciocínio de Betty para fazê-la reconhecer que sua queixa resultava do *seu* conhecimento, e não do conhecimento dos outros. Mas o sentimento de Betty não se modificou.

"Não sei", respondeu.

"Então você *imagina* que elas sabem mais do que você", eu disse. Agora Betty estava diante de um problema interessante. Ou aceitava que sabia o suficiente para saber o que os outros estavam pensando ou admitia que não conhecia a extensão do conhecimento dos outros. Em qualquer uma das possibilidades, sua pressuposição de que os outros sabem mais do que ela passa a ser um pouco menos verdadeira.

"Isso mesmo. E tudo já foi dito e apresentado antes", disse Betty.

"Então você é essa pessoa que, se fosse um escritor, nada escreveria, porque todas as palavras do nosso idioma já foram usadas?" Essa pergunta metafórica leva a sua afirmação a um extremo, dentro de um contexto que a torna francamente absurda.

"Isso mesmo", disse Betty com um sorriso, sem levar a sério o que eu havia dito.

"É mesmo? Bem, então o que a leva a querer dar uma palestra, se tudo já foi dito antes e todo mundo sabe mais do que você? Por que se dar ao trabalho?" Neste ponto, passei a explorar a contradição aparente entre sua motivação para dar a palestra e sua pressuposição de que "tudo já foi feito antes", não havendo, portanto, razão de se dar ao trabalho.

"É uma boa pergunta", disse Betty, pensativa. "Acho que estou percebendo que posso dizer algo à minha maneira, e que as pessoas podem descobrir uma perspectiva diferente, mesmo de algo que já foi dito antes."

"Então você se dá conta de que às vezes enxergar algo de outro ponto de vista suscita uma boa reação por parte do ouvinte. Agora que sabe disso, existe alguma outra coisa que a faça querer dar uma palestra?"

"Quando estou apaixonada pelo assunto, isso não deveria importar, porque quando tenho essa paixão e essa convicção interior..."

"O que não deveria importar?"

"Que as pessoas saibam mais do que eu e que tudo já tenha sido dito antes. Porque neste caso eu teria prazer em fazer isso, e me sentiria à vontade."

Betty passara a ter consciência de como *seria* se não tivesse medo de falar em público, mas ainda não estava vivenciando a mudança. Ela estava me dizendo como as coisas *aconteceriam*, e não como elas *são*, por isso eu sabia que tinha de ir adiante.

"Acho bom o que você disse. Agora, quando pensa num público em especial, o que acha que eles sabem *menos* do que você?" Betty geralmente só pensava naquilo que os outros sabiam e que ela não sabia. Minha pergunta a levava a refletir sobre a situação oposta — quando ela sabe mais do que o seu público — para tornar seu pensamento menos rígido.

Betty pensou por uns instantes. "Eles sabem *tudo* mais do que eu." E riu, sem acreditar muito no que estava dizendo.

"TUDO?", brinquei. "Veja bem, já que consegue imaginar tão bem aquilo que outros sabem mais do que você, deve conseguir imaginar ocasiões em que você sabe mais do que eles."

"Tudo bem", ela disse, mais séria. "Tenho uma resposta... O que descobri é que muita gente sabe menos sobre sua vida, em termos do seu valor pessoal, sua autoestima e seu autoconceito." Sua voz era hesitante; ela não parecia estar completamente convencida do que dizia.

"Então essa seria uma área sobre a qual você sabe mais do que muitas outras pessoas. Notei uma certa hesitação no que você disse... não sei se você se dá conta de que, para cada pessoa, há sempre áreas em que você sabe mais do que elas, e também áreas em que elas sabem mais do que você..."

Eu estava fazendo pouco progresso na tentativa de tornar menos rígida a sua forma de pensar em termos de "tudo ou nada". Então me decidi por outra abordagem. "Queria lhe perguntar outra coisa. Você acha que as pessoas que frequentam o seu grupo seriam tão estúpidas a ponto de escolher uma palestra na qual não aprenderiam nada de novo?" Em vez de tentar mudar a crença de Betty de que todos sabem mais do que ela, passei a *usar* essa crença para anular o seu medo de falar em público.

Betty riu, e percebi nela uma intensa reação fisiológica. Seu rosto ganhou cor e seus músculos ficaram mais relaxados e flexíveis — ela estava calma, apesar de atenta. Esse tipo de modificação física geralmente é um bom indício de que houve uma profunda mudança de atitude, ao contrário do que acontece quando há apenas uma compreensão intelectual. "Tem razão! Obrigada. Obrigada mesmo. Isso faz sentido", declarou com confiança e satisfação. "Agora estou convencida."

Essa rápida conversa com Betty, que durou cerca de dez minutos, lhe deu uma nova maneira de pensar a respeito das suas palestras. É importante reconhecer que, nessa conversa, eu não tratei de *convencer* ou *aconselhar* Betty sobre o que ela estava fazendo de errado e como deveria pensar. Pude entrar em seu mundo interior e lhe mostrar um caminho em que suas *próprias* lógica e crenças lhe indicaram a solução.

A firme crença de Betty de que "os outros são tão inteligentes" me ofereceu uma base para mudar sua maneira de pensar a respeito de dar uma palestra. Já que os outros são tão inteligentes, eles *têm* de possuir a capacidade de saber se vão aprender algo com Betty, e assim ela pode sentir-se mais à vontade a respeito de suas palestras. A *única* alternativa é Betty mudar seu pensamento de que os outros são tão inteligentes, o que *também* a levaria a sentir-se mais confortável ao dar uma palestra!

Isso nos mostra uma forma de adotar um ponto de vista alternativo, que leva alguém a pensar sobre sua vida de uma maneira que a faça sentir-se automaticamente bem e com recursos. Após essa rápida intervenção, Betty sentiu-se diferente a respeito das suas palestras — mais entusiasmada e confiante, em vez de desconfortável e ambivalente. Não precisou fazer um esforço para ter esses sentimentos positivos; eles passaram a estar à sua disposição de forma tão automática quanto sua reação anterior de desconforto.

Também quero observar que a nova perspectiva que ofereci a Betty não foi uma "falsa confiança" que a tornaria cega para suas deficiências. Se eu a tivesse feito sentir-se confiante, quaisquer que fossem os participantes do grupo, ela poderia ter aprendido a ignorar as informações e reações das pessoas.

A essência da mente

Em vez disso, a perspectiva que lhe ofereci é a que adoto quando estou ensinando. Parto do princípio de que *todo mundo* da sala sabe mais do que eu a respeito de alguma coisa. Algumas pessoas, em algum momento, saberão mais do que eu até mesmo sobre o que estou ensinando. Isso é inevitável, mas também é uma oportunidade para que eu possa aprender com elas, o que beneficiará outras pessoas quando eu der outro seminário. Entretanto, também confio na inteligência das pessoas para saberem se querem ou não aprender comigo. Posso ter confiança no julgamento das pessoas que decidiram que querem aprender algo comigo e por isso participam dos meus seminários.

Uma das surpresas que aguardam as pessoas que, como nós, decidiram entrar no campo do aprendizado usando e desenvolvendo a PNL, é que as mudanças pessoais são geralmente rápidas, como no caso de Betty. Isso não significa que todo mundo possa mudar completamente em dez minutos. Às vezes, levamos muito mais tempo apenas para reunir as informações necessárias para saber o que fazer. Embora, no caso de Betty, uma única mudança tenha sido suficiente, outras vezes são necessárias duas, cinco ou até mesmo 20 mudanças de crença ou perspectiva para se chegar à mudança total desejada.

A PNL oferece muitas maneiras de descobrir como o nosso pensamento cria limitações e muitas formas de se chegar às soluções. Se a primeira solução não dá certo, conseguimos perceber isso e passar a outra solução possível.

As palavras não têm energia alguma, a não ser que criem ou façam surgir uma imagem. A palavra, em si mesma, nada possui. Uma das coisas das quais sempre me lembro é: "Quais são as palavras que fazem surgir imagens nas pessoas?" Então, as pessoas seguem o sentimento criado pela imagem.

Virginia Satir

2. Como ser mais independente nos relacionamentos

Ann e Bob estão casados há sete anos. Apesar de viverem bem juntos, vieram nos consultar por causa de um problema que os irritava desde que se conheceram. Segundo Bob, Ann sentia-se muito insegura quanto ao relacionamento e precisava que Bob lhe dissesse que a amava de oito a dez vezes por dia. Se ele não o fazia, ela começava a lhe perguntar se a amava e não ficava satisfeita enquanto ele não lhe dissesse com um tom de voz caloroso e suave.

Bob achava isso irritante e, de certa forma, uma falta de respeito. Ele demonstrava seu amor de várias formas e a tocava de maneira carinhosa muitas vezes por dia. Se brigavam por alguma coisa, Ann passava a ter certeza de que Bob não a amava e, durante os dias que se seguiam ao desentendimento, precisava de uma dose extra de afirmação do seu amor.

À primeira vista, parecia um simples caso de demonstrar amor de maneira diferente. Ann precisava *ouvir* palavras amorosas, enquanto para Bob bastava apenas *ver* o rosto sorridente de Ann e *sentir* sua maneira carinhosa de tocá-lo. Muitos casais têm formas diversas de saber que são amados. Como diz Bob: "Sei que ela me ama só pela forma como ela me olha e me toca. Não sei por que ela precisa ouvir que a amo dez vezes por dia. Qualquer pessoa pode falar o que quiser, são as ações que contam". Para Ann, porém, as palavras de Bob contavam mais do que seus carinhos.

Mesmo achando estranho, Bob se acostumou a dizer a Ann que a amava o dia inteiro, e isso ajudava bastante. Mas, quando os dois brigavam — como acontece com todos os casais —, ele achava difícil dizer que a amava. E, quando o dizia, seu tom de voz só voltava a ser convincente quando a briga tivesse sido completamente resolvida. Por isso as discussões eram terríveis para Ann.

Ann concordava que Bob a tocava de maneira carinhosa e tinha muita consideração com ela. Entretanto, só se sentia amada quando ele dizia que a amava. "Sinto-me muito bem quando ele me diz que me ama no tom de voz carinhoso que usa. Sinto-me segura e completa." Ao dizer isso, Ann sorriu, seu rosto ficou mais suave e seus ombros baixaram ligeiramente. "Essa sensação de bem-estar dura algum tempo, mas depois começa a desaparecer e volto a duvidar."

Essa foi uma informação importante para mim. O problema não estava nos diferentes sinais que Ann e Bob usavam para saber que eram amados. O problema era que para Ann essa sensação não durava muito e parecia deixá-la em uma posição mais vulnerável. Quando Bob estava amoroso e dizia que a amava, Ann sentia-se bem, mas e quando ele não se *sentia* amoroso ou quando não o *dizia*?

AUTOCONCEITO: COMO SABER QUEM SOMOS

Muitas pessoas dependem dos outros para se assegurarem de algo que raramente ou nunca sentem dentro de si mesmas. Quando não nos sentimos capazes, sensuais ou merecedores de amor, procuramos pessoas que nos digam que somos isso tudo. É importante desenvolver um sentimento interno dessas qualidades, de forma a não depender desesperadamente de confirmação externa. Decidi descobrir se isso faria diferença no caso de Ann.

Perguntei a Ann se ela se achava uma pessoa digna de amor. Ela ficou confusa e respondeu: "Não se é digno de amor! Amor é algo que se *recebe* de outra pessoa".

Sem dúvida, ser digna de amor não fazia parte do autoconceito de Ann, e eu estava no caminho certo. Se ela encarasse a capacidade de ser digna de amor como uma característica *sua*, as sensações positivas ficariam com ela por mais tempo.

Quando lhe perguntei: "Como seria caso você se achasse digna de amor?", ela respondeu: "Que coisa estranha!"

Sua resposta era mais uma prova de que ter a capacidade de se achar digna de amor seria útil para Ann.

COMO MANTER O EQUILÍBRIO NO RELACIONAMENTO

Talvez o leitor esteja se perguntando se, ao enfatizar o comportamento de Ann, eu não estaria partindo do princípio de que o "problema" ou o "erro" era dela. De fato, sempre é importante ter isso em mente quando se trabalha com casais. Se o processo de mudança não for conduzido com muito cuidado, um dos dois pode receber a mensagem de que a "culpa" é sua. Para evitar que isso acontecesse, conversei com Ann e Bob sobre minha abordagem na terapia de casais.

"Quando duas pessoas se encontram e resolvem viver juntas, parto do princípio de que cada uma delas tem um conjunto *diferente* de recursos — e é por isso que se sentem atraídas uma pela outra — e praticamente a mesma *quantidade* de recursos. Cada um de nós tem áreas em que pode se tornar mais capaz. Quanto mais aproveitamos essas oportunidades, mais fácil é conseguir o que queremos da vida. Quero deixar claro que estou disponível para ajudar *ambos* a obter as novas oportunidades que desejam, para que nenhum de vocês 'fique para trás'. Esta é uma área em que você, Ann, parece querer ter mais recursos. É isso mesmo?" (Ann assente de forma expressiva) "E, enquanto trabalho com Ann, gostaria que você, Bob, pensasse na seguinte pergunta: 'Onde *eu* desejo ter mais opções neste relacionamento?', para ter certeza de que também conseguirá o que quer."

COMO CRIAR UM SENTIMENTO DURADOURO DAS PRÓPRIAS QUALIDADES

A maneira mais fácil de ajudar Ann a criar uma forma duradoura de pensar em si mesma como digna de amor é descobrir como ela faz isso em outras circunstâncias. Ao lhe perguntar sobre algo que é parte de seu autoconceito, posso descobrir como ela pensa a esse respeito.

"Ann, existe alguma coisa que, dentro de você, você sabe que é — não importa o que os outros achem?"

"Bom, eu acho que sou persistente... Sou inteligente... Sei que sou delicada."

Quando falou em persistência, Ann usou a expressão "eu acho". Por outro lado, ao falar em ser delicada, ela disse com certeza: "Eu sei".

"Como você sabe que é delicada, Ann? Que tipo de experiência interna lhe dá a certeza de que é delicada?"

"Bem, quando penso sobre ser delicada, sinto-me suave e afetuosa."

"Esta é a sensação associada ao fato de ser delicada, mas estou querendo saber outra coisa. Como você *sabe* que é uma pessoa delicada?"

Ann parou um momento. "Bem, eu penso nas vezes em que fui delicada." Ao fazer isso, olhou para a esquerda e gesticulou rapidamente com a mão esquerda. Para mim, isso indicava onde, em seu espaço interno, ela via essas imagens de ser delicada.

"Muito bem. Como pensa nos momentos em que foi delicada? Você fala consigo mesma, vê imagens ou sente os movimentos que faz quando está sendo delicada?"

"Bem, vejo imagens de quando fui delicada com alguém." Ann gesticulou de novo com a mão esquerda. "São várias, uma atrás da outra. São pequenas, estão ao alcance da mão."

"Perfeito. Esta é a informação que você usa para saber que é uma pessoa delicada. Agora, o que acontece à sua percepção de ser uma pessoa delicada quando descobre que foi indelicada com alguém, sem querer ou por estar irritada?" Ao fazer essa pergunta, estou tentando descobrir se o seu sentimento de ser uma pessoa delicada é persistente, mesmo diante de lapsos ocasionais.

"Bem, fico preocupada e faço o possível para esclarecer o mal-entendido, mas ainda assim sei que sou delicada."

"Ótimo. O fato de você tentar consertar a situação quando foi indelicada é mais uma prova de que é uma pessoa delicada, não é?"

Ann ficou pensativa. "Nunca havia pensado dessa maneira. Acho que é verdade. Normalmente, apenas penso em todas as outras vezes em que fui delicada."

"Você teria alguma objeção a se conceber como uma pessoa digna de ser amada, da mesma forma que se concebe como uma pessoa delicada?"

"Ainda parece esquisito... Nunca pensei em ser amada dessa maneira. Acho que se tivesse a mesma sensação de ser amada, não teria tanta necessidade de que Bob diga que me ama, não é?... Não tenho objeção alguma. Pode até ser uma boa ideia." Enquanto Ann pensava cuidadosamente nas implicações da minha pergunta, não vi nenhuma indicação não verbal de objeção. Ela estava simplesmente pensando com cuidado no que eu dissera.

"Bem, agora feche os olhos e pense numa situação em que se sentiu amada e amando, uma ocasião em que criou uma experiência de amar e ser amada." (Ann concorda.) "Agora, coloque essa imagem *no mesmo local* em que estão suas imagens como uma pessoa delicada. Faça que a imagem seja exatamente igual às anteriores: do mesmo tamanho, à mesma distância etc." (Ann movimenta a cabeça para a esquerda, indicando que está levando a imagem para o local apropriado, e assente novamente.) "Agora pense em outro exemplo de amar e ser amada, talvez com uma outra pessoa ou numa situação diferente." (Ann assente.) "Agora, coloque essa imagem junto com a outra. Continue fazendo isso até ter uma série de imagens pequenas, uma atrás da outra, ao alcance da mão." Usei de propósito as mesmas palavras que Ann usara inicialmente para descrever suas imagens como uma pessoa delicada, para ajudá-la a criar a mesma certeza interna que lhe permitiu saber que é uma pessoa delicada. "Avise, se precisar de ajuda, ou quando tiver terminado."

Ann passou um ou dois minutos pacientemente colecionando imagens de si mesma amando e sendo amada, e então disse: "Acabei".

"Abra os olhos. Parece que foi tranquilo. Alguma dúvida?"

"Não. Foi interessante. Primeiro parecia estranho, mas funciona. A cada imagem que eu colocava naquele local, sentia-me mais segura. Por alguma razão, me pareceu mais fácil pensar em ser *amorosa* do que ser digna de amor. Tenho mais controle da situação quando estou demonstrando o meu amor, e de certa forma só posso *amar* se for *digna de ser amada*."

"Então, você é uma pessoa que pode amar e é digna de ser amada?" Com esta pergunta, estou fazendo um teste para saber se a mudança se manteve.

Os olhos de Ann dirigem-se rapidamente para a esquerda. "Sou. Agora posso ver que sim." Como sempre, seu comportamento não verbal — os olhos olhando para a esquerda e sua voz firme — são indicações mais importantes do que a resposta verbal.

"Daqui a pouco, Bob, quero que diga a Ann que a ama. Ann, quando ele fizer isso, quero que observe se sua reação mudou. Pode dizer, Bob."

"Ann, eu te amo", ele disse, suavemente.

Ann sorriu, inclinando levemente a cabeça. "Continua sendo bom ouvi-lo dizer isso, mas é como se eu já soubesse. É como quando alguém me cumprimenta por um bom trabalho. É bom saber que outra pessoa notou, mas já sei que o trabalho foi bem-feito."

"Ann, agora feche os olhos e imagine-se daqui a três semanas. Durante todo esse tempo, Bob agiu com você da mesma maneira, só que não disse 'eu te amo' uma única vez. Como você se sente?"

Ann deu um grande sorriso. "É engraçado. Ouvi uma pequena voz lá dentro que dizia, num tom um pouco irritado: 'Já passou da hora de dizer!' Mas era como uma brincadeira. Não é um problema."

Já se passaram dois anos desde esta sessão, que durou cerca de meia hora. Tanto Ann como Bob concordam que o problema desapareceu. Ele lhe diz que a ama algumas vezes na semana, e ela praticamente nunca lhe pergunta. Com a certeza de ser amada, Ann não depende mais de Bob para tranquilizá-la, e eles podem desfrutar melhor da companhia um do outro. Quando brigam, ainda é desagradável, mas Ann não se sente mais arrasada e reage de maneira mais adequada.

COMO DESENVOLVER UMA AUTOIMAGEM POSITIVA

Na continuidade de nosso trabalho com Ann e Bob, nós os ajudamos a fazer outras mudanças para melhorar seu relacionamento. Neste exemplo, foi Ann quem ganhou mais opções. Sempre que se trabalha com um casal é importante manter o equilíbrio, dando novas opções a *ambos,* por várias razões. Se déssemos novas opções apenas a Ann, eles poderiam concluir que Ann era a parte "problemática" da relação, o que poderia atrapalhar o desenvolvimento de um melhor relacionamento entre os dois. Outra consequência possível seria Ann se tornar tão capaz de lidar com as situações que, se Bob não adquirisse novas opções, ela poderia começar a se sentir insatisfeita com ele. A maioria dos casais percebe rapidamente não só a vantagem que representa para *cada um* deles obter novas opções, como também o enriquecimento que isso traz ao relacionamento.

Nem todo mundo tem uma sequência de autoimagens colocadas do lado esquerdo, como Ann, mas todos temos *alguma* forma interna de pensar em nossas capacidades ou características pessoais. É esse tipo de estrutura interna que dá à pessoa um sentimento permanente de si própria. No caso de Ann, simplesmente construímos uma representação da qualidade de ser capaz de amar e ser amada que até então ela não possuía.

Mesmo não sendo tão fácil mudar a autoimagem como no caso de Ann, o princípio é sempre o mesmo: descobrir *como* a pessoa pensa a seu respeito e mudar isso diretamente. Isso já foi feito de maneira eficaz com muitas pessoas que desejam se sentir dignas de amor, sensuais ou outra coisa qualquer.

A Ann só faltava a capacidade de pensar em si mesma como digna de amor. Algumas pessoas vão mais longe e criam uma representação vívida e completa de si mesmas como *não* sendo dignas de amor ou *não* sendo qualquer outra coisa. Elas têm de si uma autoimagem cheia de fracassos, erros e humilhações. Quer se trate de uma criança que pressupõe que se sairá mal na escola ou um adulto que acredita que nunca terá um bom relacionamento, uma "autoimagem fraca" geralmente resulta num comportamento autodestrutivo. Nesse caso, não se trata apenas de construir uma autoimagem mais positiva. Deve-se também modificar essas imagens negativas antes de criar uma autoimagem mais positiva e útil. Um método para transformar as crenças limitantes encontra-se no capítulo 7 do livro *Usando sua mente*, de Richard Bandler.

Por outro lado, algumas pessoas estão convencidas de que são maravilhosas, embora ninguém concorde com elas. Essas pessoas têm um autoconceito muito duradouro — porém inexato e que não corresponde ao que os outros pensam. Uma pessoa pode pensar que é gentil, mas continuamente tem atitudes cruéis sem perceber. Uma outra pode pensar que sabe contar piadas muito bem, apesar de ninguém rir do que ela diz. O mesmo processo pode ser usado para ajudar essas pessoas, embora seja um pouco mais complicado, e as que mais precisam dele geralmente são as que menos se dão conta do fato!

Quando reconhecemos que temos esse problema, podemos inverter o processo para *diminuir* nosso autoconceito nessa área. É só descobrir algo do qual *não* estamos tão convencidos e transformar nossa imagem de contador de piadas, por exemplo, numa imagem igual a *essa*. Podemos também criar uma maneira de perceber como as outras pessoas reagem quando estamos sendo "engraçados" ou não.

Nosso autoconceito afeta nosso comportamento de maneira bastante poderosa. O importante é descobrir *como* a sua modificação afeta o nosso comportamento e só fazer as correções necessárias para melhorar nossa vida. O fato de saber que somos *dignos de amor* nos torna pessoas mais amorosas, receptivas e capazes? Ou faz que nos consideremos "príncipes", ignorando totalmente as necessidades de nossos amigos e familiares? O fato de sabermos que *somos sensuais* faz que desfrutemos melhor nossa sexualidade, agindo de maneira que o parceiro também desfrute mais? Ou nos leva a ignorar os desejos do parceiro, causando brigas? Esta percepção interna é útil se nos ajuda a chegar mais perto do nosso ideal e melhora nossos relacionamentos. Enquanto trabalhava com Ann, eu a observei bem para saber se a mudança lhe daria mais recursos e se teria um impacto positivo em seu relacionamento com Bob.

CODEPENDÊNCIA

A partir de uma curiosa imagem invertida, muitas pessoas são dependentes do fato de *outra pessoa* ser dependente delas. Esse comportamento de "codependência" é muito observado em esposas e filhos de alcoólatras ou outros viciados. Em certos aspectos, o rótulo de "codependente" torna a solução do problema ainda mais difícil. Tal como as categorias "adolescente", "delinquente" e outras, esse rótulo pode fazer que um padrão de comportamento que pode ser modificado *pareça* um traço de caráter inevitável. Nossa experiência nos mostra que, quando entendemos a estrutura de qualquer dificuldade, incluindo a codependência, fica fácil acrescentar novas opções.

No caso de Ann, trabalhamos diretamente com a estrutura mental do seu autoconceito. Entretanto, é possível fazer o mesmo tipo de mudança de maneira informal, numa conversa, sem precisar descobrir os detalhes da estrutura mental da pessoa.

Sarah era uma moça sensível e afetuosa que detestava ferir os sentimentos dos outros. Durante grande parte do seu casamento, havia convivido com um marido alcoólatra numa atitude de muita aceitação. Buscava ajuda para usufruir melhor sua vida, em vez de estar sempre ajudando outras pessoas.

"Quero continuar a me relacionar com outras pessoas, mas quero separar minha vida privada da minha vida social."

"O que a impede de fazer isso agora?"

"Sinto que não posso ferir os sentimentos das pessoas. Elas acabam aparecendo lá em casa e acho difícil lhes dizer não... Também sei distinguir quem é equilibrado e quem não é. Quando percebo que alguém consegue cuidar de si mesmo, não me sinto assim."

"Entendo. Você só faz isso com pessoas fracas e dependentes!", eu disse, meio de brincadeira, mas seriamente. (Sarah concorda.) "Então, são as pessoas que *já* são fracas que você torna ainda *mais* dependentes, não é?" (Sarah ri, concorda e coloca a mão no peito.) "Você não faz isso com as pessoas que sabem cuidar de si mesmas."

"Não."

"Somente com as que não sabem cuidar de si mesmas."

"Isso mesmo!" Sarah ri e concorda.

"Assim, você piora a situação das pessoas que já são dependentes, certo?"

"Mas não sei como exatamente faço isso."

"Pense em quantas pessoas feriu no passado, agindo dessa maneira... Quantas pessoas tornaram-se bajuladoras e hipócritas, totalmente depedentes e incapazes? Talvez elas já *fossem* um pouco assim, mas você sem dúvida as tornou piores."

"Também não cheguei a esse ponto!" Sarah riu. "O caso é que há ocasiões em que..."

"A que ponto chegou?"

(Ainda rindo) "Estou melhorando, *de repente!*"

"Então como é que agora você vai considerar mais essas pessoas, estabelecendo seus próprios limites... de forma mais respeitosa, de uma forma que realmente as honre como seres humanos capazes de cuidar de si mesmos... em vez de torná-las ainda mais dependentes?"

"Ainda não sei como fazer isso."

"Ainda não sabe como fazer. *Conscientemente*, você ainda não sabe como isso vai ocorrer."

"Isso mesmo."

"Quantas vezes ainda vai fazer isso, antes de se dar conta da maneira como age?"

(Rindo) "Só mais *uma* vez!"

"Quando examinar a maneira como agia, acha que vai entender como ocorreu a mudança? ... Ou acha que será algo intuitivo, que sempre será um mistério para você?"

"Não acho que será sempre um mistério. Aliás, estou percebendo melhor uma das coisas que faço, qual é a interação."

"Tudo bem. Agora, como é que o fato de uma pessoa se sentir ferida num determinado momento pode se tornar positivo para ela a longo prazo, tornando-a mais forte e melhor?" Apesar de ser uma pergunta, eu disse isso de maneira enfática.

Sarah assente e inspira profundamente. "Já sei! Entendi. Essa é a chave da questão, que muda tudo." Sua expressão facial se modificou e ela pareceu mais calma e relaxada, demonstrando que estava percebendo a situação de modo diferente.

"Ser boazinha agora pode trazer consequências nefastas no futuro, pois cria uma dependência para toda a vida. Muitos pais fazem isso. Tentam ser bonzinhos com os filhos e criam pessoas que não saberão ser adultas. Pensam que estão sendo bonzinhos, mas não preparam os filhos para caminhar com as próprias pernas."

Sarah (concordando e rindo): "Não sou boazinha com meus filhos."

"Ainda bem que tem sido uma boa mãe, apesar de não ter sido uma boa amiga para algumas pessoas."

"Difícil de aceitar, mas é verdade!"

"Então já entendeu tudo?"

"Com certeza!"

"Ainda bem que está tão segura. Agora quero que pense em uma das piores pessoas, aquela que cola mais. Quando a imagina daqui para frente, há algo que faça você ser tão desrespeitosa como no passado? Ou terá encontrado maneiras de se respeitar, da mesma forma que respeita as outras pessoas como elas são e como elas serão?"

"Uma questão de vida ou morte. Numa situação dessas, eu não teria o mínimo respeito por mim mesma."

"Mas nesse caso não seria desrespeito."

"Claro. Nesse caso não seria desrespeito. A situação seria excepcional."

"É claro. Existem ocasiões em que as pessoas realmente precisam da nossa ajuda, e não se trata de desrespeito. Se alguém acabou de ser atropelado por um caminhão e está com as duas pernas quebradas, não há nada de desrespeitoso em perguntar: 'Posso ajudá-lo a subir na maca?' Não é o momento de dizer: 'Sinto muito, vai ter de se virar sozinho'. Certo? Agora, se as pernas estiverem intactas, seria desrespeitoso tentar ajudá-lo."

"Perfeito", disse Sarah. "É uma maneira realmente diferente de ver a coisa. Obrigada."

O ponto principal, nesse caso, era alargar a estrutura temporal de Sarah, mostrando-lhe que "ser boazinha" no momento era ruim para a pessoa a longo prazo. Entretanto, esse comentário só foi válido porque algo já havia ficado claro antes: o fato de que ela se apegava à dependência dos outros e provavelmente os prejudicava por torná-los ainda mais dependentes e menos capazes. "Ser boazinha" é muito importante para Sarah. Em vez de tentar mudar sua opinião a esse respeito, usei esse conceito para levá-la a fazer o que era melhor para as pessoas a longo prazo, mesmo que no presente elas ficassem "magoadas". Isso permitiu a Sarah ter uma vida própria, liberando-a da obrigação de responder aos desejos e necessidades de todo mundo.

Apesar de ser uma mudança importante, Sarah conseguiu fazê-la graças ao que tinha aprendido em sessões anteriores. Mas ainda havia mais a ser feito. Depois desse nosso encontro, ela continuou a progredir em outras áreas da sua vida.

Muitas pessoas que se encontram na situação de Sarah ainda estão reagindo a uma situação de maus-tratos sofrida no passado (ver capítulo 6), ou sentem-se cheias de culpa (ver capítulo 13) ou sofrem de baixa autoestima. No caso de Sarah, e de muitas pessoas na sua situação, lidar com essas outras áreas é importante para uma solução completa dos problemas.

VOCÊ MESMO: ALGUÉM COM QUEM VOCÊ SEMPRE PODE CONTAR

À medida que examinávamos os objetivos de Gail, ela percebeu um problema que a tornava tensa e nervosa. Tinha muito medo de ser abandonada. Isso a impedia de se sentir segura, de se divertir e de agir espontaneamente em muitas situações. Como o maior medo de Gail era o de perder o marido, começamos por aí.

"O que você perderia, se o seu marido a abandonasse?", perguntei. Com mais algumas perguntas, ficou claro que o que mais preocupava Gail, se o marido a abandonasse, era perder o seu amor. Ao falar dele, e do que achava que sentiria falta sem ele, Gail sempre olhava para um ponto à sua esquerda.

"Ser amada é muito importante", concordei. "É tão importante que vale a pena ter certeza de que se é amada. E a maneira de ter *certeza* disso é conseguir esse amor de alguém que nunca vai deixá-la na mão, e essa pessoa é você!" Gail sorriu. A ideia claramente lhe agradava.

"Sabe aquele ponto para onde você olha quando pensa em seu marido?..." Mostrei o ponto para onde ela olhava e ela concordou. "Pense como seria se, em vez de ver seu marido ali, você se visse dando a si mesma o amor de que precisa. O que acontece quando você se vê dando a si mesma esse amor e gostando de recebê-lo?"

O rosto de Gail ficou mais corado e seus ombros e costas, antes tensos, começaram a relaxar. "Gosto disso."

"Talvez deseje trazer a Gail que está ali mais para perto de você... E agora pode examinar como é entrar na Gail que está dando todo o seu amor e sentir como é *ser* aquela Gail capaz de tanto amor... Desfrute a posição onde ela se encontra."

Gail parecia mais confiante. "Quero chegar mais perto e abraçar a mim mesma", disse.

"Ótimo. E quando tiver desfrutado tudo o que quiser, pode voltar para dentro de você, trazendo consigo todas essas boas sensações que se estendem ao seu redor."

Após esse encontro, Gail disse estar se sentindo mais segura e mais capaz de dar amor ao marido, em vez de pensar apenas em receber amor da parte dele.

UMA ALTERNATIVA AO ABANDONO: DAR A SI MESMO

Muito já foi escrito a respeito da codependência, desse excessivo "envolvimento" que muitas pessoas sentem e o consequente medo de serem abandonadas. Se achamos que dependemos de alguém para algo essencial, como no caso de Gail, pode ser assustador pensar na possibilidade de perder essa pessoa. O que precisamos é de um bom substituto que fortaleça nossa autoestima, como o que foi oferecido a Gail.

Um de nossos colegas, Robert McDonald, observou, em seu trabalho sobre a codependência, que muitas pessoas que se queixam desse problema têm, literalmente, imagens internas de estar fisicamente ligadas a um pai, esposo ou outra pessoa importante. Um homem disse que sentia como se seu pai estivesse ligado a ele pelo tórax. Uma mulher declarou que a imagem da mãe era pequena e curvada, grudada a ela do lado direito, como um percevejo. Outras pessoas imaginam um cordão que as liga a alguém.

Embora isso possa parecer estranho no início, faz muito sentido. A sensação de dependência, como qualquer outra experiência, tem uma estrutura mental interna. Quando duas pessoas são codependentes, faz sentido que elas sintam a necessidade de uma ligação bem próxima. A ligação por meio de um cordão ou do corpo são formas típicas de se vivenciar a codependência.

Se essas pessoas imaginarem que estão se desligando do outro, ficarão com medo de serem abandonadas. Para atingir aquilo que elas realmente desejam, Robert e eu desenvolvemos o processo que relato a seguir. Ele o vem utilizando em seminários com ótimos resultados.

COMO ABANDONAR A CODEPENDÊNCIA: RELIGANDO-SE A SI MESMO

Em um lugar calmo, onde ninguém exija sua atenção durante uns 15 ou 20 minutos, faça o seguinte, de pé:

1. **Identifique o outro.** Pense em alguém com quem você julga partilhar uma situação de codependência ou com quem esteja excessivamente envolvido. Na maioria dos casos, trata-se do pai ou da mãe ou de um

ente querido. Independentemente do nível desse envolvimento, você se beneficiará deste processo.

2. **Conscientize-se de sua excessiva ligação com o outro.** Imagine que essa pessoa está na sala com você. Se não conseguir ver nenhuma imagem interna, apenas "sinta" ou finja que está vendo. Vai funcionar do mesmo jeito. Ande em volta dessa pessoa. Observe sua aparência. Toque-a para ver como ela é e observe como se sente por estar na presença dela. Preste especial atenção aos seus sentimentos de estar envolvido em excesso com essa pessoa. Observe *como* você vivencia essa ligação. Tem a sensação de estar ligado a ela fisicamente? Há alguma ligação direta entre seu corpo e o dela, através de um cordão ou outra coisa qualquer? Observe em que ponto do seu corpo e do corpo da outra pessoa se dá a ligação. Muita gente sente essa ligação na altura do estômago, do peito ou da virilha. Sinta o mais completamente possível a qualidade dessa ligação — qual a sua aparência e que sensação provoca.

3. **Crie uma independência temporária.** Agora, tente cortar essa ligação por um instante, só para ver como se sente. Imagine que sua mão é uma navalha e que você poderia cortar o cordão, ou dissolver ou desfazer a ligação de alguma outra maneira... A maioria das pessoas se sente desconfortável ao pensar em se separar neste ponto, e isso é um sinal de que a ligação serviu a um propósito importante. Não é necessário se separar agora, pois você só se sentirá confortável quando tiver um substituto pronto.

4. **Descubra os objetivos positivos.** Agora pergunte a si mesmo: "O que realmente desejo desta pessoa que possa me satisfazer?"... Então pergunte: "E o que há de positivo nesta ligação?", até obter uma resposta fundamental, como, por exemplo, segurança, proteção, amor...

5. **Crie o seu ser evoluído.** Agora, volte-se para a sua direita (algumas pessoas preferem voltar-se para a esquerda) e crie uma imagem tridimensional de você mesmo depois de ter evoluído bem além de suas capacidades atuais. Tal imagem é um outro você que está bem à sua frente, que já resolveu todos os problemas que você está enfrentando agora, que o ama, que lhe dá valor, que quer proteger e cuidar de você. Esta é a pessoa que pode lhe dar tudo aquilo que, na etapa 4, você descobriu que realmente deseja. Observe como ela anda, sua expressão facial, sua voz e o que sente quando ela toca em você. Se não conseguir

"ver" esse ser tão cheio de recursos, apenas "sinta" como ele é. Algumas pessoas sentem um calor ou uma luminosidade ao redor desse ser.
6. **Transforme a ligação com o outro numa ligação consigo.** Volte-se novamente para o outro a quem você está ligado. Veja e sinta a ligação. Depois, corte a ligação com o outro e imediatamente refaça a ligação com o seu ser evoluído. Desfrute a sensação de estar em interdependência com alguém com quem realmente pode contar: você. Agradeça a esse ser por estar aqui para ajudar você. Ele é a pessoa que estará sempre presente, abrindo caminho para você — seu companheiro constante, que estará sempre junto de você para verificar o que está à sua frente e se certificar de que você estará seguro.
7. **Respeite o outro.** Olhe novamente para o outro e perceba a ligação cortada. Veja que a outra pessoa também tem a possibilidade de refazer a ligação consigo mesma. Imagine a ligação refazendo-se em outro local adequado do corpo dela. Se o cordão saiu do umbigo, você talvez o veja indo em direção ao coração. Se não havia um cordão, você poderá imaginar o outro sendo ligado fisicamente ao seu próprio ser evoluído, da mesma forma que você está agora. Isso lhe dará a segurança de que o outro também ficará melhor tendo uma consciência maior de si mesmo. Observe como agora você pode se sentir inteiramente presente na relação com o outro.
8. **Aumente sua ligação com o seu ser**. Agora volte-se para o seu ser evoluído, ao qual se encontra ligado. Entre literalmente dentro dele, de forma a poder olhar para si mesmo com os olhos dele. Sinta como é bom ter recursos e poder dar mais a si mesmo. Após desfrutar da sensação de ser esse ser evoluído, volte para dentro de si mesmo, trazendo consigo os recursos que ele possui.
9. **Vá para o futuro**. Observe como se sente tendo uma nova capacidade de se relacionar com as pessoas, em bases mais sólidas. Imagine como será o futuro tendo como companheiro o seu ser evoluído. Você também poderá observar como esse ser evoluído lida com dificuldades.

NÃO É MÁGICA, MAS FUNCIONA

Depois dos seminários, Robert recebeu muitas confirmações dos participantes. Uma mulher, que sentia uma ligação de coração a coração com o marido, disse:

A essência da mente

Houve uma mudança definitiva em minha vida. Já não preciso tanto do meu marido. Antes, eu me sentia abandonada sempre que ele tinha de se ausentar. Meu coração está cheio de amor, quando antes eu me sentia machucada sempre que meu marido não estava presente. Automaticamente, vejo o meu maravilhoso ser interior luminoso. Ele aparece sempre que preciso dele.

Becky tinha uma ligação com a mãe. O cordão que as ligava saía de seu lado esquerdo e subia pela espinha dorsal, e estava ligado ao corpo da mãe da mesma maneira. Depois, Becky observou que essa ligação se repetia da mãe para a avó, da avó para a bisavó e assim por diante, estando todos os cordões ligados no mesmo local. Chamou a isso "o martírio solitário de ser mulher" na sua família, e disse:

> Foi positivo fazer este exercício. Agora, quando me pego "dando uma de minha mãe", paro. Observo-me fazendo algo como ela e penso: "Quem está fazendo isso é ela, não sou eu". Assim, diariamente reafirmo minha ligação com o meu novo eu. Problemas surgem, mas agora tenho opções. Isso não é mágica. Não surgiu do nada. Tenho de ser responsável por mim mesma diariamente. Mas foi muito importante poder ver aquele cordão. Sempre se soube que na minha família as mulheres tinham um problema de coluna. Eu também tinha. Ao observar isso, eu disse: "O problema termina aqui". O mais importante foi a compreensão profunda de que o problema de coluna passava de geração a geração. Não preciso dele. O problema termina aqui, comigo.

Os processos descritos neste capítulo podem nos ajudar a nos tornarmos mais independentes e mais conscientes de nosso ser. Isso não quer dizer que seremos solitários. Ao contrário, permite-nos estar junto com outras pessoas de uma maneira respeitosa.

RECURSOS

1. O método usado com Anne é "Building a new quality of self-concept" [Como construir um novo tipo de autoconceito]. Um artigo (em inglês) descrevendo este método está disponível em: <https://steveandreas.com/building-a-new-quality-of-self-concept/>.
2. Andreas, Steve; Andreas, Connirae. *Transformando-se – mais coisas que você não sabe que não sabe*. 3. ed. São Paulo, Summus, 1991.

3. *Advanced language patterns*. Áudio. 4h 26 min. Com Connirae Andreas. Este programa ensina métodos de "mudança na conversação", conforme demonstrado com Sarah. Pode ser adquirido em: <https://www.andreasnlp.com/store/nlp-audio/advanced-language-patterns/>.

3. Como curar traumas

Quando Sally ficava longe do filho de 8 anos por mais de um dia, sentia-se ansiosa sempre que pensava nele. Pior ainda se falasse com ele ao telefone. Por isso, queria reagir melhor a essa situação. Como nos conhecemos durante uma conferência, longe de onde ela morava, era mais fácil testar sua reação. Quando lhe pedi que pensasse no filho, ela ficou tensa e parou temporariamente de respirar.

Quando lhe perguntei de que forma pensava no filho, ela disse que via uma imagem tênue, estática e distante, "com muito ar entre nós". Ao ver a imagem, ela sentia como se o estivesse perdendo, o que lhe causava a sensação de ansiedade. Quando lhe pedi que trouxesse a imagem do filho para mais perto, Sally sentiu-se muito melhor.

Eu poderia ter eliminado sua ansiedade modificando diretamente essa imagem da criança. Entretanto, Sally me havia contado que sua ansiedade fora causada por uma experiência traumática que tivera aos 7 anos, e que continuava a incomodá-la. Seu pai desaparecera inesperadamente durante cinco dias. Ninguém sabia onde ele estava, se voltaria ou não, se estava vivo ou morto. Sally disse que se sentira totalmente abandonada, perdida e assustada. Essa experiência tinha ficado "impressa" em sua vida emocional, e agora ela sentia o mesmo quando se encontrava longe do filho.

Se eu tivesse mudado apenas a maneira como ela pensava no filho, somente aquela experiência isolada seria mudada. Ela continuaria guardando a lembrança desagradável da infância, e era provável que aquela lembrança também causasse outras dificuldades em sua vida. Se, por outro lado, eu mudasse a lembrança da infância, todas as experiências que ela afeta também seriam mudadas. Ao fazer isso, eu lhe daria toda a mudança que ela pedia e muitas outras vantagens.

COMO SALLY VÊ UMA EXPERIÊNCIA POSITIVA

O primeiro passo é descobrir como Sally pensa em uma lembrança forte e *positiva* que também afete profundamente seu comportamento. Essas experiências impactantes são geralmente chamadas de "impressões". "Sally, quero que pense numa lembrança que seja realmente positiva para você hoje. Pode ter sido agradável ou não quando aconteceu, desde que com ela você tenha aprendido algo que tenha um impacto positivo e poderoso na maneira como age hoje em dia. Não importa o que seja, desde que você a sinta como positiva e poderosa agora... Após ter escolhido a experiência, quero que pense nela, da mesma maneira que pensa quando ela tem um impacto realmente poderoso sobre você. Observe a maneira como a vivencia."

Quando se lembrou da experiência escolhida, Sally sorriu, sua respiração tornou-se mais profunda e suas costas ficaram mais retas. Sem dúvida, era o tipo de lembrança que eu queria que tivesse.

"Agora, quero que pense numa lembrança normal, sem importância. Pode ser o momento em que escovou os dentes hoje de manhã, em que se vestiu, ou qualquer outra coisa do gênero. Em seguida, quero que compare as duas lembranças. Você notará as diferenças que tornam uma mais forte e a outra mais comum. Por exemplo, uma delas pode ser um filme, enquanto a outra é uma foto. Uma pode ser em cores, enquanto a outra é em preto e branco. Uma pode ser sonora e a outra, silenciosa."

"A lembrança comum é pequena e estática, como uma instantânea em preto e branco. A vigorosa me envolve, como se eu estivesse dentro dela. Tem movimento, e suas cores são pastéis muito suaves, como num quadro de Monet. Eu as adoro. E o som é agradável. Já na lembrança comum não há som."

COMO CRIAR UMA NOVA IMPRESSÃO POSITIVA

"Agora, quero que deixe de lado essas experiências temporariamente, enquanto faço uma pergunta importante. Que experiência você poderia ter tido *antes* do desaparecimento do seu pai que teria tornado mais fácil suportar o período em que ele esteve ausente? Que experiência específica poderia ter preparado você para essa situação, para que não sentisse a terrível sensação de estar perdida e abandonada?"

"Meu pai era tudo para mim naquela época. Acho que se alguém em quem eu confiasse tivesse me dito que ele sempre estaria lá para me prote-

A essência da mente

ger, não importa o que acontecesse, teria sido muito mais fácil para mim. Talvez se o meu irmão me tivesse dito isso..."

"Muito bem. Esse é o tipo de coisa que pode fazer uma grande diferença. Vamos tentar. Feche os olhos e volte ao momento em que tinha 6 ou 7 anos, justo *antes* do seu pai desaparecer. *Crie* uma experiência bem detalhada do seu irmão conversando com você e tranquilizando-a. Ao fazer isso, trate de que essa experiência seja igual à da lembrança vigorosa de que você falou anteriormente. Crie essa nova experiência de modo que ela a envolva, com movimentos, sons e aquelas cores pastéis de que tanto gosta. Pode ajustar e adequar a experiência como quiser, até transformá-la no tipo de lembrança que a fará reagir de maneira mais positiva à ausência inesperada do seu pai. Leve o tempo que for necessário e faça um sinal com a cabeça quando estiver satisfeita."

Quando Sally começou a criar a nova lembrança, sua respiração se tornou mais profunda, ela sorriu e suas costas ficaram mais retas, como quando tivera a primeira lembrança positiva. Isso era um indício de que sua *nova* lembrança também seria uma fonte importante de recursos. Cerca de um minuto depois, ela deu o sinal.

COMO USAR A NOVA IMPRESSÃO PARA PROMOVER UMA MUDANÇA PROFUNDA

"Agora, quero que avance rapidamente no tempo, trazendo com você o impacto dessa experiência positiva com seu irmão. Ao viajar no tempo, você poderá notar como todas as suas experiências posteriores se modificam e são reavaliadas à luz dessa experiência. Você sabe que grande parte disso está acontecendo em nível inconsciente; portanto, poderá avançar rapidamente no tempo. Ao chegar ao presente, pare e veja-se indo em direção ao futuro, percebendo de que forma você será uma pessoa diferente graças a essa experiência com seu irmão. Mais uma vez, leve o tempo que for necessário e abra os olhos quando tiver terminado."

Cerca de um minuto depois, Sally abriu os olhos. "Foi interessante", disse. "Viajar no tempo foi parecido com aquela parte final do filme *2001 – Odisseia no espaço,* quando tudo está sendo filmado de ambos os lados. Quando cheguei ao momento em que meu pai desapareceu, simplesmente passei por ele... E, quando penso nisso agora, é tudo bem diferente. Eu ainda estava preocupada, mas sabia que meu irmão estaria lá. Senti-me maior, de certa forma; mais forte."

43

"Parece uma boa experiência. Agora pense no seu filho e veja como se sente."

"Sinto-me bem agora. Ele não parece mais tão longe. Até tentei criar novamente aquela imagem pequena, tênue e distante, mas não me afeta mais."

Todo o processo durou cerca de 15 minutos. No dia seguinte, Sally me contou que havia telefonado para o filho na noite anterior e que se sentira bem. A ansiedade não voltara.

Embora eu não tenha entrado em contato com Sally para fazer uma avaliação a longo prazo, sei, por ter usado este método com muitas outras pessoas, que os resultados são duradouros e, às vezes, tornam-se ainda melhores com o passar do tempo.

REAÇÃO SEXUAL

Beverly estava insatisfeita com o que chamava sua "fobia de sexo" e sua relutância em ter um envolvimento maior com um homem. Lutava contra essa aversão ao sexo e um maior envolvimento desde que tivera uma experiência difícil num relacionamento anterior. Beverly vivia com um rapaz quando ficou grávida acidentalmente. O rapaz a abandonou e ela teve de enfrentar a situação sozinha. Embora fosse contra o aborto e até então acreditasse que jamais o cogitaria, tomou a difícil decisão de abortar. Essa experiência a levou a evitar se envolver e ter relacionamentos sexuais.

Como o problema de Beverly partia de uma experiência traumática anterior, utilizei o mesmo processo que usara com Sally. Ao escolher uma experiência positiva anterior, Beverly optou por uma ocasião em que inadvertidamente havia causado a morte de um amigo, tendo superado o trauma decorrente das consequências de seu erro. Quando me disse que queria usar essa experiência como recurso, fiquei um pouco surpresa, já que a maioria das pessoas escolheria uma experiência "positiva". Depois de pensar um pouco, vi que ela era mais sábia do que eu. Escolhera exatamente a experiência que a prepararia para lidar com o aborto.

Quando conversamos cerca de dois meses depois, Beverly me disse que definitivamente sentia uma nova abertura e vontade de ter um relacionamento com um homem, mas ninguém que conhecia parecia a pessoa certa. Passados mais dois meses, ela me telefonou e deixou o seguinte recado: "Venci a prova de fogo!" Ela encontrara alguém especial a quem amar e estava gostando de ter intimidade e um envolvimento sexual, sem sinais do antigo medo.

O MÉTODO

Este método, chamado de "processo eficaz de tomada de decisões", foi recentemente desenvolvido por Richard Bandler, um dos cofundadores da PNL. Parte de um pressuposto importante que a maioria das pessoas tem a respeito da própria vida: que o passado influencia o presente e o futuro. Se as experiências traumáticas do passado podem causar problemas mais tarde, também faz sentido que experiências positivas de aprendizado podem servir como recursos no futuro.

Todos nós chegamos a "conclusões" ou tomamos "decisões" com base em experiências pessoais. Essas conclusões podem afetar a maneira como reagimos a experiências posteriores. Muitas de nossas crenças são formadas a partir de uma única experiência significativa do passado; outras, por uma série de experiências menos intensas.

Por exemplo, Sal tinha tido uma experiência que o fez concluir que era incapaz de aprender. Quando tinha 3 anos de idade, pegou um quebra-cabeça da estante e tentou montá-lo. O quebra-cabeça era para crianças de 6 anos, mas Sal não sabia. Ele nem sequer compreendia que as crianças de 6 anos são capazes de fazer coisas que as de 3 não conseguem. Apenas tentou montar o quebra-cabeça, sem resultado.

Os pais de Sal estavam na sala, observando suas tentativas frustradas. Desconcertados com seus esforços, não sabiam o que fazer. Finalmente, o pai disse, sentindo-se também frustrado: "Deixe esse brinquedo de lado. Você nunca vai aprender nada!" Da próxima vez que tentou montar um quebra-cabeça e não conseguiu, Sal se lembrou do primeiro fracasso e do que o pai havia dito. "Ele tem razão, não consigo aprender", pensou. Então deixou de lado o quebra-cabeça sem tentar de verdade e passou para uma atividade mais "fácil".

Mais tarde, o jovem Sal tentou desmontar um velho relógio com uma chave de fenda. Ele gostava de desmontar objetos. Às vezes leva um tempo para descobrir o que desparafusar em que ordem, e Sal logo encontrou algo que não soube imediatamente como desmontar. Lembrando suas experiências anteriores de fracasso, nem fez muito esforço. Simplesmente deixou o relógio de lado, pensando que aquela era mais uma prova de que ele não conseguia fazer nada direito.

Com o passar dos anos, Sal teve muitas outras experiências que reforçaram sua conclusão de que era incapaz de fazer as coisas. Baseado em sua primeira experiência, encarava cada uma de suas dificuldades da mesma forma — como uma confirmação das suas limitações.

Glen, por outro lado, havia tido uma experiência na infância que coloria seu futuro de ponta a ponta, de maneira muito mais positiva. Quando tinha 4 anos, sua família mudou-se do deserto para Ohio, onde existem muitas árvores. Glen não estava acostumado a ver tantas árvores e queria subir em todas. Após ter escolhido seu primeiro alvo, ele passou de um galho para outro, empolgado com sua aventura. Quando estava lá em cima, olhou ao seu redor com prazer e decidiu que estava na hora de descer. Foi então que olhou para baixo pela primeira vez e ficou aterrorizado. Agarrando-se ao galho, gritou para a mãe, que estava do lado de fora da casa: "Socorro, não consigo descer!"

A mãe de Glen veio correndo, um pouco nervosa por vê-lo em cima da árvore. Entretanto, disse calmamente: "Glen, você está segurando com força, e isso é ótimo. Já que conseguiu chegar aí *em cima,* sem dúvida conseguirá descer. Será que consegue colocar o pé em outro galho e sentir se ele é sólido e pode aguentar seu peso?" Glen ficou mais calmo só de ouvir a voz da mãe. Percebeu que tinha tido competência para subir sozinho. Então, decidiu encontrar uma maneira de descer dali, devagar e com cautela, até atingir o solo com segurança. Embora dali por diante tenha se tornado mais cuidadoso, Glen adquiriu um sentimento de competência — de que, *por si só*, conseguiria descobrir uma saída para seus problemas.

Essa experiência ficou para sempre com Glen. Quando, na escola, se deparava com tarefas difíceis, pensava na sua experiência com a primeira árvore e se dava conta de que podia achar uma solução. Portanto, continuava tentando e fazendo perguntas até encontrar a solução. Continuava tentando até conseguir, mesmo quando os colegas haviam desistido. Cada vitória confirmava que ele era capaz de aprender e ter sucesso.

Quando chegamos a uma conclusão inútil, como no caso de Sal, geralmente é porque não entendemos que *outras* pessoas também sofrem limitações de alguma natureza. O pai de Sal certamente não quis dizer que ele era um fracasso. Apenas se sentiu frustrado e sem saber o que fazer. Nessas situações, as crianças sempre pensam o pior de si mesmas, em vez de compreender que a outra pessoa é limitada. Se compreendermos como essas experiências formativas funcionam, saberemos criar mudanças poderosas nas experiências traumáticas de nossa vida.

Pode ser muito difícil tentar mudar uma experiência traumática diretamente, porque a pessoa tem uma forte reação ao trauma. É como tentar construir uma casa durante um terremoto. Mas, se criarmos uma experiência curativa *antes* que o trauma apareça, a interferência deixa de existir. Se a casa for bem construída, resistirá ao terremoto. Se dermos à nova experiência as mesmas características de uma forte lembrança positiva, ela terá força suficiente para influenciar os incidentes futuros de uma forma positiva. Embora a pessoa saiba, em nível consciente, que criou a lembrança, essas características têm o poder inconsciente de uma lembrança real. Em nossa gravação de áudio *The decision destroyer*[2] [Processo eficaz de tomada de decisões], damos outro exemplo completo e aprofundamos o assunto.

COMO MODIFICAR UM PASSADO DE MAUS-TRATOS

Sally e Beverly tiveram uma única experiência traumática, mas este método é particularmente útil para pessoas que tiveram uma série de experiências traumáticas durante um longo período. A criação de uma nova lembrança poderosa pode modificar um longo histórico de situações desagradáveis para alguém com uma infância marcada por abusos e maus-tratos, e ser um primeiro passo para a construção de um ser interior com mais recursos.

Kristen tinha sofrido maus-tratos na infância e queria dissipar seus medos. Quando tentava pensar em uma nova "impressão" para colocar em seu passado, não conseguia pensar em algo forte o suficiente para sobrepujar o impacto dos maus-tratos sofridos. Em vez disso, ela se imaginou como a pessoa mais sábia e mais evoluída que desejava ser no futuro. Quando levou essa sensação ao passado e depois voltou ao presente, teve uma profunda experiência pessoal. Mais tarde, percebeu que seu contato com as pessoas havia mudado de uma forma interessante. Antes, quando falava com alguém, era como se a outra pessoa estivesse vendo não apenas a ela, mas também todas as suas experiências anteriores de maus-tratos. Kristen sempre pensou que as outras pessoas a viam como "aquele tipo de pessoa", e isso era uma limitação em sua vida. Mas, depois da experiência, Kristen disse: "Agora sinto que estão vendo a mim e o que estou fazendo no momento". Sentiu-se mais livre, sem a limitação de ser "aquele tipo de pessoa".

COMO RECUPERAR A AUDIÇÃO

Dick usava um aparelho auditivo em um dos ouvidos, e um diapasão artificial havia sido implantado cirurgicamente no outro. Mesmo com o aparelho auditivo, Dick às vezes não conseguia ouvir os sons que as outras pessoas ouviam. Seus problemas de audição haviam começado alguns anos antes, quando estava voando sobre o golfo Pérsico. O avião estava a 12 mil metros de altitude quando uma das janelas estourou, provocando uma imediata despressurização da cabine. O avião não estava equipado com máscaras de oxigênio, como as aeronaves mais modernas, e por isso o piloto foi obrigado a descer rapidamente a 3 mil metros, onde o ar é respirável.

A rápida despressurização, aliada à queda brusca de 9 mil metros, foi fatal para os ouvidos de Dick. Durante a rápida descida, um bolsão de ar ficou preso nas trompas de Eustáquio. Dick foi submetido a uma cirurgia que tentou corrigir os problemas decorrentes, e um dreno foi colocado em um dos ouvidos para escoar a pressão do ar. Mais tarde, os médicos lhe disseram que esse procedimento traumatizou ainda mais o ouvido, causando otosclerose, ou seja, envelhecimento precoce do ouvido.

Seguindo as recomendações dos médicos, Dick fez outra cirurgia no ouvido direito, no qual foi implantado um diapasão para substituir a bigorna endurecida. Essa operação fez que o nível de audição desse ouvido voltasse ao que era antes do acidente. Entretanto, ele frequentemente ouvia ruídos ou sentia dores nos ouvidos.

Com o passar do tempo, o nível de audição do ouvido esquerdo foi diminuindo. Primeiro ele percebeu que não ouvia bem do lado esquerdo quando escutava música nos fones de ouvido. Deu-se conta de que precisava aumentar o volume do lado esquerdo até 9, enquanto o do lado direito continuava no nível 1. Um teste de audição revelou que seu ouvido esquerdo tinha um baixo nível de audição, de 60 a 70 decibéis. Antes do acidente, Dick fizera vários testes, em que ambos os ouvidos tinham atingido o nível de 10 decibéis — um pouco abaixo da média, mas ainda dentro do que é considerado normal. Só para se ter uma ideia, o nível de som diante de um alto-falante de uma banda de rock atinge de 90 a 100 decibéis.

No dia em que eu estava ensinando o processo eficaz de tomada de decisões para uma turma avançada, Dick havia deixado o aparelho auditivo em casa. Para aprender o método, cada participante tinha de assumir três

A essência da mente

papéis: cliente, guia e observador. Quando chegou a sua vez de ser o cliente, Dick nem pensava em recuperar a audição. Pretendia obter uma sensação geral de saúde, bem-estar e equilíbrio.

Primeiro, escolheu um momento da sua vida em que sua saúde estava no ápice. Voltou a um momento da sua adolescência em que estava em ótima forma, tanto física quanto emocionalmente — tinha energia, um bom nível de concentração, aprendia com rapidez e sentia-se forte física e emocionalmente. Era também um tempo em que ele tinha a capacidade de tomar as decisões certas. Quando voltou a vivenciar aquele momento, Dick deu a si mesmo instruções de não fazer mudanças muito específicas: "de modo que todas as peças possam se encaixar, reunindo-se como quiserem". Dick declarou ter visualizado sua experiência de saúde como uma onda. Teve a visão de uma "escultura" de areia que podia ser moldada de várias formas à medida que a areia se reacomodava em novos padrões. Para ele, saúde era "ir com a onda" de areia.

Quando estava imerso na experiência, Dick viajou rápido no tempo, trazendo a vivência de uma saúde plena até o momento presente. Então, ancorou essa experiência no presente, enquanto se via indo para o futuro, sempre mantendo a vivência de saúde plena.

Quando terminou, Dick ficou surpreso ao ouvir o som de água caindo. Olhando ao redor, percebeu que perto dali havia uma fonte que ele não havia notado. Foi então que se deu conta de que estava ouvindo com o ouvido *esquerdo!* Muitos dos que estávamos presentes achamos difícil acreditar que Dick tivesse recuperado a audição de forma tão repentina. Várias pessoas resolveram testá-lo, sussurrando atrás dele — algo que meia hora antes ele não conseguia perceber. Testes médicos posteriores comprovaram a experiência subjetiva de Dick. Seu ouvido esquerdo agora percebia 10 decibéis — o mesmo nível de antes do acidente.

Um ano depois, perguntei a Dick que diferença sentia em sua vida. Ele não precisava mais usar o aparelho auditivo — tinha-o até perdido. Seus ouvidos estavam bem. Não ouvia mais ruídos nem sentia dores. "Há pouco tempo, fui a uma conferência e gostei de poder me sentar na última fila", disse. "Antes eu era sempre obrigado a me sentar nas primeiras filas, mesmo com o aparelho auditivo. Também participei de uma peça de teatro amador. Não poderia ter feito isso antes, porque não saberia se minha voz estava ou não no tom correto.

"E, melhor ainda, agora uso minha voz para me comunicar de uma forma diferente. Uso o timbre e o ritmo da minha voz — ajusto o volume e o tom da minha voz ao falar, o que me permite conseguir resultados melhores nas minhas consultas com os clientes. Não tinha percebido o quanto isso era importante."

O processo eficaz de tomada de decisões é um dos métodos mais úteis apresentados neste livro, e o que tem mostrado os resultados mais surpreendentes. É particularmente útil quando uma pessoa tem um histórico antigo de experiências desagradáveis, como é o caso de alguém que tenha sofrido maus-tratos durante um longo período. Quando a pessoa viaja no tempo trazendo consigo um poderoso recurso, *todas* as experiências problemáticas são transformadas de uma só vez, em vez de serem modificadas uma a uma, como ocorreria numa terapia mais convencional. Além disso, a pessoa passa a ter um senso maior de si mesma — algo que a ajudará a enfrentar futuros desafios.

RECURSOS

1. O método usado neste capítulo é conhecido como "The decision destroyer" [Processo eficaz de tomada de decisões] e foi desenvolvido por Richard Blander. Um artigo (em inglês) descrevendo este método está disponível em: < https://steveandreas.com/the-decision--destroyer/>.
2. *The decision destroyer*. Áudio. Com Steve Andreas. Pode ser adquirido em: <https://www.andreasnlp.com/store/nlp-audio/the-decision-destroyer/>.

4. Como eliminar reações alérgicas

Maria foi picada por uma abelha aos 11 anos de idade. Para a maior parte das pessoas, essa seria uma experiência dolorosa, porém sem grandes consequências. No caso de Maria, porém, os incidentes que se seguiram tornaram a experiência inesquecível para ela e sua família. Cerca de dez minutos após a picada, Maria sentiu que a garganta começava a ficar irritada e parecia estar inchando. Logo, passou a ter dificuldade de respirar. A família, assustada, a levou ao hospital mais próximo. Quando chegou lá, ela praticamente não conseguia respirar. O médico de plantão lhe aplicou três injeções diferentes para eliminar os sintomas. E disse que ela provavelmente teria morrido sufocada caso não tivesse recebido um tratamento imediato. Maria foi aconselhada a ficar longe de abelhas para evitar um problema que poderia ser fatal, e seguiu o conselho à risca.

Dez anos depois desse incidente, Maria fez testes para saber se ainda era sensível à picada de abelhas. O médico que realizou o teste confirmou a sensibilidade e aconselhou-a a tomar injeções semanais de antígeno para aumentar a resistência a picadas de abelhas. Para ficar bem, ela deveria tomar essas injeções pelo resto da vida. Maria se autoadministrou o tratamento durante 12 anos. Quatro anos antes de vir trabalhar comigo, mudanças na aplicação das injeções tornaram a autoadministração impossível, de forma que ela decidiu interromper o tratamento.

Ao saber que a PNL tinha um método que possibilitava eliminar as reações alérgicas, Maria ficou interessada.

"Maria, primeiro quero lhe dar uma ideia do que vamos fazer aqui. Há muitos anos, sabe-se que as alergias são basicamente um 'erro' do sistema imunológico. Quando o sistema imunológico funciona bem, identifica substâncias realmente perigosas a fim de proteger seu corpo. Esta é a maneira como seu corpo se protege de bactérias ou vírus nocivos.

"Entretanto, às vezes o sistema imunológico comete um erro e identifica um agente inofensivo, como um alimento, pólen, poeira ou picada de abelha, como sendo nocivo, quando na verdade não o é. Se o sistema imunológico *pensa* que algo é perigoso, a pessoa acaba tendo uma alergia, em vez de receber uma proteção. No seu caso, o sistema imunológico cometeu um erro que quase lhe foi fatal. E quando acontece um erro, o certo é corrigi-lo.

"O processo que vamos usar vai treinar seu sistema imunológico para reagir de maneira mais adequada às picadas de abelha. Assim, seu sistema imunológico saberá que, embora uma picada de abelha seja desagradável, não é algo com que deva se preocupar. A finalidade do seu sistema imunológico é proteger você. Assim que ele souber que as picadas de abelha são inofensivas, você estará muito mais *segura,* porque não terá essa perigosa reação alérgica. Seu sistema imunológico atuará como o faz diante de qualquer outro agente inócuo.

"Antes de mais nada, gostaria que você sentisse *um pouquinho* a reação que costuma ter, para que eu observe como ela é e consiga perceber quando for diferente." Como a reação de Maria tinha sido perigosa para a sua saúde, era necessário que eu tivesse um extremo cuidado em obter apenas uma reação parcial. Enfatizei a necessidade de uma *pequena* reação e me preparei para observar os sintomas cuidadosamente e interromper o processo se eles se tornassem intensos demais. "Gostaria que fechasse os olhos e voltasse ao momento em que tinha 11 anos, logo após ter sido picada pela abelha, quando estava começando a notar os sintomas na garganta. Pronto, assim está bem! Agora *pode abrir os olhos e olhar para mim*, enquanto sente seu corpo voltando ao normal."

Quando Maria se lembrou da experiência, sua expressão mudou de várias maneiras. Ela ficou completamente tensa, sobretudo no rosto, que se tornou pálido. Também demonstrou vários outros sintomas de estresse. Quando lhe pedi para se lembrar do estado alérgico, pude observar como ela ficava naquele estado. Esta informação seria primordial mais tarde, no momento de testar se o estado problemático havia sido alterado.

"Maria, agora vamos ao próximo passo do processo. Pense em algo semelhante a uma picada de abelha. Porém, deve ser algo a que o seu sistema imunológico *já sabe reagir de maneira adequada.* O que pode ser? Como reage a picadas de formigas, por exemplo?"

"Que tal picadas de vespas?", propôs Maria. "Já fui picada por vespas, antes e depois de ter sido picada por uma abelha, e nada senti além de ardência, vermelhidão e inchaço."

"Perfeito. Como seu corpo já sabe reagir adequadamente às picadas de vespa, usaremos essa reação como um recurso para retreinar seu sistema imunológico. Agora, feche os olhos novamente e pense numa ocasião em que foi picada por uma vespa. Ao sentir a picada, e vivenciar como foi, você poderá observar que seu sistema imunológico sabe como reagir de forma adequada a essa situação. Observe o que acontece."

Enquanto Maria imaginava como era ser picada por uma vespa, sua postura e sua expressão mudaram. Suas costas ficaram mais retas, sua respiração continuou regular etc. Enquanto observava essas mudanças não verbais, coloquei minha mão em seu ombro de maneira delicada, porém firme, de forma que o toque ficasse associado à reação adequada.

"Maria, vou manter a minha mão no seu ombro para estabilizar a reação saudável que você está tendo agora. Seu corpo já sabe reagir adequadamente a uma picada de vespa. Quero que abra os olhos e imagine que há um vidro grosso à sua frente, do teto até o chão. Você está aqui, completamente segura, protegida de qualquer coisa que possa vir a acontecer do outro lado do vidro.

"Veja a si mesma do outro lado do vidro. Veja a Maria que reage à picada de vespa, seu sistema imunológico reagindo de maneira normal e adequada...

"Agora você poderá observar que a Maria que está daquele lado *reage da mesma forma a uma picada de abelha*. Assim como faz diante de uma picada de vespa, seu sistema imunológico sabe exatamente o que fazer."

Fiquei observando Maria atentamente, para ver se sua reação não verbal continuava sendo a reação normal à picada de vespa, e não a reação que vi no início, quando ela se lembrou da picada de abelha. Se ela tivesse voltado a ter a antiga reação alérgica, eu a teria interrompido, voltado atrás e recomeçado o processo.

"Retire o vidro que a separa da Maria que está do outro lado, estenda os braços e traga-a de volta para você, para assimilar o seu conhecimento de como reagir adequadamente à picada de abelha... Agora, como seu sistema imunológico sabe o que fazer, imagine que está sendo picada por uma abelha aqui mesmo e observe como se sente tendo os recursos necessários a uma reação apropriada. Sinta-se grata pelo fato de seu sistema imunológico ter aprendido algo tão importante em tão pouco tempo e desfrute essa nova reação."

Ao fazer isso, Maria revelou, não verbalmente, que mantinha a capacidade recém-adquirida: quando começou a pensar que estava sendo picada por uma abelha, teve a mesma reação normal. Durante todo o processo, mantive constante essa reação, colocando minha mão em seu ombro. Depois, quis verificar se ela conseguiria reagir da mesma forma sem o meu apoio, e retirei a mão. Quando lhe pedi que fechasse os olhos e imaginasse detalhadamente estar sendo picada por uma abelha, sua expressão não verbal continuou a indicar a reação normal. Fui um pouco adiante no teste. "Maria, agora imagine que você pega esta habilidade do seu sistema imunológico de reagir de forma adequada e a leva de volta à ocasião em que tinha 11 anos. Como teria sido isso, agora..." Quando Maria refez o processo, não havia mais a antiga reação de estresse. Em seu lugar, vi todos os sinais não verbais da reação normal. Todo o processo levou cerca de dez minutos.

Quando terminamos, Maria não estava convencida — como outras pessoas, aliás — de que havia mudado. Entretanto, vi uma diferença marcante na sua reação não verbal no final do processo, de forma que eu tinha certeza de que havia funcionado. Dada a gravidade de sua antiga reação alérgica, recomendei que, em vez de testar os resultados diretamente com uma picada de abelha, ela fizesse um teste de alergia. Mas, pouco depois, a vida se encarregou de lhe proporcionar um teste real.

Cerca de dois meses depois, ela foi picada por uma abelha quando estava sozinha em casa. Ficou assustada e imediatamente telefonou a uma clínica, para receber orientações sobre o uso da epinefrina que tinha acabado de adquirir. Não queria usá-lo a não ser que fosse absolutamente necessário. Por isso, chamou uma amiga, a quem explicou a situação e com quem ficou conversando durante uns 20 minutos. Fora a vermelhidão e o inchaço, normais no caso de uma picada de abelha, não houve qualquer outra reação. Embora tenha ficado contente, Maria ainda não acredita totalmente na cura, e sempre que sai leva consigo a epinefrina, como medida de segurança.

O MÉTODO

Esse processo foi adaptado por dois colegas nossos, Tim Hallbom e Suzi Smith, a partir de um método desenvolvido originalmente por Robert Dilts, um dos mais antigos e mais competentes companheiros de Bandler e Grinder.

A essência da mente

Uma vasta experiência clínica comprovou que este processo de alergia é completamente eficaz em cerca de 80% dos casos em que o alérgeno específico foi identificado. Também funciona bem no caso de muitas "sensibilidades" a metais, produtos químicos e outros. O vídeo *Eliminating allergies* [Como eliminar reações alérgicas][1] inclui três sessões completas dirigidas por Tim e Suzi, com entrevistas de acompanhamento. Nesse vídeo, vemos três clientes perderem sua alergia ou sensibilidade a gatos, trigo e produtos químicos de revelação fotográfica.

Embora a maioria das pessoas necessite ajuda de alguém especializado, ficamos surpresos ao saber que algumas pessoas eliminaram suas alergias após assistirem um vídeo. Um senhor telefonou dizendo:

Coloquei o vídeo para minha esposa e duas outras pessoas que sofriam de alergia. Depois de ouvirem, os três observaram que suas alergias haviam desaparecido! Minha esposa era alérgica a um tipo de flor do campo e a muitas outras coisas, e me surpreendeu colocando um buquê dessas flores em cima da mesa.

ALERGIAS NÃO ESPECÍFICAS

Esse método funciona com bem menos frequência em casos como a "febre do feno", na qual o alérgeno específico é desconhecido, talvez porque seja mais difícil identificar uma situação semelhante onde a reação foi normal. Entretanto, conseguimos alguns bons resultados mesmo nesses casos.

Anna, que sofria de asma desde pequena, observou que os sintomas asmáticos aumentavam bastante durante a primavera e o outono, época de queda do pólen das flores. Achava que sua asma se devesse, em parte, a uma reação alérgica. Quando usei o processo de alergia com ela, Anna não conseguiu pensar em *nada* que com certeza *não* lhe causasse uma reação alérgica. Então, pedi-lhe que pensasse *numa época da sua vida em que não tinha sintoma algum*.

"Observe aquela Anna, a que sabe reagir a uma variedade de coisas — pólen, fungo, poeira e outras substâncias. O corpo daquela Anna apenas reage automaticamente de maneira apropriada." Isso provocou uma reação positiva, e ela parecia ter muitos recursos ao pensar "naquela Anna".

Vários dias depois do processo, Anna contou, bastante satisfeita, que os sintomas da asma tinham se reduzido a metade ou mesmo um terço do

55

nível anterior. Como ela era enfermeira e tinha um profundo conhecimento sobre a asma e os remédios adequados, sentiu que podia reduzir a ingestão de medicamentos.

E SE O MÉTODO NÃO FUNCIONAR?

Como mencionamos anteriormente, por razões ainda não muito claras, este método não funciona com cerca de 20% das pessoas que sofrem de alergias específicas. O método depende da habilidade de usar as palavras corretas para provocar estados específicos no cliente. A congruência não verbal também é um fator essencial, como em todos os métodos da PNL. É possível que em alguns casos o método não funcione por falta de capacidade verbal e não verbal da pessoa que o esteja aplicando.

Outro fator, comumente chamado de "ganhos secundários", também pode explicar por que o método, às vezes, não dá resultados. "Ganho secundário" é o mesmo que dizer que todos os nossos comportamentos têm objetivos específicos. Por exemplo, quando uma pessoa é alérgica a açúcar, muitas vezes essa alergia tem uma função positiva (ganho secundário) de evitar que a pessoa engorde. Se a alergia fosse eliminada, a pessoa teria de enfrentar um novo problema: comer açúcar em excesso e engordar. Se um lado da pessoa reconhece este fato, ele sabiamente se oporá à eliminação da alergia.

A solução para esse conflito seria ensinar à pessoa *maneiras mais eficientes* de controlar o peso. Então, quando a alergia deixar de ser necessária como função positiva, não haverá mais resistência a eliminá-la. Do mesmo modo, uma pessoa pode, inconscientemente, continuar alérgica ao cigarro apenas por não possuir outra maneira de pedir que os outros não fumem, ou porque sua alergia é a única forma de chamar a atenção dos demais. Pode ser difícil dizer: "Prefiro que você não fume perto de mim", ou "Gostaria que você prestasse mais atenção em mim", e nesse caso a alergia "fala" pela pessoa. Se alguém não quer ter gatos em casa, se deixar de ser alérgico a eles talvez não tenha mais como impor sua vontade.

Quando as funções positivas (ganhos secundários) são conhecidas, muitas vezes é possível encontrar meios alternativos eficientes de alcançá-las. Mas, em geral, nossas funções positivas são inconscientes. Se não forem identificadas, podem tornar-se grandes obstáculos à mudança, qualquer que seja o método utilizado. No capítulo 7, mostramos um método que pode nos ajudar a identificar essas funções positivas de maneira afirmativa e respeitosa, para que possamos encontrar soluções melhores.

O EMBASAMENTO CIENTÍFICO

Nos últimos anos, muitas investigações científicas têm comprovado a profunda inter-relação anatômica e bioquímica entre o sistema nervoso e a reação imunológica, o que levou à criação de um novo campo, a "psiconeuroimunologia". Havia evidências de que as emoções, o humor e o estresse afetavam a reação imunológica. Entretanto, acreditava-se que a ligação fosse apenas hormonal e não específica.

O livro de Bernie Siegel, *Amor, medicina e milagres*[2], e o de Stephen Locke, *The healer within* [O médico interior][3], são fontes excelentes de evidências cada vez mais concretas — tanto clínicas como científicas — da capacidade da mente para afetar o sistema imunológico.

Para quem deseja ter acesso a algumas das fontes relativas aos fatores psicológicos da atividade do sistema imunológico, recomendamos a leitura de alguns artigos da revista *Science*, da Associação Americana para o Avanço da Ciência. Um relatório publicado em 1985[4] resume as descobertas do Primeiro Seminário Internacional de Neuroimunomodulação, realizado pelo Instituto Nacional de Saúde. O artigo afirma que:

> Os pesquisadores demonstraram que o estresse, tanto profundo quanto leve, altera as reações imunológicas, e que o clássico condicionamento pavloviano, que é uma forma de aprendizado, também as influencia. Além do mais, existem entre os sistemas imunológico e nervoso ligações anatômicas e químicas que podem servir para integrar as atividades dos dois sistemas. Não apenas o sistema nervoso pode influenciar as reações imunológicas, mas também, como demonstram as pesquisas recentes, as reações imunológicas podem alterar a atividade das células nervosas. Na verdade, as células do sistema imunológico podem ter uma capacidade sensorial, repassando ao cérebro estímulos que não seriam detectados pelo sistema sensorial mais clássico, como a invasão de patógenos estranhos.

Em 1984, durante uma experiência[5], cobaias receberam uma proteína estranha para estimular a reação imunológica, e essas injeções eram acompanhadas por uma fragrância. Depois de apenas cinco aplicações associadas com a fragrância, constatou-se que a reação alérgica dos animais, medida pela liberação de histamina, era estimulada apenas pela fragrância. Os níveis médios de histamina em reação àquela fragrância condicionada eram 30 vezes maiores do que os níveis causados por uma fragrância neutra. Em outro estudo mais específico[6], ratos foram treinados para ter uma reação alérgica à luz e ao som. O nível da enzima específica essencial à reação alérgica foi aproximadamente quatro vezes maior que o nível obtido com animais não treinados.

Alguns pesquisadores pensam que este é o processo que ocorre com pessoas que se tornam alérgicas. Um incidente ou uma reação emocional pode disparar a reação do sistema imunológico na presença de um gato, fumaça de cigarro, pólen ou qualquer outro "alérgeno". Da mesma maneira que as cobaias aprenderam a ter uma reação alérgica a uma fragrância, a pessoa aprende a ter uma reação alérgica à substância que por acaso estava presente no momento em questão.

O método descrito neste capítulo também usa uma técnica simples de condicionamento para modificar a reação imunológica. Quando o cliente imagina uma situação na qual a reação imunológica é normal, isso resulta em uma reação fisiológica normal, que em seguida substitui uma reação alérgica inapropriada. A etapa intermediária, em que o cliente se vê com a nova reação desejada, não é necessária em todos os casos. Essa etapa torna mais fácil aprender a nova reação, ao mesmo tempo que reduz a possibilidade de que a antiga reação alérgica volte a se manifestar.

Como este método demonstra que a reação imunológica humana, às vezes, pode ser recondicionada em questão de minutos, tem profundas implicações no tratamento de inúmeras doenças nas quais a reação imunológica é inadequada. Usando-se o mesmo tipo de processo, pode-se reduzir ou eliminar reações imunológicas destrutivas em enfermidades como a esclerose múltipla, a artrite reumática e o lúpus. Nossa experiência com este método tem revelado indícios cada vez mais concretos de que também é possível estimular psicologicamente a reação imunológica a outras doenças, tais como o câncer.

CUIDADOS E SUGESTÕES

Se o leitor estiver interessado neste método, deve tomar dois cuidados básicos. Primeiro, se a alergia que deseja eliminar tiver consequências fatais — como no caso de Maria —, use o método apenas sob supervisão direta de um médico. Assim, caso ocorra acidentalmente uma reação alérgica grave, o médico poderá cuidar das consequências. Sugerimos às pessoas que possuem qualquer tipo de alergia que sigam uma orientação médica paralelamente à utilização deste método.

Em segundo lugar, gostaríamos de lembrar que este método se baseia na capacidade do corpo de condicionar e descondicionar uma reação alérgica. Se alguém o aplicar de maneira descuidada, poderá condicionar a reação alérgica a outras causas, em vez de eliminá-la. Provavelmente, foi isso o que aconteceu de maneira espontânea com pessoas que são alérgicas a vários estímulos. Embora isso jamais tenha acontecido ao aplicarmos o método, pode ocorrer com alguém que não tenha sido suficientemente treinado.

Se ao ler este capítulo ou assistir o vídeo você conseguir curar uma alergia de maneira fácil e automática, como já aconteceu com outras pessoas, agradeça à sua mente inconsciente. Se desejar um "guia" para ajudá-lo a eliminar uma reação alérgica, recomendamos que procure alguém que saiba utilizar bem o método. E, antes de tentar ajudar outras pessoas, faça um treinamento completo, o que o capacitará para obter resultados de uma maneira que seja segura para seus clientes.

REFERÊNCIAS

1. *Eliminating allergies*. Vídeo. 55 min. Com Tim Hallbom e Suzi Smith. Boulder, CO: NLP Comprehensive, 1988.
2. SIEGEL, Bernie. *Amor, medicina e milagres*. Rio de Janeiro: Best Seller, 1986.
3. LOCKE, Stephen; COLLIGAN, Douglas. *The healer within – The new medicine of mind and body*. Nova York: Mentor, 1986.
4. "The immune system 'belongs in the body'." *Science,* 8 mar. 1985, p. 1190-2. Profundas ligações anatômicas e bioquímicas entre o sistema imunológico e o sistema nervoso ajudam a explicar como a mudança de humor influencia a suscetibilidade à doença.
5. "Learned histamine release". *Science,* 17 ago. 1984, p. 733-4.
6. "Pavlovian conditioning of rat mucosal mast cells to screte rat mast cell protease 11." *Science,* 6 jan. 1989, p. 83-5.

5. Como reagir de forma positiva a críticas

Todos nós somos, por vezes, criticados. É a maneira como reagimos a essas críticas que pode melhorar significativamente nossa vida ou nos tornar deprimidos e ressentidos. É fácil levar a crítica "para o lado pessoal" ou exagerar sua importância. Neste capítulo, apresentaremos um processo específico que já ajudou muitas pessoas a reagirem de forma positiva a críticas.

Randy, um professor universitário, observou que qualquer tipo de crítica o irritava. "Sempre encontrei maneiras de evitá-las", disse ele. "Escolhi uma profissão onde não há muitas possibilidades de crítica. Mas minha esposa, que é uma pessoa extremamente crítica, não fica intimidada com minhas credenciais. A crítica que recebo em casa me chateia bastante. E também provoca brigas entre nós. Sinto como se ela estivesse me atacando, mas ela diz que tem coisas importantes a me dizer e que não a escuto. Esperava que ela viesse comigo para aprender a ter um pouco mais de tato, mas ela não quis. Então, vim para saber se ainda assim você pode me ajudar."

Minha primeira tarefa era desviar o foco da atenção de Randy para algo *possível para ele*. Talvez ele tivesse razão em dizer que sua mulher era crítica demais e deveria aprender a ter mais tato. Entretanto, mesmo que ela não quisesse modificar sua atitude, Randy poderia ter uma reação diferente. Se fosse capaz de ouvir o que ela tinha a lhe dizer sem levar a crítica para o lado pessoal, poderia sentir-se melhor e ser mais indulgente com as limitações dela.

Anos atrás, ao estudar este assunto, uma das primeiras coisas que percebemos foi que certas pessoas conseguem reagir bem a críticas, enquanto outras se sentem arrasadas ao menor sinal de desacordo. Quando estudamos as pessoas que reagiam bem a críticas, tomamos o cuidado de selecionar aquelas que conseguiam *examinar se havia alguma informação útil na crítica que estavam recebendo*. Não queríamos uma atitude de simplesmente ignorar as críticas e sentir-se bem; queríamos ajudar as pessoas a se senti-

61

rem bem enquanto examinavam se havia alguma informação válida na crítica. Também escolhemos pessoas que mantinham um sentimento de indulgência e boa vontade em relação a quem as criticava. Há pessoas que só conseguem manter sua autoestima se "contra-atacarem". Após a crítica, sentem-se bem, mas insultam ou rebaixam quem as criticou. Quando se contra-ataca, não há como tirar partido da crítica. Por outro lado, até uma crítica severa pode ser benéfica se conseguirmos nos sentir bem conosco enquanto pensamos: "O que posso aproveitar disto que estou ouvindo?"

Descobrimos que uma diferença primordial entre as pessoas que reagiam bem às críticas e aquelas que se sentiam arrasadas é a maneira como se vê o *significado da crítica*. As pessoas que continuavam sentindo-se bem viam a si próprias fazendo aquilo que estava sendo criticado. A crítica ficava "a uma certa distância" delas. Com esse distanciamento, elas conseguiam fazer sua própria avaliação da crítica, perceber o que havia de útil nela e decidir o que fazer.

Por outro lado, as pessoas que se sentem arrasadas "interiorizam" a crítica. Muitas imaginam que o "significado negativo" da crítica vai direto para dentro de seu peito, como uma flecha.

A partir dessas constatações, desenvolvemos uma "estratégia para lidar com críticas", que pode ser facilmente ensinada. Este método tem sido útil para muita gente, e parecia apropriado para Randy.

"Randy, imagino que muitas das críticas de sua mulher são feitas de forma negativa. E sei que é difícil e desagradável ter de ouvir muitas críticas. Você gostaria de se sentir bem, mesmo quando ela usar um tom de voz desagradável ou apontar o dedo para você?"

"Claro. Se for possível."

Ensinamos a Randy a estratégia para lidar com críticas, que descreveremos em detalhes mais adiante. Quando terminamos, ele via e sentia de maneira diferente as críticas da esposa.

Quando conversamos com Randy vários meses depois, ele estava muito satisfeito com os resultados. "Notei a diferença imediatamente", ele nos disse. "Quando cheguei em casa, logo após a sessão, minha mulher reclamou do meu atraso e do fato de eu não ter lhe dito o que pretendia fazer, para que ela pudesse planejar o seu dia. Antes, eu simplesmente teria me irritado. Dessa vez, parei para refletir e me dei conta de que havia algo que poderia fazer da próxima vez. Ela ficou surpresa quando lhe perguntei de

A essência da mente

que partes da minha agenda ela desejava ter conhecimento. Esta estratégia tem dado tão certo para mim que a ensinei a alguns dos meus alunos. Acho que muita gente sairia ganhando com ela. Outra coisa que notei", Randy continuou, "é que agora a minha mulher parece mais delicada quando me critica. Não sei se sou eu que ouço o que ela diz de outra maneira ou se ela realmente mudou, mas é bom."

Randy notou algo que muitas pessoas observam quando passam a ter novas opções: de repente, aqueles que nos rodeiam parecem tornar-se mais sensatos e capazes. Muitas pessoas comentam que, após criarem opções, a convivência com os pais, amigos e colegas parece mais fácil. Em geral, quando alguém ganha mais opções, os outros parecem também reagir de forma mais positiva.

ESTRATÉGIA PARA LIDAR COM CRÍTICAS

É muito fácil e rápido aprender este processo. Antes de começar, certifique-se de que não será interrompido durante meia hora. Sugerimos que procure um lugar calmo e confortável.

O básico neste processo é manter a distância entre si mesmo e a crítica. Você pode fazer isso mantendo as críticas a uma distância confortável, talvez atrás de uma barreira de vidro. Assim, poderá enxergar os acontecimentos objetivamente, como se estivesse assistindo a um filme. Isso evitará que se sinta mal, permitindo-lhe avaliar calmamente o significado da crítica *antes* de reagir a ela.

Ao passar por este processo, é importante manter o sentimento de capacidade o tempo todo. Antes de começar, pense num momento em que se sentiu especialmente capaz, ou num período em que se sentiu amado e seguro, ou ainda em qualquer outro momento que tenha um significado especial. Imagine-se de volta àquela experiência e *vivencie-a* novamente durante alguns minutos, para recuperar os sentimentos positivos e mantê-los durante todo o processo. Se a qualquer momento você começar a se sentir desconfortável, simplesmente interrompa o processo e volte a reviver a experiência, para recuperar as emoções positivas antes de ir adiante.

Etapa 1: Veja-se à distância. Veja-se à sua frente. Não precisa *realmente* se ver, basta fingir que está se vendo, ou sentir como se estivesse se vendo. Essa pessoa à sua frente (você) vai aprender uma nova forma de reagir às críticas. Como esse outro você está ali à sua frente, fora de você, qualquer sentimento com relação à crítica também estará fora de você. Se quiser, pode imaginar que há um vidro entre o você que está sentado confortavelmente na cadeira e aquele outro você à sua frente. Embora saiba que o vidro é uma forte barreira de proteção, você poderá ver e ouvir através dele.

Ao passar por cada uma das etapas seguintes, sinta-se bem por estar aprendendo algo que lhe será útil daqui por diante.

Continue a observar aquele outro você à sua frente, certificando-se de que ele também se sente confortável e capaz durante todas as etapas do exercício.

Etapa 2: Veja-se sendo criticado. O outro você está prestes a ser criticado. Observe como ele *se vê sendo criticado*. Isso pode parecer um pouco estranho, já que não é o que as pessoas fazem normalmente. Você está observando o você à sua frente, enquanto ele se observa sendo criticado. É como se você pudesse ver as imagens que ele está vendo. É um pouco difícil no início, mas insista. As coisas mais fáceis são, em geral, aquelas que menos nos ajudam. Aprender a fazer isso lhe dará um instrumento poderoso.

Trate de que aquele você à sua frente continue se sentindo capaz enquanto vê a si mesmo sendo criticado. Caso ele não se sinta capaz o suficiente, deixe que a imagem de ele sendo criticado fique menor e mais distante, até ele se sentir capaz de enfrentar a situação.

Quando pedimos a Randy que iniciasse o processo, ele viu outro Randy à sua frente, e esse Randy viu sua esposa criticar um terceiro Randy. Portanto, você estará vendo um outro você, que vê um terceiro você sendo criticado. Caso não consiga formar imagens, apenas finja que consegue.

Etapa 3: Veja-se imaginando o porquê da crítica. Agora veja aquele você à sua frente enquanto ele imagina *o porquê da crítica*. Por exemplo, a esposa de Randy às vezes o criticava por ser muito indulgente com as crianças. Ele viu o outro Randy criar um filme à sua frente, onde sua esposa lhe dizia isso. Ele se observou disciplinando os filhos.

Diminua bastante as imagens do filme e afaste-as para que possa vê-las de maneira confortável, sentindo-se uma pessoa capaz, talvez com uma ponta de curiosidade. Observe se consegue criar uma imagem completa do que a outra pessoa quer dizer ou se a imagem está fora de foco ou é incom-

A essência da mente

pleta. Se a outra pessoa diz apenas "Você é uma pessoa grosseira", ou "Você tem sempre um ar de superioridade", ainda não é possível saber realmente o que ela quer dizer. Você não pode criar uma imagem completa do que isso significa, a não ser que faça perguntas. Sempre se dirija à outra pessoa com respeito: "Isso que você está me dizendo me preocupa" ou "Estou feliz que tenha levantado essa questão". E então pergunte: "O que eu fiz para que você me ache uma pessoa grosseira?"

Veja o outro você à sua frente fazer essas perguntas, até que consiga ver claramente o que a pessoa quis dizer. Certifique-se de que o outro você esteja se sentindo confortável e capaz.

Descubra realmente o que a outra pessoa quer dizer e não "complete o seu filme" com o que *você* pensa. Randy, por exemplo, podia imaginar o que, para ele, significava ser "muito indulgente", mas era necessário saber o que a esposa queria dizer com isso. Como, antes, Randy sentia-se mal quando ela dizia isso, simplesmente não lhe pedia maiores detalhes. Só quando se viu assistindo a um filme pouco claro de si mesmo sendo "muito indulgente" com as crianças, percebeu que precisava perguntar à esposa o que ela queria dizer. Portanto, na sua imaginação, viu-se perguntando a ela: "Quero saber o que fiz que você considera muito indulgente. O que fiz ou disse, e o que deseja que eu faça?" Então, imaginou o que ela lhe responderia.

Enquanto Randy ensaia o processo em sua imaginação, não importa que ele adivinhe o que a mulher poderia dizer. Depois que aprender o processo, ele irá perguntar diretamente a ela, que lhe dirá o que pensa.

Etapa 4: Decida o que pensar. Agora que já tem todos os elementos e continua mantendo a sensação de que é capaz, você poderá decidir com que parte da crítica concorda e de que parte discorda. A maneira mais fácil de fazer isso é comparar o filme que criou sobre a crítica com outros "filmes" de que você se lembra sobre os mesmos incidentes. Observe o outro você enquanto ele faz isso. Ele precisará assistir a eles confortavelmente, para poder compará-los.

Preste atenção enquanto o outro você verifica se os filmes têm algo em comum. Isso permitirá que ele saiba se concorda inteiramente com a crítica ou não. Em geral, existe pelo menos uma parte da crítica com a qual concordamos. Se sua lembrança do que aconteceu é muito diferente do que aquilo que a pessoa que o criticou está dizendo, faça-lhe mais perguntas.

Observe o você à sua frente pedindo mais informações à outra pessoa. Por exemplo, talvez a pessoa que o critica tenha reclamado: "Você não quer saber a minha opinião". Depois de lhe perguntar o que ela quer dizer com isso, talvez você descubra que ela acha isso porque você olhou para o outro lado enquanto ela estava falando. Talvez você concorde que olhou para o outro lado, mas foi para pensar melhor no que ela estava dizendo — na verdade, uma demonstração de interesse.

Etapa 5: Decida que resposta dar. Por enquanto, você apenas reuniu informações, reconheceu a importância do que a outra pessoa lhe disse, preservando o sentimento de que é capaz. Agora, já dispõe de todas as informações para decidir o que fazer. Sabe com o que concorda e do que discorda. Sua resposta vai depender de seus objetivos pessoais, seus valores, seu relacionamento com a outra pessoa etc. Observe que é mais fácil escolher uma resposta que respeite tanto você quanto o outro se, em vez de se sentir agredido, estiver se sentindo bem e com recursos. A seguir, cito algumas respostas possíveis:

a) *Comece dizendo à pessoa o que acha correto.* "Que bom que você chamou minha atenção para isso. Eu não tinha notado o impacto do que eu estava fazendo e agora saberei agir melhor da próxima vez."
b) *Sua resposta pode incluir uma desculpa.* "Sinto muito. É verdade que não tive muito tato e fui egoísta." Um pedido sincero de desculpas melhora o relacionamento, sobretudo se você realmente deseja agir de outra maneira no futuro.
c) *Depois de concordar ou se desculpar, é bom explicar seu ponto de vista.* "Obrigado por ter sido franca comigo sobre este assunto que a está chateando. Sei que olho em outras direções quando falam comigo. Isso me ajuda a pensar com mais clareza sobre o que estão me dizendo. Na verdade, eu faço *mais* isso quanto mais acho que o que estão dizendo é importante e preciso de um tempo para entender direito."

   "Concordo que tenha sido indulgente com as crianças. Não tinha me dado conta do que isso significa, pois só chego em casa à noite, enquanto você fica com elas o dia inteiro. Vejo você como a responsável por elas, pois não sei o que aconteceu durante o dia. Acho que pode ser bom se decidirmos juntos quem deve tomar conta delas a cada

noite. Se combinarmos que eu sou o responsável, saberei que é minha obrigação cuidar da disciplina, se necessário."
d) *Pergunte o que pode fazer para melhorar a situação.* "O que você gostaria que eu fizesse para esclarecer essa questão?" Isso não significa que você tenha de fazê-lo, mas pode lhe dar informações valiosas. Às vezes, as pessoas nos pedem coisas difíceis ou impossíveis. Mas geralmente o que a pessoa deseja de nós é mais simples do que pensávamos.
e) *Diga à pessoa como vai agir dali por diante.* "Tem razão, planejei nossas férias sem consultá-la. Vamos deixar esses planos de lado e fazer outros. E, da próxima vez que tiver que fazer planos desse tipo, sem dúvida consultarei você."
f) *Se discordar totalmente da outra pessoa, mesmo depois de prestar atenção ao que ela disse, pode comunicar isso a ela.* "Agradeço por me dizer o que acha. Mas penso que..." "Temos opiniões diferentes a respeito desse assunto, e com certeza cada um de nós tem direito de pensar o que pensa."
g) *Pode acontecer de você achar a visão de mundo da outra pessoa tão diferente da sua que não vale nem a pena conversar.* "Como temos opiniões muito diferentes, não acho que valha a pena continuar esta conversa."

Etapa 6: Ensaie usar a informação recebida para que seja mais fácil agir de outra maneira da próxima vez. Na etapa 5, talvez você já tenha decidido fazer algo diferente dali por diante. Se não for o caso, veja o outro você fazendo-se a seguinte pergunta: "Quero usar esta informação para agir de maneira diferente daqui por diante?" Se for o caso, primeiro veja o outro você decidindo o que vai fazer da próxima vez. Depois, observe-o enquanto ele se imagina *comportando-se diferente* quando e onde quiser.

Repita essas seis etapas várias vezes, em situações diferentes. É útil usar este processo com pessoas diferentes e vários tipos de crítica. Por exemplo, pode-se fazer uma crítica muito vaga, para treinar as perguntas que vão lhe esclarecer o que a outra pessoa quis dizer. Use exemplos em que concorde inteiramente com a crítica e outros em que discorde de toda a crítica ou parte dela. *Selecione exemplos de críticas que foram difíceis para você no passado.* Algumas pessoas acham mais difícil receber críticas dos amigos íntimos ou da família, enquanto outras têm mais dificuldade com as críticas dos colegas de trabalho, do chefe ou dos subordinados.

Normalmente, três ou quatro ensaios são suficientes para que este processo seja automaticamente incorporado ao seu comportamento.

Etapa 7: **Incorpore o você que aprendeu com o processo.** Pode parecer um pouco estranho, mas trata-se de um passo muito importante. Você acaba de observar um outro você aprender uma nova maneira de reagir a críticas. Agora, deve trazê-lo para dentro de si, para que o processo se torne automático. Primeiro, dissolva o vidro que os separa. Agradeça ao outro você por tê-lo ajudado neste processo. Agora, estenda os braços e abrace aquele você à sua frente e, com delicadeza, traga-o para dentro de você. Leve o tempo que achar necessário, para que todo o conhecimento recém-adquirido esteja imediatamente à sua disposição quando receber uma crítica dali por diante.

Muitos dos que aprenderam esse processo, seja durante um seminário, lendo um de nossos livros anteriores[1] ou assistindo a um de nossos vídeos[2], testemunharam como isso fez uma grande diferença para eles. Alguns comentaram que, além de ajudá-los a aceitar as críticas de outros, este processo também tornou mais fácil lidar com a autocrítica. Eles simplesmente o aplicaram ao que diziam a si mesmos.

O mesmo processo também pode ser aplicado a elogios, tornando a pessoa menos suscetível a opiniões bajuladoras. Após avaliar o elogio, pode-se agradecer com cortesia. Se o alvo do elogio for algo muito importante, pode-se reagir com mais sentimento.

USO DO MÉTODO COM EX-COMBATENTES

Peter Gregory, psicólogo do Veterans Administration Medical Center, em Fort Harrison (Montana, Estados Unidos), nos telefonou para agradecer pelos métodos de PNL que aprendera conosco, pois estavam sendo úteis no seu trabalho com ex-combatentes. Antigo chefe de equipe de uma associação de ex-combatentes em outro estado, Peter tem trabalhado com centenas de ex-combatentes, desde 1973. Ele disse:

> Além do método de eliminação de fobia, uso bastante a estratégia que aprendi com vocês para lidar com críticas. Além de valiosa para dessen-

sibilizar a reação das pessoas à autoridade, é extremamente útil para pessoas com tendências violentas. Alguns dos homens com que trabalhei tornaram-se capazes de ouvir uma crítica da esposa sem reagir de forma violenta. Já não se ofendem com facilidade. E muitos me dizem: "Eu nem me dava conta de que estava reagindo com agressividade."

Aprender a reagir positivamente a críticas é apenas uma das inúmeras habilidades que tornam nossa vida mais fácil. Cada uma dessas habilidades aumenta nossa autoestima, coloca mais opções à nossa disposição e permite-nos ter um melhor relacionamento com outras pessoas.

RECURSOS E REFERÊNCIAS

1. ANDREAS, Steve; ANDREAS, Connirae. *Transformando-se – Mais coisas que você não sabe que não sabe*. 3. ed. São Paulo, Summus, 1991. (Cap. 8, "Uma estratégia para lidar com críticas", p. 157-172).
2. *A strategy to responding to criticism*. Vídeo. 39 min. Com Steve Andreas. Pode ser adquirido em: <https://www.andreasnlp.com/store/nlp-training-videos/a-strategy-for-responding-to-criticism/>.

Não me aborreço com críticas,
mesmo quando, por força de um argumento,
elas deixam de corresponder à realidade.

Winston Churchill

6. Fobias, traumas e maus-tratos

Quando Lori tinha 11 anos, caiu num cortiço de abelhas e recebeu mais de cem ferroadas. Seu corpo inchou tanto que seus anéis tiveram de ser cortados. Ela não entrava em nenhuma de suas roupas e durante vários dias teve que usar o roupão de banho do pai. Desde então, desenvolveu uma profunda fobia de abelhas. Como ela mesma diz: "Se uma abelha está na minha casa, *eu* não estou!" Se uma abelha entra no carro enquanto ela está dirigindo, Lori encosta o carro, desliga a ignição, abre as portas e espera até que o inseto vá embora. Ela também evitava canteiros de flores, por causa da probabilidade de abelhas. Um dos participantes de nosso seminário conhecia a fobia de Lori e lhe perguntou se ela gostaria de fazer uma demonstração para o resto do grupo.

Embora vários outros exemplos deste livro estejam parcialmente resumidos para a conveniência do leitor, oferecemos uma transcrição completa desta sessão, para quem quiser conhecer todos os detalhes. A sessão com Lori está também incluída em nosso vídeo *The fast phobia/trauma cure* [Cura rápida de fobia e trauma][1].

Lori, a quem eu não conhecia, entrou na sala pouco antes de eu lhe pedir que viesse à frente. Para enfatizar o método, não contei ao grupo qual a sua fobia. Funciona com a maioria das fobias específicas. Comecei a conversar, para deixá-la à vontade.

"Lori, nunca tínhamos conversado antes."
Lori: "Não."
"Mas você conversou com o Michael."
Lori: "É..."
"Não sei que promessas exageradas ele lhe fez." (sorrindo)
Lori (rindo): "Não vou contar o que ele prometeu."
"Bom, mas você tem uma fobia, e não contaremos ao grupo qual é, está bem?"

Lori: "Tudo bem."

"Trata-se de algo bem definido, certo?"

Lori: "Certo."

"É de um único objeto ou um grupo de objetos?"

Lori: "Um único objeto."

"Apenas um. O que vou pedir a você é que pense nesse objeto agora. Se um deles estivesse voando pela sala agora…"

Lori: "Ahhhh!" (Ela gira a cabeça, rindo de maneira nervosa.)

Depois de ter visto o tipo de reação fóbica de Lori, tenho como saber quando a reação tiver mudado. Entretanto, neste momento, preciso *tirá-la* desse estado antes de passar à técnica. Foi o que fiz, com instruções bem claras, distraindo-a, acalmando-a e perguntando-lhe sobre seu amigo Michael.

"Isto é o que chamamos de 'teste prévio'. Muito bem, volte para cá… (Lori ainda está rindo de maneira nervosa.) Olhe para as pessoas do grupo… Olhe para mim… Segure minha mão."

Lori: "Obrigada. Estou bem agora."

"Não faremos mais esse tipo de coisa, está bem?"

Lori: "Está bem. Ufa!"

"Agora, olhe para as pessoas à sua volta. Como se sente diante delas? (Lori olha para o grupo.) Sente-se nervosa por estar na frente deles? (Lori inspira profundamente e diz: "Nem tanto".) Está se sentindo bem?"

Lori: "Estou, sem problema."

"Você tem um amigo no grupo, não é?"

Lori: "Tenho, sim."

"Ele tem um lindo sorriso."

Lori: "É verdade. É um grande amigo."

"Perfeito."

Agora que Lori voltou ao seu estado normal, posso iniciar o processo. "O que eu gostaria que você fizesse, antes de mais nada — quero esclarecer que este método é muito simples e que você não terá de se sentir mal ou coisa parecida. Mas precisamos nos preparar. Portanto, a primeira coisa que quero que faça é imaginar que está dentro de um cinema."

Lori: "Tudo bem."

"Talvez seja mais fácil se fechar os olhos…"

Lori: "Tudo bem." (E fecha os olhos.)

A essência da mente

"Agora, quero que veja uma imagem de si mesma na tela — uma foto em preto e branco. Pode ser uma foto sua como está agora, sentada, ou em casa, ou no trabalho... Consegue ver uma foto de si mesma?" (Lori faz que sim.) "É fácil para você se imaginar numa foto?"

Lori: "É."

"Ótimo."

"Agora, quero que deixe a foto em preto e branco lá na tela, saia do seu corpo, que está sentado aqui nesta cadeira, e vá até a cabine de projeção do cinema. Consegue fazer isso? Vá no seu ritmo..."

Lori: "Consegui."

"De agora em diante, quero que fique na sala de projeção. De onde está, consegue se ver lá embaixo, sentada na sala do cinema?" (Lori dá um leve sorriso e diz que sim.) "E também consegue ver o retrato em preto e branco na tela?"

Lori: "Consigo."

"O retrato de si mesma?"

Lori: "Isso."

"Muito interessante." (Lori ri e diz: "É bom".) "Sabe que poderia participar de um seminário sobre 'viagens fora do corpo' e pagar 250 dólares para aprender o que acabou de fazer?" (Lori ri.)

"Muito bem, agora quero que fique em pé na cabine de projeção e veja-se sentada no cinema e também a sua foto em preto e branco na tela."

Lori: "Está bem."

"Entendeu o que estou lhe pedindo?"

Lori: "Entendi."

"Ótimo, quero que fique de pé dentro da cabine de projeção, até que eu lhe diga para fazer outra coisa."

Lori: "Está bem."

"Você consegue ver através do vidro, e há orifícios no vidro, de modo que você poderá ouvir o filme que vamos passar. Quero que passe um filme de si mesma num desses momentos ruins em que você reagia àquele objeto em particular. Passe o filme do início ao fim e continue dentro da cabine de projeção. Pode colocar os dedos no vidro e sentir o vidro. Mas passe o filme até o final. Veja-se entrando em pânico lá embaixo ao reagir a uma dessas situações. Isso mesmo. Leve todo o tempo que quiser e me diga quando tiver terminado."

Observei Lori para ver se havia sinais não verbais de que ela estivesse tendo a reação fóbica novamente, mas ela continuou lidando bem com a situação.

Lori: "É difícil chegar ao final."

"E por que é difícil?"

Lori: "Porque simplesmente para. É como se tudo recomeçasse." (Faz um gesto circular com a mão direita.) "Aquele incidente recomeça sem cessar e não parece ter um final, apesar de eu saber que terminou."

"Então tende a recomeçar sem cessar."

Lori: "Isso mesmo."

"Vamos acelerar o filme. Quantas vezes acha que deverá recomeçar, até chegar ao final?"

...

Lori: "Umas seis vezes, talvez."

"Então vamos passar direto por essas seis vezes, para que você possa chegar ao final... E quando digo 'final', quero dizer depois que tudo aconteceu e você estiver se sentindo bem de novo."

...

Lori: "Está bem."

"Chegou ao final?"

Lori: "Cheguei."

Apesar de não ter observado nenhum sinal da reação fóbica, acho melhor perguntar a ela: "Sentiu-se à vontade ao observar toda a cena?"

Lori: "Um pouco desconfortável, mas não mal."

"Um pouco desconfortável, mas não mal. Não foi como quando aconteceu de verdade."

Lori: "Não."

"Ótimo. Daqui a um minuto, vou lhe pedir que faça uma coisa, e não quero que a faça até que eu lhe dê um sinal. Quero que saia da cabine de projeção e também da poltrona da sala de cinema e entre no filme bem no finalzinho, quando tudo está bem e confortável. Então, quero que passe o filme do final para o início, inclusive aquelas seis vezes que foi necessário repetir. Já viu um filme ser passado de trás para frente quando estava na escola, por exemplo?"

Lori: "Já."

"Perfeito. Quero que passe o filme do final para o início, *em cores*, e que esteja *dentro* dele, como se estivesse tendo a experiência real. Mas quero que a vivencie do final para o início, e que faça isso em um segundo e meio. De forma que a sensação seja 'biiiiiiiizzzzuuuuurrrrrpppppp', e pronto!"

Lori: "Tudo bem."

"Vá em frente. Faça isso."

...

Lori respira fundo, estremece e diz: "Nossa!"

"Muito bem. Conseguiu sair do outro lado sem problemas?"

Lori (rindo): "Consegui!"

"Um pouco estranho, no meio daquela situação, não é?"

Lori (mexendo a cabeça e continuando a rir): "Nem me diga!"

"Bem, agora quero que repita mais umas duas vezes, só que *mais rápido*. Vá até o final e, bem no finalzinho, entre no filme e volte para o início, revivendo toda a cena."

...

A maioria das pessoas precisa passar o filme do final para o início apenas uma vez, mas, como Lori sentia-se muito desconfortável, achei que seria útil refazer a cena algumas vezes. Dessa vez, sua reação foi bem menos intensa, apenas um leve suspiro no final. "Repita uma terceira vez, mais rápido ainda."

...

Lori: "Tudo bem."

"Acha que foi mais fácil, da terceira vez?"

Lori: "Foi, sim."

"Então, acho que basta."

Lori abre os olhos, parecendo *muito* cética. Agarra a cadeira com ambas as mãos e começa a rir alto. Depois de oito segundos de uma boa risada, diz: "Ainda bem que não paguei por isso", e continua a rir por mais 12 segundos. Embora Lori tivesse cooperado de bom grado durante todo o processo, sua reação demonstra que ela não acredita no que acabamos de fazer. Conhecemos bem o tipo de ceticismo de Lori. Mesmo tendo ajudado literalmente centenas de pessoas, *nós mesmos* ainda ficamos surpresos ao ver como um processo tão simples pode ter um impacto tão profundo. Os comentários que faço a seguir visam demonstrar que percebo sua atitude de descrença e permitir que ela se recupere antes de testar novamente sua reação a abelhas.

"Está tudo bem. Nós também adoramos fazer piadas. Aliás, é uma das melhores formas de dissociação. Pense nisso. Quando brincamos, quando temos uma reação bem-humorada a algo, somos obrigados a manter um certo distanciamento da situação, a olhar para nós mesmos e a ver o que está acontecendo sob uma nova perspectiva, uma que seja engraçada. É uma maneira muito valiosa de nos dissociarmos. Acredito que a dissociação é a essência do humor — não de todos os tipos de humor, claro, pois existem diferenças entre eles. Mas é algo que, sem dúvida, recomendamos.

"Agora, Lori, quero que imagine que uma dessas pequenas criaturas está chegando perto de você."

Faço um gesto com um dedo em direção a Lori, imitando o voo de uma abelha. Ela fica quieta, um pouco preocupada, depois pensativa, mas *não* volta a ter a reação de medo que demonstrara no início da sessão.

Lori: "Tudo bem."

"E como se sente?"

Lori: "Bem... é que..." Lori não consegue se expressar direito e começa a rir. "Bem..."

"Ainda sente aquilo (a fobia)?"

Lori (olhando para baixo, surpresa): "Não!" Ela ri e coloca a mão no peito.

"É uma boa resposta, porque é como se... 'Como foi isso?' Conscientemente, ela estava esperando sentir a (antiga) reação. Foi a sua reação por — por quanto tempo mesmo?"

Lori: "Vinte anos."

"Ela teve aquela reação, invariavelmente, durante vinte anos. Era uma reação muito intensa e desagradável. Trata-se de uma expectativa muito forte. E que tipo de expectativa consciente ela teve agora? 'Ai, vai ser horrível...!' e, de repente, 'Como foi isso?'"

Lori (rindo): "É verdade!"

"Agora vamos experimentar algo pior ainda. Imagine que uma abelha veio pousar na sua mão." (Lori olha para a mão.) "Consegue imaginar?"

Lori: "Sim." Ela balança a cabeça, sem acreditar. "Nossa!"

"Como se sente?"

Lori: "Bom..." (Ela sacode os ombros, indiferente.) "É como se tivesse uma abelha pousada na minha mão."

"É uma resposta típica — É o mesmo que dizer: 'É como estar dentro de um elevador'. Não é meio estranho?"

Lori: "É verdade. Foi isso que aconteceu um ano depois do incidente. Uma abelha veio pousar na minha mão. Meu Deus!"

"E naquele momento sua reação foi bem diferente, certo?"

Lori: "*Muito!*" (Olha de novo para a mão.)

Esta sessão, realizada em janeiro de 1984, durou menos de sete minutos. A reação não verbal de Lori a abelhas em sua imaginação foi, nitidamente, *muito* diferente no final da sessão. Várias vezes, durante o verão seguinte, perguntamos a ela se havia visto abelhas, pois queríamos conhecer sua reação numa situação real. Ela sempre nos disse que não vira nenhuma abelha. Finalmente, no mês de dezembro de 1984, levamos um vidro cheio de abelhas à sua casa. Na entrevista de acompanhamento, gravada em vídeo, ela calmamente segurou o vidro, examinando as abelhas com atenção. Depois, soltamos as abelhas e ela as observou voando pela sala sem esboçar reação alguma. Havia uma abelha dentro da sua casa e, dessa vez, Lori também estava lá. Cinco anos se passaram desde a sessão e ela nunca mais prestou atenção a abelhas, embora admita: "Mas acredito que algumas passaram por mim".

É bastante comum que as pessoas deixem de notar aquilo que antes desencadeava nelas uma reação fóbica. O que as amedrontava torna-se tão normal que nem lhes chama a atenção. Quando entrevistamos uma mulher algumas semanas após ter curado sua fobia de elevador é que ela se deu conta de que já havia tomado elevador várias vezes sem ter notado!

QUANDO USAR O MÉTODO DE CURA DA FOBIA

Este método foi criado por Richard Bandler[2], a partir de um método anterior criado por ele juntamente com John Grinder[3]. Funciona muito bem em qualquer caso de fobia em que a pessoa reaja instantaneamente a um estímulo específico: insetos, medo de altura, pássaros, cobras, água, locais fechados, elevadores etc. Embora tenha funcionado em alguns casos de agorafobia, não é o método ideal para esse problema.

As reações fóbicas são, tipicamente, reações *instantâneas* a uma situação ou estímulo específico. Outras reações de medo, muitas vezes chamadas de "ansiedade", desenvolvem-se mais lentamente, num período de minutos ou horas. Este método nem sempre é eficaz nos casos de reações de ansiedade. Para esses casos, o padrão *swish* (ver capítulos 16 e 17) geralmente funciona bem.

Além das fobias específicas, este método pode ser eficaz para curar muitos problemas que nem sempre são considerados fobias, desde que sejam reações automáticas a lembranças desagradáveis. Neste conceito está incluída uma ampla gama de reações traumáticas a acidentes, maus-tratos, doenças graves, *flashbacks* de drogas e experiências de guerra, inclusive a maioria dos transtornos de estresse pós-traumático (TEPT).

Embora aqueles que sofreram experiências profundamente traumáticas necessitem da ajuda de um profissional experiente, muitas pessoas conseguiram aplicar em si mesmas esse método para neutralizar medos. O processo será descrito mais adiante.

Sugerimos que este método seja usado com uma ou várias experiências *levemente* desagradáveis, para que se possa aprender as etapas do processo e verificar sua eficácia. Munida de conhecimento e prática, a pessoa poderá lidar mais facilmente com experiências mais graves.

Método de cura rápida de fobia: resumo

Escolha uma lembrança desagradável, uma fobia ou uma experiência traumática que deseje neutralizar. Reveja o exemplo de Lori para obter uma descrição mais detalhada de cada etapa.

1. Imagine que está numa sala de cinema. *Veja-se* fazendo algo neutro numa pequena tela em preto e branco.
2. Saia do seu corpo e veja-se olhando a si mesmo na tela.
3. Nessa mesma posição, assista a um filme em preto e branco de *si próprio* passando pela experiência que deseja "neutralizar".
4. Após ter acabado de se ver no filme, quando tudo voltou ao normal, pare o filme, como se fosse uma fotografia. Então, vá para *dentro* da foto, torne-a colorida e retroceda o filme rapidamente. É como se você estivesse assistindo a um filme do fim para o início, com você *dentro* dele, como se o tempo tivesse invertido seu curso normal.
5. Agora, teste. Pense no incidente ou na lembrança e observe se consegue se sentir mais confortável. Se conseguir, não precisa fazer mais nada. Senão, repita o processo ou peça ajuda a alguém com experiência no método.

A essência da mente

TRANSTORNOS DE ESTRESSE PÓS-TRAUMÁTICO (TEPT)

Um rapaz com quem trabalhei, John, vinha lutando contra o TEPT fazia 12 anos. Havia tentado vários tipos de terapia, incluindo análise transacional, Gestalt-terapia, terapia da realidade e terapia racional emotiva. John havia sido fuzileiro naval no Vietnã. Ao retornar aos Estados Unidos, descobriu — como tantos outros ex-combatentes da Guerra do Vietnã — que não conseguia esquecer a experiência. John tinha pesadelos nos quais se via de volta ao Vietnã e acordava gritando e se debatendo na cama. Às vezes, a esposa era obrigada a dormir em outro quarto para não se machucar. Depois de uma noite dessas, acordava "dez vezes mais cansado do que quando fora deitar". Se alguém se aproximava dele pelas costas e o tocava ou falava com ele, John dava um pulo e tinha que se controlar para não reagir de forma violenta.

John evitava qualquer coisa que lhe lembrasse a Ásia, pois isso lhe provocava pesadelos. Chegou até a ter um pesadelo de olhos abertos. Num mercado de pulgas, ouviu vozes falando em vietnamita e viu uma família de dez vietnamitas caminhando em sua direção. "Isso me fez reviver o incidente mais violento por que passei no Vietnã", ele contou. Quando olhou à sua volta, *"todas as pessoas* haviam se transformado em vietnamitas". John entrou em pânico e saiu correndo.

Trabalhei com John durante cerca de 40 minutos. Gastei a maior parte desse tempo tentando convencê-lo a experimentar o método. Como havia passado por muitas terapias sem sucesso, estava relutante em tentar novamente.

Um mês após a sessão, numa entrevista gravada em vídeo[4], John declarou que finalmente atingira o resultado desejado. Estava conseguindo dormir bem e acordar descansado. Tinha até se tornado amigo de dois asiáticos e ido a um restaurante japonês e pedido a refeição em japonês, um idioma que não usara nos últimos 12 anos. Bastante comovido, disse o quanto estava agradecido por ter recuperado a capacidade de se relacionar com asiáticos como pessoas, em vez de ver neles apenas lembranças dos tempos de horror do passado.

John também contou que, no dia seguinte à sessão, viajou com a esposa para participar de um seminário de dois dias. No final do segundo dia, a esposa comentou: "O que aconteceu com você? Está diferente. Antigamente, você dava pulos quando alguém chegava pelas suas costas e agora não está mais fazendo isso". Só então ele se deu conta de que ela tinha razão, mas ele nem tinha notado.

Chegou até a rever um filme sobre o Vietnã, *The boys from Company C* [Os rapazes da companhia C], sem nenhum problema. Da primeira vez, tinha sido "um inferno durante duas semanas".

Esse é o tipo de relato que indica claramente uma mudança ocorrida em um profundo nível inconsciente. Cinco anos depois da nossa sessão, telefonei para John e ele me disse que se sentia bem. Para fazer um teste suplementar, eu lhe pedi que me descrevesse o pior incidente que lhe acontecera no Vietnã. Com uma voz normal, ele contou que estava numa feira livre em Pleiku, esperando para reunir o pelotão, quando uma criança tentou roubar sua carteira. Ao agarrar a mão da criança, ele ouviu alguém gritar "Granada!" atrás dele e sentiu algo rígido às suas costas. Ao voltar a si, estava encostado em uma árvore, ainda segurando o braço da criança. "Era só o braço que eu segurava, pois o resto do corpo havia explodido." Quando terminou, ele disse: "É interessante. Ainda sinto um certo 'arrepio'. Isso me faz lembrar que sou um ser humano. Quero manter essa sensação". John tornou-se um conselheiro sobre problemas de dependência de drogas e álcool. É uma pessoa que vive a vida plenamente.

John passou por experiências terríveis — experiências que não desejaríamos a ninguém. Quando coisas desse tipo acontecem às pessoas, ficamos contentes em poder ajudá-las a vencer o horror. Ninguém merece passar por esse tipo de experiência. Menos ainda continuar a revivê-las pelo resto da vida.

ABUSOS SEXUAIS E MAUS-TRATOS FÍSICOS

Com base no método de cura rápida de fobia, desenvolvemos outro método que tem um papel importante no nosso trabalho com pessoas que sofreram abusos sexuais ou maus-tratos físicos. Recentemente, a sociedade começou a reconhecer que há um número imenso de pessoas que sofreram maus-tratos de algum tipo e os problemas que podem surgir daí. Embora algumas consigam superar o impacto emocional dessas experiências, muitas outras precisam de ajuda para se libertar desses traumas.

O passado de Leroy estava cheio de experiências tão traumáticas que muitas delas simplesmente tinham sido eliminadas de sua memória. Se alguém conversasse com ele a respeito de suas experiências anteriores, sua mente começava a vagar no mesmo instante, ou ele ficava tão assustado que ia embora. Leroy queria tanto evitar a dor que sua atitude chegava a interferir em seu dia a dia. Desejava fazer alguma coisa para resolver o problema.

Contei rapidamente a Leroy como funcionava o método que usávamos para ajudar as pessoas a se recuperarem de experiências traumáticas do passado e lhe perguntei se estava disposto a experimentá-lo. Ele queria muito tentar.

Primeiro, guiei Leroy pelo processo de fobia usando três incidentes desagradáveis do passado, mas não tão traumáticos a ponto de ele os ter apagado da memória. Com isso, ele conseguiu pensar naquelas experiências de maneira confortável.

Em seguida, lhe expliquei: "Leroy, você passou por muitas outras experiências que foram extremamente desagradáveis. Algumas foram tão ruins que você as eliminou de sua memória, para se proteger contra sentimentos dolorosos. É muito bom que seu inconsciente queira protegê-lo. Este processo pode ensinar ao seu inconsciente uma maneira de protegê-lo melhor. Você não precisa se lembrar dessas experiências de forma consciente, porque podemos guiar sua mente inconsciente para que ela as recodifique, de modo que, no nível inconsciente, você não se sinta mais incomodado por elas. É melhor deixar que essas coisas permaneçam no passado. Seu inconsciente continuará conhecendo essas experiências, de modo que você possa aprender com elas e evitar que algo parecido aconteça novamente, mas você se sentirá confortável ao lidar com elas, mesmo no nível inconsciente. E seu inconsciente pode decidir se e quando é apropriado ter acesso a essas informações de forma consciente".

RECODIFICAÇÃO DE EXPERIÊNCIAS DESAGRADÁVEIS DO PASSADO

"Primeiro, vou pedir à sua mente inconsciente que selecione todas as suas experiências, em nível inconsciente, separando aquelas que foram desagradáveis das que foram neutras ou agradáveis. Vamos fazer algo especial com suas experiências desagradáveis. Seu inconsciente pode lhe dar um sinal que lhe permita saber quando acabou de separar os dois tipos de experiência. Talvez você escute ou veja algo internamente, ou apenas sinta que já terminou."

Leroy fechou os olhos e entrou num estado alterado de consciência. Como era difícil falar comigo nesse estado, eu lhe pedi que acenasse com a cabeça "sim" ou "não". Quando Leroy fez que "sim", passei à etapa seguinte.

"Agradeça ao seu inconsciente por ter separado essas experiências. Agora é hora de recodificá-las, para que você possa manter o que deseja como aprendizado, porém com novos sentimentos em relação a elas. Você já sabe o que aconteceu quando recodificou as três experiências desagradáveis de fobia com as quais trabalhamos há poucos minutos. Quando você se viu à distância passando por aquelas experiências, sentiu-se confortável, como se aquilo estivesse acontecendo com outra pessoa ou como se você estivesse assistindo a um filme. Essas experiências aconteceram há muito tempo. Você passou pelo método de cura rápida de fobia, tanto consciente quanto inconscientemente. Agora, seu inconsciente pode usar esse mesmo método para todas as experiências desagradáveis do passado. É bom que seu inconsciente saiba usar o método de cura rápida de fobia, porque tudo acontece muito mais depressa no nível inconsciente.

"Não sei com que rapidez sua mente inconsciente vai recodificar todas as suas experiências desagradáveis do passado, transformando-as em pequenas imagens nas quais você se vê à distância. E você verá que a cor vai desaparecendo dessas lembranças à medida que elas se afastam. No nível inconsciente, você vai notar que, mesmo que essas experiências tenham sido organizadas em sequência, de modo que você possa ver todas de uma só vez, elas já não parecem tão importantes, *pois seu inconsciente agora sabe lidar com coisas desagradáveis.*"

Enquanto eu falava, Leroy me dava claros sinais de que estava entendendo tudo o que eu dizia. Os movimentos de seus músculos revelavam que ele estava passando por uma grande reorganização interna. Quando terminou, continuei: "E tem mais uma coisa que o seu inconsciente pode fazer para que você *se afaste completamente* dos sentimentos que tinha a respeito dessas experiências. Os sentimentos desagradáveis devem ficar na lembrança, não em você. Qualquer sensação desagradável que ainda esteja ligada a você deve *ir para a sua memória*.

"Para que isso seja possível, seu inconsciente colocará todas as suas experiências passadas em sequência, umas atrás das outras. E todas as experiências desagradáveis que você acabou de recodificar podem ser destacadas, talvez colocadas ao lado das outras...

"Agora, perceba que a fila de todas as suas experiências passadas se encontra *atrás* de você. Você está no presente e, quando se sentir pronto, poderá *retroceder*, passando rapidamente por *todas* as experiências desagradáveis, e desligar-se de todas elas à medida que cada uma se desfaz." Como este é um processo inconsciente ou semiconsciente, a reorganização da experiência é muito rápida. Na verdade, se for feito devagar, em geral não funciona. Leroy passou por todo o processo em cerca de cinco segundos.

COMO SE RECONECTAR COM OS RECURSOS DO PASSADO

O passo seguinte foi concebido para que Leroy tirasse o máximo proveito de suas experiências passadas agradáveis. Muitas das pessoas que sofreram maus-tratos tentam esquecer *todo* o passado, eliminando as experiências agradáveis junto com as desagradáveis.

"É importante também ter certeza de que você consegue sentir e apreciar profundamente todas as experiências *agradáveis* e *benéficas* que tenha tido no passado. Comece a perceber agora, seja em nível consciente ou inconsciente, todas as suas experiências agradáveis anteriores. Pouco importa, na verdade, que uma experiência agradável tenha durado um dia inteiro, um minuto ou apenas uma fração de segundo. Todas as experiências agradáveis são suas, e você merece conservá-las de forma a se *sentir ligado a elas* em nível inconsciente, mesmo que não se lembre delas conscientemente.

"Quando tiver selecionado todas as suas experiências agradáveis do passado, transforme-as em filmes grandes e bem coloridos, para que possa sentir o seu impacto. E você poderá estar *dentro* deles, saboreando plenamente a experiência. Mesmo quando pensa em todas as suas experiências agradáveis de uma só vez, pode sentir-se profundamente ligado a todas elas, como se estivesse em cada uma delas, pois trata-se de suas experiências, e uma parte importante do aprendizado é poder apreciar a forte sensação de capacidade que elas fornecem."

Leroy ficou radiante. Seu rosto estava quase em êxtase quando ele se reconectou com as partes agradáveis do seu passado de uma maneira que lhe permitia desfrutá-las e apreciá-las melhor. Além de agradável, essa capacidade de *sentir profundamente* nossas experiências passadas nos permite reconhecer o nosso próprio valor.

"Leroy, para que você possa se conectar *ainda mais* com as experiências agradáveis do passado, sua mente inconsciente deve colocar novamente em sequência todas as suas experiências passadas, desde o momento da sua concepção até agora... Desta vez, preste atenção especial às experiências agradáveis, porque ainda precisa fazer mais uma coisinha com elas...

"Quando todas as suas experiências agradáveis do passado estiverem alinhadas, saia do seu corpo, vá até o momento em que foi concebido e entre de novo no corpo. Quando estiver pronto, sinta a experiência completa de *avançar* rapidamente da primeira à última dessas experiências, a partir do momento da sua concepção, conectando-se com os recursos de cada uma delas com todo o seu ser, de forma que a sensação de capacidade penetre em cada célula do seu corpo. Faça isso como se estivesse reunindo esses recursos dentro de si mesmo, para que, ao passar de uma experiência a outra, a sensação de capacidade permaneça dentro de você."

RECODIFICAÇÃO DO PRESENTE
"Você acaba de passar por uma profunda reorganização do seu passado. E poderá trazer essa recodificação para o presente, de forma que, se algo desagradável acontecer, você sinta como se aquilo estivesse acontecendo com outra pessoa. Isso lhe permitirá sentir-se capaz de lidar com qualquer coisa que lhe aconteça... E quando algo agradável estiver acontecendo com você, é claro que poderá desfrutar plenamente a sensação de estar mergulhado na experiência." À medida que Leroy seguia minhas instruções, sua cabeça deixou de voltar-se para a esquerda e passou a olhar diretamente à frente, indicando que ele estava vivenciando as experiências do presente (ver capítulo 18, "Linhas do tempo pessoais").

COMO LEVAR O APRENDIZADO PARA O FUTURO
"Todos nós sabemos de coisas que acontecerão no futuro, e você também poderá codificar o futuro, como fez com o passado. Mesmo que não saiba a maior parte do que acontecerá no futuro, e mesmo que esteja tomando atitudes para que sua vida se torne cada vez mais positiva, você sabe que terá experiências agradáveis e desagradáveis. Mesmo sem saber exatamente o que acontecerá, qualquer experiência desagradável pode parecer menor, em preto e branco, enquanto a imagem inconsciente de um futuro positivo se torna maior e mais colorida." Enquanto eu falava, Leroy voltou-se levemente para a direita, indicando que estava pensando no futuro.

A essência da mente

RESPEITO À ECOLOGIA INTERNA
Após haver completado o processo, perguntei a Leroy se algum lado seu tinha objeções ao que acabávamos de fazer. Sua resposta foi negativa. Como esta é uma recodificação importante da experiência, é preciso estar atento a uma possível necessidade de ajuste. Por exemplo, às vezes as pessoas têm crenças a respeito de si mesmas que não vale a pena mudar.

"Leroy, dê a si mesmo o tempo que for necessário para integrar por completo esta recodificação, certificando-se de que sua nova codificação o respeita plenamente enquanto pessoa, e aos seus relacionamentos, porque sua mente inconsciente *sempre é capaz de fazer os reajustes necessários* para que a nova codificação funcione ainda melhor e seja ainda mais apropriada para você. Sua mente inconsciente pode escolher integrar esta nova maneira de codificar sua experiência aos sonhos que você terá hoje à noite, permitindo-lhe acordar amanhã sentindo-se descansado e revigorado. E se seu inconsciente precisar de ajuda, poderá lhe enviar um sinal, como, por exemplo, um arrepio lhe percorrendo a espinha, ou talvez uma imagem, para que você perceba o que ele quer."

Na manhã seguinte, Leroy teve uma sensação de bem-estar e não precisou de nenhuma outra ajuda. Alguns meses depois, contou que conseguia lembrar-se do passado de forma mais confortável e que a sensação de bem-estar ainda permanecia. "Outras questões importantes surgiram, e consegui lidar com elas com maior facilidade", disse-nos.

O IMPACTO
Esse método neutraliza as intensas sensações negativas que geralmente acompanham as lembranças de maus-tratos e faz que se tomem as medidas necessárias, se for o caso. Quando uma pessoa tem uma reação fóbica aos maus-tratos de que foi vítima, como no caso de Leroy, esse processo consegue resolver completamente o problema da sensação ruim. Além do mais, Leroy conseguiu *reconectar-se* com suas capacidades internas do passado, o que também é muito importante.

Muitas outras pessoas nos fizeram relatos semelhantes aos de Leroy após terem usado esse método. "Sinto-me mais capaz, mais equilibrado." "Consigo pensar no passado sem que isso me incomode." Às vezes, as pessoas se lembram de incidentes passados que, por serem tão traumáticos, não conseguiam recordar antes de aprenderem a "vê-los à distância". Mesmo em estado de inconsciência, esses incidentes podem dar origem a crenças limitantes a nosso respeito; por isso, é muito útil que estejam acessíveis para que se possa lidar com eles. (Ver capítulo 3, onde ensinamos um método para transformar crenças limitantes decorrentes de experiências traumáticas.)

COMO FUNCIONA

Para entender como esse método funciona, precisamos conhecer alguns fatos importantes sobre nossas imagens mentais. Quando imaginamos algo grande, claro, colorido e próximo a nós, geralmente experimentamos uma forte sensação. Foi por isso que pedimos a Leroy que recodificasse todas as experiências *nas quais se sentia capaz* dessa forma, para que tivesse sentimentos plenos e fortes a respeito de cada uma delas.

Por outro lado, quando imaginamos uma cena pequena, distante, em preto e branco, e *nos vemos* nela, como se estivéssemos nos vendo na televisão, não temos as sensações da experiência. Ao contrário, sentimo-nos mais "objetivos" em relação a ela, como se fôssemos meros espectadores. Foi por isso que pedi a Leroy que recodificasse todas as suas experiências desagradáveis ou traumáticas dessa forma.

Reviver rapidamente as experiências traumáticas de trás para a frente também provoca um impacto previsível. A maioria das pessoas diz que, depois de fazer isso, suas experiências perdem a cor. Às vezes, dizem que suas experiências se tornam transparentes, desbotadas, ou ainda que "caem" da sua linha do tempo pessoal (ver capítulo 18). Avançar rapidamente por experiências agradáveis, do início ao fim, em geral fortalece as experiências positivas e dá cor e intensidade às lembranças.

Embora esse processo se torne muito mais fácil quando se conta com a ajuda de alguém que tenha sido treinado no método, é possível realizá-lo sozinho. O esquema a seguir servirá para quem quiser tentar. É necessário, antes, ter uma boa experiência com o método de cura rápida de fobia. Se surgir alguma objeção interna a esse processo, dê ao seu inconsciente instruções para recolocar tudo no lugar em que estava e leia o capítulo 7, para aprender a lidar com as objeções, antes de continuar.

OUTROS MÉTODOS PARA SE LIDAR COM MAUS-TRATOS

Quem sofreu maus-tratos na infância em geral tem outras dificuldades, como, por exemplo, continuar a ser maltratado na idade adulta. Em geral, essas pessoas precisam de ajuda extra para saberem em quem confiar no futuro. A partir do momento em que conseguem olhar de maneira confortável para suas lembranças antigas, podem perceber os "sinais de alerta" com os quais devem tomar cuidado. No caso de terem sido maltratadas física ou sexualmente, precisam conhecer as pistas que devem observar para se protegerem no futuro. A identificação desses sinais de alerta ajudará a pessoa que sofreu maus-tratos não só a estar mais segura, como também a *sentir-se* mais segura no presente.

Outros métodos descritos neste livro também podem ser usados para resolver outras consequências de maus-tratos. Além das lembranças desagradáveis, muitas pessoas experimentam sentimentos de vergonha ou de baixa autoestima. Nos capítulos 2 e 3, apresentamos outros métodos para fortalecer a autoestima e, no capítulo 13, uma forma de se recuperar do sentimento de vergonha. A PNL tem uma variedade de métodos que podem ser úteis para fortalecer a autoestima, o que faz que as pessoas fiquem menos propensas a ser maltratadas no futuro.

Como se recuperar de maus-tratos e traumas: resumo

Este processo permite reprocessar rapidamente múltiplas experiências de maus-tratos ou outro tipo de trauma. O exemplo de Leroy oferece instruções mais completas para cada uma das etapas.

Etapa 1. Prepare-se. Execute o método de cura rápida de fobia com três experiências desagradáveis do passado, para formar uma base para o que fará na etapa 3. (Ver o resumo do método de cura rápida de fobia, neste capítulo.)

A maioria das pessoas acha mais fácil fazer cada uma das próximas etapas se antes fechar os olhos, relaxar e entrar em um estado meditativo.

Etapa 2. Classifique as lembranças. Peça ao seu inconsciente que separe suas experiências agradáveis das desagradáveis.

Etapa 3. Recodifique as experiências desagradáveis do passado.

a. Peça ao inconsciente que use o método de cura rápida de fobia para fazer que todas as suas experiências desagradáveis do passado fiquem menores, menos coloridas e mais distantes. Seu inconsciente também poderá lhe oferecer a perspectiva visual de *ver a si mesmo* passando por essas experiências, em vez de vê-las do seu ponto de vista inicial.

b. Coloque todas as suas experiências em ordem cronológica e indique as que são desagradáveis. Fique de costas para o passado e então retroceda, passando muito rapidamente por todas as experiências desagradáveis, *de frente para trás*, para se desligar totalmente delas. Volte ao presente.

Etapa 4. Reconecte-se com as experiências positivas do passado.

a. Peça ao seu inconsciente que recodifique todas elas, tornando-as maiores e coloridas, e, em vez de manter a posição de espectador, vá para *dentro* delas, para que possa vivenciá-las plenamente.

b. Coloque todas as suas experiências em ordem cronológica e indique as que são agradáveis. Retroceda, passando por todas elas, e entre em seu corpo no momento de sua concepção. Então, avance rapidamente por todas as experiências agradáveis, reconectando-se com cada uma, até chegar de volta ao presente.

Etapa 5. Traga o aprendizado para o presente. Traga para o presente sua maneira de pensar sobre os incidentes agradáveis e desagradáveis.

Etapa 6. Recodifique o futuro. Leve para o futuro sua maneira de pensar sobre os incidentes agradáveis e desagradáveis.

O processo está completo. Agora você será capaz de integrar melhor à sua vida essa nova maneira de processar suas experiências.

Algumas pessoas que foram maltratadas passam a maltratar as outras quando chegam à idade adulta. Para algumas delas, esta é a única forma de interação familiar que conhecem. Talvez desejem conhecer maneiras mais carinhosas de se relacionar, mas nunca tiveram outras opções. Uma pessoa pode maltratar os outros por causa de um conflito ou "cisão" mal resolvida entre as imagens internas de "perseguidor" e "perseguido". Esse conflito pode ser resolvido com o método indicado no capítulo 12.

Muitos acreditam que são "escravos do passado" e que "as feridas psíquicas marcam para o resto da vida". Tenho várias cicatrizes físicas que nunca me incomodam. Elas apenas me lembram do que aconteceu no passado e me ajudam a saber o que evitar no futuro. Felizmente, a mente pode se curar ainda mais depressa e de maneira mais completa do que o corpo. Esperamos que esses exemplos possam ter mostrado como os incidentes do passado podem ser transformados em recursos para o bem-estar presente e futuro.

RECURSOS E REFERÊNCIAS

1. *Fast phobia and trauma relief*. Vídeo. 41 min. Com Steve Andreas. Pode ser adquirido em: <https://www.andreasnlp.com/store/nlp-training-videos/phobia-cure/>. A maior parte deste vídeo está disponível gratuitamente no YouTube, em duas partes (1 e 2): <https://www.youtube.com/watch?v=mss8dndyakQ> e <https://www.youtube.com/watch?v=TjjCzhrYJDQ>. A parte 2 mostra o acompanhamento 25 anos depois.
2. BANDLER, Richard. *Usando sua mente – As coisas que você não sabe que não sabe*. 10. ed. São Paulo: Summus, 1987. (Cap. 3, p. 37-48).
3. BANDLER, Richard; GRINDER, John. *Sapos em príncipes – Programação neurolinguística*. 12. ed. São Paulo: Summus, 1982. (Cap. 2, p. 109-125).
4. *Rapid PSTD Treatment – Interview*. Vídeo. 15 min. Com Connirae Andreas. Disponível em: <https://www.youtube.com/watch?v=Ud35xqGc1PQ>.

7. Intenções positivas

Durante a Segunda Guerra Mundial, no auge da expansão japonesa no Pacífico, havia pelotões de japoneses em milhares de ilhotas espalhadas por uma imensa área do oceano. Quando a guerra tomou outro rumo, muitas dessas ilhotas foram invadidas e ocupadas. Algumas, porém, nem foram visitadas. Em muitas dessas pequenas ilhas, grupos de soldados, ou sobreviventes isolados, esconderam-se em cavernas inacessíveis. Alguns anos depois, a guerra terminou. Porém, como nem sequer tomaram conhecimento do fato, alguns desses sobreviventes continuaram a lutar, mantendo suas armas enferrujadas e uniformes rasgados da melhor maneira que podiam, totalmente isolados, na esperança de voltar a se reunir ao seu batalhão.

Nos anos que se seguiram à guerra, muitos desses soldados foram descobertos por terem atirado em pescadores ou barcos cheios de turistas, ou foram encontrados pelos habitantes nativos das ilhas. À medida que os anos passavam, cada vez menos soldados eram descobertos. O último foi encontrado uns 30 anos após o término da guerra.

Imaginem a situação desse soldado. O governo de seu país o havia chamado, treinado e enviado para uma ilha selvagem para defender e proteger seu povo contra uma ameaça externa. Como cidadão leal e obediente, ele sobreviveu a inúmeras privações e batalhas durante os anos da guerra. Com o fim do conflito, ele foi deixado para trás, sozinho ou junto com alguns poucos sobreviventes. Durante todos aqueles anos, levou adiante a batalha como podia, passando por terríveis adversidades. Apesar do calor, dos insetos e das chuvas tropicais, foi em frente, obedecendo às instruções que lhe foram dadas tantos anos antes.

Como deveria esse soldado ser tratado ao ser encontrado? Seria fácil rir dele e chamá-lo de estúpido por ter continuado a lutar numa guerra que terminara 30 anos antes.

Porém, quando um desses soldados era encontrado, o primeiro contato era sempre feito com muito cuidado. Algum ex-oficial de alta patente tirava do armário seu velho uniforme e sua espada de samurai e tomava um antigo navio militar até o local onde o soldado havia sido localizado. O oficial entrava pela mata, chamando o soldado, até encontrá-lo. Quando se viam frente a frente, o oficial, com lágrimas nos olhos, agradecia ao soldado por sua lealdade e sua coragem de continuar a defender o país durante todos aqueles anos. Em seguida, pedia-lhe que contasse suas experiências e dava-lhe as boas-vindas. Somente algum tempo depois, com muita delicadeza, contava-se ao soldado que a guerra havia terminado, que o país estava novamente em paz e que não era necessário que ele continuasse a lutar. Ao voltar para casa, o soldado era recebido com honras militares, desfiles e medalhas. A multidão lhe agradecia por sua luta árdua e comemorava sua volta ao seio do seu povo. (Agradecemos a Greg Brodsky, que nos contou essa história em 1977.)

QUEM SÃO OS SOLDADOS?

De um ponto de vista, os soldados perdidos agiram de forma estranha e louca, por terem continuado a lutar uma guerra que terminara havia muito tempo. Porém, sua intenção era positiva: proteger e defender seu país. Embora dessem o melhor de si e por mais que seu comportamento tenha sido útil inicialmente, não havia mais razão para lutar, já que a guerra havia terminado.

De vez em quando, todos nós somos como esses soldados perdidos. Temos sentimentos e comportamentos que serviam a um propósito útil quando éramos jovens e continuamos a tê-los mesmo quando não são mais necessários.

Há pessoas que se surpreendem lutando com seus pais muito tempo após a morte deles. Às vezes nos pegamos usando no local de trabalho comportamentos criados para lidar com um irmão mais velho, ou com o chato da escola. Pessoas que sofreram maus-tratos aprendem tão bem a desconfiar dos outros que têm dificuldade em confiar naqueles que as amam profundamente.

Todos nós às vezes temos atitudes que consideramos estúpidas ou limitadoras — que atrapalham nosso caminho. Às vezes, ficamos zangados ou sem graça mesmo quando sabemos que não vale a pena nos sentirmos assim.

A essência da mente

Ocasionalmente, também vemos nossos inimigos e familiares agindo de forma estranha e estúpida e pensamos: "Se eles pudessem compreender melhor..."

Em geral, tentamos "nos livrar" desses comportamentos ou sentimentos e nos criticamos profundamente. "Ora, você deveria ser capaz de parar de fumar!" "Não há razão para não ter mais confiança em si próprio." "Fico tão chateado por ter essas enxaquecas!" Normalmente não conhecemos a utilidade original que está por trás desses sentimentos e comportamentos. Apenas sabemos que essas reações nos atrapalham.

Em vez de simplesmente "tentar" mudar, é possível usar um método de PNL chamado "remodelagem em seis etapas". Seu aspecto mais importante é que partimos de um pressuposto pouco comum: o de que *todo comportamento ou sentimento, mesmo que pareça estranho ou estúpido, tem algum propósito ou intenção positiva.*

À primeira vista, pode parecer ridículo, mas é um pressuposto poderoso que possibilita grandes curas internas. Ele nos ajuda a transformar problemas e limitações em pontos positivos e aliados, e constitui a base para uma mudança comportamental. Também nos ajuda a entrar mais em contato com todas as partes de nós mesmos — com todo o nosso ser.

REMODELANDO UMA PSEUDOENDOMETRIOSE

Quando estávamos aprendendo este método, há alguns anos, trabalhei com uma moça, Martha, que tinha sintomas físicos que não capitulavam ante a prática clínica convencional. Os médicos descreveram seus sintomas como uma "pseudoendometriose", pois se pareciam com uma endometriose, mas também eram diferentes. O que acontecia era que seu período menstrual nunca parava ou começava de verdade. Ela tinha leves sangramentos o tempo todo e sua pressão sanguínea era elevada. Os médicos queriam que ela fizesse uma histerectomia, caso os sintomas não desaparecessem logo.

Depois de ter-me certificado de que ela estava usando todos os recursos médicos à sua disposição, passei a trabalhar partindo do princípio de que algum lado dela estava criando aqueles sintomas. Usando o método que descreveremos mais detalhadamente a seguir, descobri que havia um lado dela que não desejava mais ter filhos. Esse lado queria que ela gozasse plenamente a vida e deixasse de cuidar tanto dos outros.

Martha sempre havia sido uma "supermãe", cuidando de um marido deprimido e da filha de dez anos. Cerca de um ano antes, tinha pensado em ter um segundo filho, mesmo estando separada e sabendo que teria de criar esse filho sozinha. Entretanto, na época estava acima do peso e não queria ficar grávida enquanto não voltasse ao peso normal. Tratou de emagrecer e, quando chegou ao peso ideal, começou a pensar seriamente em ficar grávida. Foi então que os sintomas começaram. Eles a impediam de engravidar, pois ela não queria que isso acontecesse enquanto sua menstruação estivesse anormal. Era até provável que esses sintomas tornassem a gravidez impossível.

Enquanto digeria a mensagem de que já tinha responsabilidades em excesso e que era chegada a hora de desfrutar melhor sua vida, Martha deu-se conta de que esse seu lado tinha razão. Apesar dos prazeres e satisfações de criar um filho, existiam também muitas outras atividades das quais ela poderia desfrutar plenamente sem assumir novas responsabilidades. Esse seu lado havia sido mais sábio, e ela concordou com ele.

Na semana seguinte, durante uma consulta médica de rotina, sua pressão sanguínea havia caído, surpreendendo Martha e os médicos. Duas semanas depois, sua menstruação regularizou-se e permaneceu normal. Da última vez que a vi, cinco anos depois, ela contou que nunca mais tinha tido os sintomas.

Embora tenhamos tido sucesso com este método em vários outros sintomas físicos, queremos enfatizar que insistimos para que as pessoas utilizem todos os recursos médicos disponíveis. Com outra moça que tinha sintomas semelhantes, a remodelagem em seis etapas não os alterou. Entretanto, produziu algumas mudanças valiosas em seu bem-estar geral. Ela entrou em contato com um lado seu que queria que ela cuidasse melhor de si mesma. Depois da remodelagem, ficou contente em se ver reagindo às suas necessidades de maneira mais natural e automática. Os médicos conseguiram finalmente identificar uma rara deficiência em vitamina K, que é responsável pela coagulação do sangue e pela convalescência. Injeções dessa vitamina conseguiram eliminar totalmente os sintomas.

LADOS INTERNOS

Quando falamos em "lados internos" ou simplesmente "lados" de uma pessoa, é importante compreender que não estamos falando em pequenas criaturas que moram dentro de nós ou de um lado específico do nosso corpo. "Lado" é apenas uma maneira de descrever a experiência que

A essência da mente

todos nós sentimos quando estamos divididos, ou em conflito. Queremos fazer uma coisa, mas também queremos fazer outras. Por exemplo, talvez eu queira parar de perder a paciência, mas me irrito automaticamente em certas ocasiões. Como ainda *tenho* paciência, é como se um "lado" meu menos consciente continuasse a se irritar, enquanto outro lado, mais consciente, não gostasse de agir assim. Se desejo parar de fumar e não consigo, é como se um lado meu quisesse fumar, enquanto outro lado não gosta de fumar. Sempre que alguém passa por esse tipo de conflito, podemos usar a palavra "lado" para definir um grupo de sentimentos ou comportamentos que representa um lado nosso, sem, no entanto, representar todo o nosso ser.

COMO SUPERAR A TIMIDEZ

Jerry queria sentir-se mais seguro com as mulheres. Era um rapaz tímido e nervoso quando havia mulheres por perto — sobretudo se elas fossem atraentes. Queria encontrar alguém de quem realmente gostasse, casar-se e formar uma família. Tudo isso parecia muito improvável se ele não conseguisse superar a timidez. Ele raramente chegava à primeira etapa — sair com uma moça —, a não ser que alguém arranjasse o encontro.

Durante anos, Jerry tentara vencer sua timidez. Achava-se "nervoso" e "inseguro". E, no entanto, era sem dúvida um homem inteligente, que tinha muito a oferecer.

Ao trabalhar com Jerry, primeiro conversei com ele sobre como encarar sua timidez de forma mais positiva. Sugeri que o lado dele que o fazia sentir-se tímido na verdade tinha um propósito positivo importante. Era um lado que queria algo valioso e útil para ele, mesmo que ainda não soubéssemos do que se tratava. Até então, Jerry havia apenas lutado contra esse seu lado e vivia dizendo a si mesmo o quanto o achava estúpido. E agora eu lhe dizia que esse seu lado tinha uma certa sabedoria, valiosa de alguma maneira. O lado de Jerry que o fazia sentir-se tímido sentiu-se reconhecido e apreciado.

Ao guiar Jerry através da remodelagem em seis etapas (que será descrita mais adiante neste capítulo), logo vimos que seu lado que o fazia sentir-se tímido realmente queria que ele não fizesse papel de bobo diante de mulheres atraentes. Esse seu lado tinha medo de que ele dissesse ou fizesse algo "estúpido". Quando perguntei a esse seu lado: "E o que você está tentando fazer *por Jerry* que seja positivo, evitando que ele faça papel de bobo? O que você quer que ele faça?", a resposta foi: "Quero que ele se sinta mais íntimo das pessoas". Jerry ficou surpreso ao ouvir isso, pois, embora conscientemente estivesse lutando contra esse seu lado, descobriu que queria o mesmo que ele: maior intimidade. A *maneira* como Jerry tentava se aproximar dos outros — espremendo-se contra a parede e sentindo-se tímido — não estava funcionando muito bem. Entretanto, verificamos que havia um acordo entre o consciente e o inconsciente a respeito do objetivo desejado. No nível da *intenção*, o conflito havia desaparecido.

Um dos aspectos mais potentes da remodelagem em seis etapas é que ela fornece uma maneira de se chegar a esse acordo. Mesmo que façamos exatamente o oposto daquilo que queremos, ao considerarmos o *propósito positivo* que têm esses nossos lados, eles passam a ser aliados valiosos e poderosos. Em geral, esses lados se desenvolveram quando éramos crianças. Embora tenham objetivos positivos, seus *métodos* muitas vezes são infantis, anacrônicos e contraproducentes. Quando se chega a um acordo sobre a intenção positiva, é possível encontrar novas opções de comportamento e sentimento para alcançar melhores resultados. Toda a energia usada no conflito é redirecionada de uma maneira mais produtiva.

Esta foi a etapa seguinte de Jerry. Conhecíamos a intenção positiva daquele seu lado que o fazia sentir-se tímido, e Jerry estava totalmente de acordo com essa sua intenção. Agora, era só uma questão de usar seus recursos inconscientes para gerar soluções novas e melhores. Perguntei a Jerry se ele tinha consciência de um lado criativo seu, e ele respondeu que sim. O próximo passo seria gerar comportamentos alternativos para satisfazer a intenção positiva.

"Jerry, vá para dentro de si mesmo e peça a esse seu lado que deseja ser mais íntimo das pessoas que vá ao encontro do seu lado criativo e lhe peça para criar muitas outras formas possíveis de conseguir essa intimidade. Algumas dessas formas não funcionarão, outras talvez sejam apenas medíocres, enquanto outras serão muito eficazes. A função do seu lado criativo não é julgar a eficácia delas, mas simplesmente criar opções. O seu lado que costumava ser tímido e quer se aproximar mais das pessoas selecionará *apenas* as opções que funcionem pelo menos tão bem ou *melhor* do que a que o fazia agir com timidez. Ele lhe dará um sinal afirmativo quando obtiver três novas opções."

Com um pouco mais de orientação, o lado de Jerry logo deu o sinal, indicando que tinha três novas formas mais eficazes de se aproximar das pessoas do que a timidez.

"Isso é bem interessante", disse Jerry. "Uma das ideias que me veio à cabeça foi a de simplesmente pensar no que poderia fazer quando visse uma mulher atraente. É como se eu assistisse a um filme em que me aproximasse e fizesse alguma coisa. Antes eu pensava nela franzindo as sobrancelhas ou algo parecido. A segunda ideia foi a de uma voz interior dizendo-me para me apresentar e dizer alguma coisa. A terceira levou um pouco mais de tempo, e gosto muito dela. É a de rir de mim mesmo. Não rir em voz alta, mas adotar uma atitude diferente sobre o fato de cometer pequenos erros."

"Sabe", Jerry continuou, "nada disso parece muito intelectualizado, mas acho que pode dar certo. Sinto-me bem diferente a esse respeito."

O que Jerry disse faz sentido. O que faz que o método funcione não são ideias profundas, mas o fato de o lado de Jerry que antes era tímido ser redirecionado para encontrar formas melhores de satisfazer suas intenções. Esse lado não está mais limitado pela timidez — que antes era a sua única opção. Passou a ser "bem recebido" e a ter opções atualizadas. A mente consciente de Jerry talvez tivesse tentado essas mesmas opções anteriormente, mas, como o lado inconsciente teria se oposto, não havia como levá-las a cabo. Até que o lado inconsciente de Jerry estivesse integrado ao seu comportamento, mesmo uma boa solução seria desperdiçada.

Posteriormente, Jerry relatou que estava conseguindo sair com mulheres, sentindo-se à vontade e aprendendo a conhecê-las.

QUANDO USAR A REMODELAGEM EM SEIS ETAPAS

A remodelagem em seis etapas pode ser aplicada a praticamente qualquer comportamento ou sentimento que a pessoa gostaria de modificar.

1. **Comportamentos e hábitos.** Todos nós fazemos coisas de que não gostamos. Algumas pessoas têm hábitos que causam problemas, como fumar, beber ou comer em excesso.
2. **Sentimentos ou emoções.** Ocasionalmente, todos reagimos com sentimentos de que não gostamos: raiva, depressão, intimidação, impaciência, ressentimento etc.

3. **Sintomas físicos.** A remodelagem em seis etapas também é muito eficaz quando os sintomas físicos contêm uma mensagem útil para nós. Às vezes, uma dor nas costas, por exemplo, pode ser um recado para diminuirmos nosso ritmo de trabalho. Uma dor no ombro pode significar que estamos fazendo mais do que deveríamos. Uma enxaqueca pode estar querendo nos dizer para irmos mais devagar e descansarmos mais. Muitas pessoas que aprenderam a remodelagem em seis etapas nos contaram que se tornaram mais saudáveis, porque agora têm uma forma de prestar mais atenção às mensagens do seu corpo. Reagem a essas mensagens reduzindo a tensão física — descansando, fazendo mais exercícios, cuidando melhor de si mesmas etc. Evidentemente, sempre que surgir um sintoma físico, recomendamos que sejam usados os recursos médicos adequados.

COMO USAR A REMODELAGEM EM SEIS ETAPAS

Para desfrutar das vantagens da remodelagem em seis etapas, sente-se em uma cadeira confortável e siga as etapas indicadas a seguir. É provável que você consiga resultados completos ao seguir este processo. Mesmo quando não chegam ao final, as pessoas sempre sentem os resultados benéficos das etapas que conseguem completar. Em geral, é mais fácil alcançar resultados com a ajuda de alguém que conheça o método. Outras instruções sobre como fazer que o método funcione estão disponíveis em nossos livros anteriores[1,2].

Algumas das etapas do processo podem lhe parecer um tanto estranhas. Nós as achamos estranhas no início. Sempre dizemos: "A única razão para fazermos algo tão estranho é que alcançamos resultados — em geral, de maneira fácil e rápida". O pior que pode acontecer é nada, e com frequência as pessoas obtêm novas opções para problemas que as incomodaram durante anos.

Etapa 1. Escolha um comportamento ou sentimento de que não gosta. Talvez você fume, coma demais, deixe tudo para a última hora ou sinta-se incapaz ou chateado às vezes, ou sofra de algum problema físico. Escolha algo específico (X) e depois pense naquele seu lado que o faz fazer X.

Etapa 2. Inicie uma conversa com esse seu lado. Primeiro, vá para dentro de si mesmo e peça desculpas a esse seu lado por não lhe ter dado a

A essência da mente

devida importância antigamente. Diga-lhe que agora percebe que ele deseja fazer algo importante e positivo *por* você, ao fazer X, mesmo que você ainda não saiba exatamente qual é esse propósito positivo. Quanto mais delicado e educado você for com esse seu lado, mais ele estará receptivo para se comunicar com você.

Agora, feche os olhos e faça em silêncio a seguinte pergunta: "Será que este meu lado que me faz fazer X estaria disposto a se comunicar agora comigo, de maneira consciente?" Após ter feito a pergunta, observe o que vê, ouve ou sente. Isso pode parecer estranho, mas não há problema; apenas observe o que acontece. Geralmente, recebemos vários sinais do nosso lado inconsciente: a imagem de uma pessoa ou de um animal que sacode a cabeça, uma cor ou uma forma, sons ou palavras. Muitas pessoas têm uma sensação no corpo — um arrepio na espinha, calor nas mãos ou no rosto, um aumento dos batimentos cardíacos, ou algo diferente.

Talvez você sinta algum aspecto da antiga reação em relação ao problema. Por exemplo, se estiver trabalhando com um lado que o faz sentir raiva, talvez sinta um ponto de tensão no estômago ou o coração um pouco acelerado. Alguns sinais são tão específicos e surpreendentes que *sabemos* imediatamente que há um outro lado nosso se comunicando conosco. Outras vezes, o sinal pode se parecer com os nossos pensamentos e imagens normais. Assim que conseguir obter um sinal, pare para *agradecer ao seu lado por estar se comunicando*.

Como a remodelagem funciona por meio da comunicação com os lados "inconscientes" da pessoas, é muito importante que o sinal seja tal que *não possa* ser repetido através de um esforço consciente. Isso lhe dará a certeza de que não está enganando a si próprio. Tente imitar conscientemente o sinal que recebeu. Se não for possível, o sinal é válido, e você pode passar à etapa seguinte. Se *for possível* repetir o sinal, diga simplesmente ao seu lado interior: "Para que eu possa ter certeza de que estou me comunicando com você, preciso receber um sinal que esteja realmente fora do meu controle. Como consegui repetir o sinal que você acabou de me enviar, por favor escolha um outro que eu não consiga repetir", e espere por uma nova resposta. Cada vez que o seu lado interior se comunicar, agradeça-lhe a resposta — mesmo que ainda não a compreenda bem.

O que quer que veja, ouça ou sinta como resposta à sua pergunta, é necessário saber o que significa o sinal — quando o lado que está se comunicando está dizendo "sim" ou "não". Você deve ir para dentro de si mesmo e perguntar: "Para que eu possa saber exatamente o que você quer dizer, se isto é um sim, se está disposto a se comunicar comigo em nível consciente, por favor aumente o sinal (em luminosidade, volume ou intensidade). Se você quer dizer não, que não está disposto a se comunicar, por favor diminua o sinal (em luminosidade, volume ou intensidade)".

Normalmente, o sinal deve aumentar ou diminuir, e não importa qual seja a resposta. Se o seu lado interior mandar um sinal de que não deseja se comunicar, *ainda assim é um tipo de comunicação*. Quase sempre, essa mensagem simplesmente quer dizer que existe um tipo de *informação* que esse seu lado não quer comunicar, e nesse caso não há necessidade de comunicação.

Etapa 3. Separe o comportamento da intenção positiva. Este é o momento de distinguir entre o comportamento ou reação do seu lado interior e seu *objetivo ou intenção positiva*. É importante lembrar que partimos do princípio de que, mesmo que o seu lado interior esteja fazendo algo de que não gostamos, ele o está fazendo com *algum propósito positivo importante*.

Vá para dentro de si mesmo e pergunte a esse seu lado: "Você está disposto a me informar o que há de positivo quando me faz fazer X?" Ele pode lhe responder com o mesmo sinal de sim ou não criado na etapa 2.

Se seu lado interior disser que sim, agradeça-lhe e pergunte-lhe se deseja esclarecer o motivo. Se ele disser que não, agradeça-lhe da mesma forma e diga-lhe que você está assumindo que ele deve ter suas razões para não lhe esclarecer o motivo agora. Então, pode passar à etapa 4, mesmo que não saiba conscientemente qual a intenção positiva.

É muito importante *não* tentar "adivinhar" os motivos do seu lado interior achando que sabe o que ele está querendo dizer. A remodelagem fornece um meio de obter a resposta *diretamente do seu lado interior*. Se não tiver certeza do que ele está dizendo ou mostrando, pode usar o sinal de sim ou não para saber. Por exemplo, você pode dizer mentalmente: "Acho que sua intenção positiva é me ajudar a ser bem-sucedido. Por favor, dê um sinal de sim, se for verdade, ou de não, se eu estiver enganado". Cada pessoa recebe mensagens que são válidas apenas para ela e que podem ser completamente diferentes das mensagens recebidas por outras pessoas. A enxaqueca pode conter uma mensagem diferente para cada pessoa. (Pior ainda é tentar adivinhar o que quer dizer o lado interior de outra pessoa e dizer a ela que mensagem seu inconsciente está lhe comunicando.)

Se receber um "propósito positivo" que não lhe agrade ou lhe pareça negativo, agradeça ao seu lado pela informação. Em seguida, pergunte: "O que quer fazer por mim de positivo com essa atitude?" Continue a fazer essa pergunta até obter um propósito positivo com o qual esteja de acordo.

Até aqui, chamamos o seu lado interior de "o lado que faz você fazer X". Agora, passaremos a chamá-lo de "o lado que *quer* Y", para reconhecer e aceitar sua intenção positiva.

Etapa 4. Descubra novos comportamentos ou reações. Peça mentalmente ao seu lado que use o sinal de sim ou não para responder à seguinte pergunta: "Se houvesse outras maneiras que você [o lado que quer Y] achasse positivas, gostaria de usá-las?" Se o seu lado interior compreender o que você está dizendo, sua resposta será sempre sim. Você está lhe oferecendo *melhores* opções para conseguir o que deseja, *sem eliminar a sua opção antiga*. Se obtiver uma resposta negativa, isso significa apenas que ele não entendeu o que você está lhe oferecendo. Nesse caso, explique-lhe de maneira mais clara, para que ele possa entender e concordar.

Agora, pare um instante para perceber o seu lado criativo. Todos nós temos um lado criativo. É importante esclarecer que não estamos falando de criatividade artística. Trata-se apenas do nosso lado que descobre uma nova maneira de distribuir os móveis ou imagina uma maneira diferente de se divertir. Se preferir usar outra palavra no lugar de criativo, tudo bem. Qualquer que seja o nome que você lhe dê, esse seu lado vai gerar outras maneiras de satisfazer a intenção positiva.

Vá para dentro de si mesmo e peça ao seu lado que quer Y: "Entre em contato com o lado criativo e diga-lhe qual é sua intenção positiva, para que ele possa entender". Depois, convide seu lado criativo a participar, da forma que esses lados mais gostam de fazer: "Assim que entender qual é a intenção positiva, por favor, comece a criar outras possibilidades para alcançar esse propósito e as comunique ao lado que quer Y". Algumas dessas possibilidades não vão funcionar, outras talvez funcionem em parte, enquanto outras funcionarão às mil maravilhas. A função do lado criativo é imaginar possibilidades, de forma que o outro lado possa escolher a que julgar mais conveniente. "O lado que quer Y poderá, então, selecionar novas maneiras tão boas ou melhores do que X para alcançar o seu propósito positivo. Cada vez que selecionar uma escolha melhor, ele me dará um sinal de 'sim', para que eu saiba."

Quando tiver recebido três sinais positivos, pode passar à etapa seguinte. Agradeça tanto ao seu lado criativo quanto ao seu lado que quer Y a ajuda que acaba de receber, mesmo não sabendo conscientemente quais são suas três novas opções.

Etapa 5. Teste o processo. Pergunte ao lado que deseja Y: "Você está realmente disposto a usar essas novas opções nas situações apropriadas, para descobrir como elas vão funcionar?" Peça a esse seu lado que responda com o sinal de sim ou não.

Se a resposta for sim, passe à etapa 6. Se for não, descubra qual é a objeção. Talvez tenha de voltar à etapa 5, para obter novas opções que satisfaçam a objeção.

Etapa 6. Verifique a ecologia interna. O seu lado que deseja Y está satisfeito, pois tem três novas opções. Agora, pergunte mentalmente aos seus *outros* lados: "Algum de vocês tem alguma objeção quanto às novas opções?" Se não receber nenhum sinal interior, o processo está completo.

Se receber algum sinal — seja vendo, ouvindo ou sentindo algo dentro de você —, é preciso saber se é uma objeção real ou se simplesmente um lado seu está empolgado por ter novas opções. Diga: "Se tiver alguma objeção, por favor *aumente* o sinal de sim; se não tiver objeção, *diminua-o*, para que se torne um não". Se houver um lado seu com objeção, você poderá retomar o processo de remodelagem em seis etapas com o novo lado e com o lado que quer Y, para encontrar três novas opções que satisfaçam as intenções positivas de *ambos*.

Se receber vários sinais de objeção, volte à etapa 2 e peça a *todos* os seus lados com objeções que formem uma "comissão" para identificar as intenções positivas de cada um dos lados e selecionar novas opções dentre as geradas pelo lado criativo. É importante ter certeza de que cada uma das novas opções satisfaça *todos* os lados em questão. Um consenso, em vez de um voto por maioria, resultará numa mudança duradoura e tranquila. A partir do momento que *todos* os lados estejam de acordo, você automaticamente agirá de maneiras novas e mais eficazes.

COMO APRENDER A AMAR E RESPEITAR TODOS OS NOSSOS LADOS

O processo de remodelagem em seis etapas é uma maneira rápida e elegante de provocar mudanças úteis de comportamento e sentimento. Mais do que obter a solução para um problema específico, sua função é criar uma *atitude* positiva em relação a nós mesmos e aos outros.

Durante séculos, os santos e sábios nos ensinaram que amar a nós mesmos é importante, pois nos torna mais capazes de ter uma vida plena e amar ao próximo. Entretanto, poucas pessoas conhecem maneiras específicas e eficientes de se amarem mais. Acredita-se que essa atitude decorra da força de vontade ou de uma graça especial.

Depois de usar a remodelagem em seis etapas inúmeras vezes em nós mesmos e em outras pessoas, vimos que este método oferece uma *maneira* de nos amarmos. Não há dúvida de que, se olharmos apenas os comportamentos e sentimentos que nos desagradam, é fácil não gostarmos de nós mesmos e dos outros. A remodelagem nos ensina como ser receptivos a cada um desses comportamentos e sentimentos, graças aos seus propósitos positivos. Se nos sentimos infelizes, culpados, irritados ou constrangidos, em vez de nos criticarmos por termos esses sentimentos, podemos aceitá-los e descobrir qual o propósito positivo de cada um deles. Ao descobrirmos outras formas de alcançar esses *propósitos positivos,* já não precisaremos ter sentimentos desagradáveis ou comportamentos problemáticos.

OUTROS EXEMPLOS

Usamos a remodelagem em seis etapas para ajudar pessoas a atingir uma série de objetivos e metas pessoais. Quando Elna decidiu parar de fumar, a remodelagem facilitou o processo. A sessão feita com Elna, com introdução, discussão e a entrevista de acompanhamento, está disponível em vídeo[3].

Jack queria ajuda, pois tinha medo de perder a esposa. Era um homem de negócios muito bem-sucedido, mas se queixava de que sua vida pessoal não ia bem. A esposa o acusava de estar sempre julgando e criticando os outros. Jack não queria ser assim, mas não conseguia mudar. As críticas simplesmente saíam de sua boca. Mesmo quando se controlava, Jack ainda parecia e sentia-se crítico, e a esposa percebia isso. Ela sabia quando o marido adotava uma atitude crítica, mesmo quando ele não dizia nada. Jack também ouvia uma vozinha interior que vivia criticando-o, e por causa disso se sentia incapaz e imperfeito.

A remodelagem em seis etapas ajudou Jack a criar um novo relacionamento com sua voz crítica interior. Ele descobriu que a voz queria que sua vida fosse melhor e — como fazem tantos pais — criticar era o único método que ela conhecia para tentar melhorar as coisas. Depois do processo de remodelagem, essa voz tornou-se uma aliada de Jack, oferecendo-lhe sugestões e ideias positivas num tom delicado e convidativo, em vez de criticar. Ele se tornou mais positivo em relação à esposa e às outras pessoas também.

Anna foi criada em um lar muito religioso e conservador. Apesar de ter-se casado, ainda se sentia culpada sempre que tinha relações sexuais com o marido. Ter relações parecia errado e pronto. Ela se deu conta de que estava evitando ter relações para aplacar o sentimento de culpa e confusão. Queria desfrutar uma boa vida sexual com o marido, mas a tática de lutar contra o sentimento de culpa não havia funcionado. Não sabia mais o que fazer. Com o processo de remodelagem em seis etapas, Anna se reconectou com o seu lado interior que a fazia sentir-se culpada. O objetivo dele era que Anna fosse uma pessoa de bem e se respeitasse. No processo de remodelagem, surgiu um outro lado de Anna — um lado que, na adolescência, tinha se revoltado contra sua criação e a tinha feito levar uma vida promíscua durante algum tempo. Esse lado queria que Anna fosse mais independente e vivesse sua própria vida. Durante a remodelagem, descobrimos novas opções que se adequavam às intenções positivas de ambos os lados, para que Anna se sentisse mais à vontade e pudesse desfrutar da vida sexual com o marido.

Uma das nossas funcionárias tinha a fama de ser uma pessoa "fechada", porque não cumprimentava ninguém quando chegava ao trabalho. Descobrimos que sua intenção positiva era respeitar o horário de trabalho dos colegas. Ela não queria perturbar a concentração de ninguém.

COMO MELHORAR OS RELACIONAMENTOS FAMILIARES

Esse método também é útil aos relacionamentos familiares. Na verdade, a base desse processo foi originalmente desenvolvida por Virginia Satir, uma das pioneiras da terapia familiar. Ela o usou durante muitos anos, antes e depois de Bandler e Grinder terem criado a remodelagem em seis etapas. O capítulo 8 descreve uma variação dessa abordagem com crianças.

Perceber as intenções positivas também pode nos ajudar a lidar melhor com adultos que agem de maneiras que nos chateiam. A pessoa que grita conosco no trânsito está usando a única maneira que conhece para expressar sua frustração e tentar sentir-se melhor. A pessoa que nos passa a perna acredita que tem de fazer isso para sobreviver num mundo que, segundo a sua ótica, é caótico e pouco confiável.

Convidamos o leitor a experimentar partir do pressuposto de que todas as pessoas têm uma intenção positiva. Observe como se sentirá e agirá de outra maneira se partir do pressuposto de que a pessoa que fez algo que o chateou tem um propósito positivo para seu comportamento. Mesmo que ainda não saiba qual é, você pode pressupor que ele existe. E faça a mesma coisa consigo. Cada um dos seus sentimentos também tem um propósito positivo, que você poderá aceitar e transformar em aliado.

RECURSOS E REFERÊNCIAS

1. BANDLER, Richard; GRINDER, John. *Sapos em príncipes – Programação neurolinguística*. 12. ed. São Paulo: Summus, 1982. (Cap. 3, p. 159-219)
2. BANDLER, Richard; GRINDER, John. *Ressignificando – Programação neurolinguística e a transformação do significado*. 8. ed. São Paulo: Summus, 1986.
3. *Six step reframing*. Vídeo. 72 min. Com Connirae Andreas (ver Anexo II). Pode ser adquirido em: <https://www.andreasnlp.com/store/nlp-training-videos/six-step-reframing/>.

Será que você deixará
que sua cabeça sobrepuje
a sabedoria do seu coração?

Lao-Tsé

8. Como criar os filhos de forma positiva

Muitos dos métodos apresentados neste livro servem para sanar ou melhorar certos problemas depois que eles já se instalaram. No entanto, é possível utilizar os mesmos princípios para ajudar os filhos a começarem bem a vida. Os princípios da PNL tornam a tarefa de criar filhos mais agradável e eficaz. Nós mesmos, ao criar nossos filhos, tiramos muito proveito dos métodos específicos da PNL e de outros métodos mais gerais concebidos para ajudar as pessoas a entrarem em contato com a sua sabedoria interior.

Criar filhos pode parecer uma tarefa opressiva, o que nos leva a procurar ajuda de especialistas de modo que possamos simplesmente "seguir as boas regras de criação de filhos". Entretanto, mais importante do que seguir o conselho de especialistas é saber como usar nossa própria experiência — nosso especialista interior. Todos nós temos mais informações do que imaginamos a respeito do estado em que se encontram nossos filhos. Ter acesso a esse conhecimento, mesmo não tendo consciência dele, nos ajuda a encontrar possíveis soluções para os problemas que possam surgir.

COMO TER ACESSO À NOSSA SABEDORIA PARENTAL
Antes de mais nada, procure um lugar calmo, onde possa não ser incomodado por algum tempo. Relaxe e encontre uma posição confortável.

Etapa 1. Pense numa situação difícil com seu filho. Talvez seu filho esteja se comportando de uma maneira com a qual você não sabe lidar ou que o leva à loucura. Você está preocupado ou chateado com algum aspecto dele? Pode escolher algum comportamento ou algo que diga respeito aos sentimentos da criança. Você obterá melhores resultados se escolher algo que acontece com frequência.

Etapa 2. Veja um filme sobre a situação, do seu ponto de vista. Imagine que você está vivendo novamente a situação com seu filho. Comece pelo início, vendo tudo através dos seus próprios olhos, revivendo o que aconteceu. Observe que tipo de informação está disponível para você, como você se sente e o que pode ver e ouvir. Se for algo que não consegue "visualizar", não há problema. Apenas "sinta" que está revivendo a situação do seu ponto de vista, e o método funcionará da mesma forma. Talvez você queira rever vários exemplos da mesma situação.

Etapa 3. Reviva a mesma situação, mas do ponto de vista do seu filho. Veja os filmes da *mesma* situação, mas *do ponto de vista do seu filho*. Volte ao início da situação escolhida na etapa 2. Pare o "filme" um pouco antes de começar. Antes de rever o filme, desta vez olhe para seu filho. Observe a postura dele, a maneira como anda, respira etc. Ouça o som da sua voz. Então, *entre na pele do seu filho*. Torne-se o seu filho. Agora, você anda como ele, respira como ele, sua voz se parece com a dele, você vê o que ele vê e sente o que ele sente. Viva profundamente essa experiência enquanto revê o filme. Se não tiver certeza de que está sendo o seu filho "realmente", tudo bem. Apenas deixe-se levar e observe o que pode aprender.

Leve o tempo que for necessário para reviver a situação *como se fosse o seu filho* e observe que novas informações estão disponíveis para você. Percebe, agora, sentimentos do seu filho que não percebia do seu ponto de vista de adulto? Estando na pele do seu filho, você percebe algo que ele queira ou necessite que não havia percebido antes? O que mais você pode aprender sendo o seu filho? Qual a sua sensação a respeito do que o seu filho está vivendo em seu mundo e da maneira como ele está lidando com isso?

O que você observa em seu próprio comportamento, ao ver a situação do ponto de vista do seu filho? Seu comportamento lhe parece diferente desse novo ponto de vista? Por ora, simplesmente tome nota do que você aprende ao fazer isso. Se achar que parte do seu comportamento parece inadequado, fique contente por ter obtido uma informação nova e útil. Se aprender algo sobre a maneira como o seu filho está se sentindo, alegre-se também.

Etapa 4. Reviva a situação como "observador". Reveja o mesmo filme, porém de um ponto de vista externo. Ouça e veja a experiência de um ponto de vista que lhe permita ver *tanto* você *quanto* o seu filho ao mesmo tempo. Observe a experiência como se estivesse assistindo a um filme como espectador.

Observe o que aprende a partir desse ponto de vista. Consegue notar algo sobre a maneira como você e o seu filho reagem um ao outro? Como são as coisas quando você está do ponto de vista do observador? O que você consegue ver mais claramente a respeito de si mesmo e do seu filho?

Etapa 5. Use a informação. Você acabou de observar a situação problemática de três posições diferentes e muito importantes. Dispõe, agora, de alguma informação que não conseguia perceber antes? Que ideias tem a respeito do seu filho e o que imagina fazer a partir dessa nova informação?

Os pais geralmente obtêm informações muito interessantes quando entram na pele dos filhos, da forma como foi indicada na etapa 3. Às vezes, percebemos o que a criança sente ou quer de maneira diferente. Essa informação é uma mina de ouro para os pais.

Ao mesmo tempo, recomendamos muito cuidado ao usar as informações obtidas com este processo. Ninguém sabe com certeza o que outra pessoa está pensando ou sentindo; portanto, sempre estamos "pressupondo", e é necessário verificar cuidadosamente a nossa impressão. Este processo pode ser de grande utilidade para desenvolver a intuição sobre os sentimentos de outras pessoas, mas não devemos esquecer que são *elas* que sabem mais sobre si mesmas.

Por exemplo, se achar que seu filho quer se sentir seguro, talvez queira proporcionar mais experiências de segurança para ele. Dedique-lhe alguns momentos de tranquilidade à noite, ponha-o no colo, nine-o. Então observe como ele reage. Parece mais calmo e confortado? Seu comportamento muda no dia seguinte, da maneira como você esperava? Se for o caso, talvez você decida continuar com o novo ritual até que a criança perca interesse por ele. Mas, se o seu filho preferir pular do seu colo e brincar no chão, talvez seja necessário tentar outra coisa.

Quase nunca funciona dizer à criança o que acha que ela sente. Mesmo que esteja com a razão, geralmente a criança fica chateada (da mesma forma que um adulto ficaria) quando alguém lhe diz como ela está se sentindo.

O EU, O OUTRO E O OBSERVADOR: O CAMINHO DA SABEDORIA EM MUITAS SITUAÇÕES

A base deste método é levar as pessoas a adotarem três "posições" ou "pontos de vista" básicos em sua vida. Podemos vivenciar qualquer incidente como nós mesmos (o eu), como a outra pessoa que participa da experiência (o outro) ou como uma terceira pessoa (o observador). Em geral, vivemos as experiências do nosso ponto de vista. Isso nos dá acesso a certas informações, mas não a todas as informações disponíveis. Se pararmos para observar as informações disponíveis quando nos tornamos "o outro", ou quando nos tornamos "o observador", conseguimos reunir muito mais informações sobre as quais basear nossas ações e nossos sentimentos. Basicamente, tornamo-nos mais "sábios" à medida que temos acesso a uma quantidade maior de informações. Ser capaz de fazer isso é muito útil não só para a educação dos filhos, como também para criar uma intimidade duradoura com outra pessoa e para construir relacionamentos de negócios que sejam respeitosos e bem-sucedidos.

Talvez algumas dessas posições nos sejam mais familiares do que outras. E esta também pode ser uma informação valiosa. Algumas pessoas quase nunca ou jamais adotam o ponto de vista do "observador". Nesse caso, a maioria das informações novas virá dessa posição. Muitas pessoas gostam de falar sobre suas dificuldades com um amigo, para obterem uma "perspectiva de fora". Quando adotamos o ponto de vista do "observador", podemos oferecer essa perspectiva a nós mesmos.

Algumas pessoas raramente ou nunca adotam o ponto de vista do "outro". Em geral, são consideradas pessoas grosseiras ou que não sabem viver em sociedade. Às vezes, trata-se apenas de não saberem se colocar na posição do "outro" de modo que possam perceber como seu comportamento afeta os demais. Alguém assim sairá ganhando se adotar o ponto de vista do "outro" com mais frequência, porque é a partir dele que outras informações estarão disponíveis. Sempre se disse o quanto é valioso "se colocar no lugar do outro". Este processo nos fornece uma forma direta de adotar essa posição. Com um pouco de prática, esta se tornará uma capacidade harmoniosa de observar a reação de outras pessoas.

Por mais estranho que pareça, existem pessoas que quase nunca vivem a vida como elas mesmas. É como se fossem sempre observadoras, o que as faz parecer "distantes" ou "frias" aos olhos dos outros. Parecem estar sempre pensando a partir do ponto de vista de outra pessoa, nunca do seu próprio. Essas pessoas poderão aproveitar melhor a vida se aprenderem a viver a partir do seu próprio ponto de vista.

Cada um de nós pode se beneficiar de observar qual das posições nos é menos conhecida e adotá-la com mais frequência. Quando conseguimos um maior equilíbrio em nossa capacidade de adotar as três posições, temos três vezes mais informações e sabedoria do que se ficarmos apenas com um dos pontos de vista.

COMUNICAÇÃO NÃO VERBAL COM A CRIANÇA

A maioria dos pais deseja ter uma conexão profunda com seus filhos, e alguns conseguem isso. Você pode usar um processo de comunicação não verbal para criar essa conexão com seu filho — e se surpreenderá ao notar que isso também traz outros benefícios.

Logo que a PNL começou a se desenvolver, descobriu-se que *as pessoas que estão em profundo contato com umas com as outras imitam umas às outras não verbalmente*. Por exemplo, quando duas pessoas estão sentadas num restaurante, profundamente envolvidas uma com a outra, geralmente têm a mesma postura corporal, a mesma cadência e o mesmo tom de voz. Se uma delas começasse de repente a falar muito mais alto, mais baixo, mais rápido ou mais devagar do que a outra, o ritmo uniforme da comunicação seria interrompido.

O bebê que está na fase de emitir sons ficará contente em "conversar" com alguém que use os mesmos sons, o mesmo ritmo e a mesma cadência. Quando uma criança está passando pela fase da timidez, é muito fácil estabelecer uma comunicação com ela sendo "tímidos" também. Quando a criança se esconde atrás da mãe ou do pai, podemos nos "esconder" atrás das mãos. Depois, podemos olhar para ela de maneira desconfiada e voltar a esconder a cabeça atrás das mãos, assim que a criança nos notar. Normalmente, a criança passa a se interessar pela *nossa* timidez, em vez de prestar atenção à sua própria.

Provavelmente você já imita seu filho às vezes. Seria interessante experimentar fazer isso mais vezes em nível não verbal, para ver que impacto tem sobre o relacionamento de vocês. Pode parecer estranho no início, mas depois torna-se automático, e a maioria dos pais sentem-se mais ligados à criança de uma nova maneira. Pode-se reproduzir a respiração da criança, seu tom de voz e seu movimento corporal.

Quando o adulto se comporta assim, a criança inconscientemente sente que está sendo levada em consideração. Todos nós já passamos pela experiência de receber um "sim" quando o comportamento não verbal da pessoa gritava "não". O que pode ser mais acolhedor do que ver uma pessoa aceitar não verbalmente o que dizemos e também *todas* as nossas comunicações — a maneira como respiramos, falamos e nos movemos? Quando reproduzimos a maneira de se comunicar do nosso filho, é como se estivéssemos lhe dizendo: "Eu percebo você. Estou respondendo a você. Reconheço em você uma pessoa especial e diferente de qualquer outro ser humano — e estou respondendo a isso. Estou deixando de ser quem sou neste momento para reproduzir o que você é. Estou *com* você, de uma forma muito básica e essencial".

Já participei de vários cursos para pais nos quais se recomenda que o adulto, quando não sabe mais o que fazer, simplesmente "fique com a criança". É um conselho excelente. E quando sabemos como reproduzir o comportamento não verbal da criança, temos uma maneira *específica* de estar com ela, uma maneira que cria um grande elo de respeito pela pessoa que ela é. Nesses momentos, não estamos fazendo nada para a criança, nem tentando mudá-la. Estamos apenas reconhecendo quem ela é. E que melhor demonstração de aceitação do que *ser* seu filho, tornando-se um espelho da sua respiração, do seu tom de voz etc.?

CONVITE À MUDANÇA GRADATIVA

A partir da ligação e da aceitação que surgem do espelhamento não verbal, a criança pode sentir-se mais receptiva a pequenas mudanças de comportamento. Você estará em melhor posição para estimular mudanças no comportamento do seu filho.

Quando nossos filhos eram bebês, com frequência os carregávamos no colo e reproduzíamos sua respiração, para estabelecer uma comunicação com eles. É difícil respirar tão rápido quanto um bebê, por isso geralmente colocávamos a mão na barriguinha ou nas costas do bebê e deixávamos que ela acompanhasse os movimentos da sua respiração. Às vezes, acariciávamos sua cabecinha ou suas costas, *acompanhando o ritmo da sua respiração*, pressionando a mão a cada expiração. Estávamos respondendo ao bebê de forma não verbal — fazendo-o saber que estávamos "com ele". Em geral, isso tinha um efeito calmante evidente. Quando o bebê chorava, ou ficava

A essência da mente

agitado, começávamos por reproduzir sua respiração. Gradativamente, nossos movimentos tornavam-se mais leves e lentos, levando a criança a um estado de calma. Se ela não quisesse seguir nosso ritmo, não insistíamos. É possível reproduzir a respiração e o movimento dos recém-nascidos. Quando a criança fica mais velha, também podemos reproduzir a cadência e o tom de sua voz, e de outras maneiras. Às vezes, basta apenas reproduzir.

Porém, se quisermos ajudar a criança a passar para um estado emocional mais calmo ou mais capaz, podemos primeiro reproduzir e depois, lentamente, ir modificando o comportamento dela, levando-a a um estado mais calmo e criativo. Deve-se mudar o comportamento num ritmo que a criança consiga acompanhar. Quando a criança passa a nos imitar, entrando num estado de espírito mais calmo e criativo, ela sente o seguinte: "Já entendi, ele está reproduzindo o que estou sentindo. E deve estar tudo bem sentir isso, já que ele está me imitando. Agora, ele está mudando um pouquinho e estou gostando de imitá-lo. Se ele pode ser eu, então posso ser ele e acompanhá-lo para um novo estado de espírito".

COMO DESCOBRIR AS INTENÇÕES POSITIVAS DA CRIANÇA

No capítulo anterior, vimos como funcionava o método da remodelagem em seis etapas, e que descobrir propósitos e intenções positivos, mesmo nos comportamentos mais "negativos", pode nos ajudar a encontrar novas opções.

Isso é particularmente importante e útil na criação dos filhos. Quando nossos filhos se comportam mal, é muito fácil pressupor que há uma intenção negativa. Nos nossos cursos para pais, ouvimos às vezes os pais dizerem: "Meu filho está em uma luta de poder comigo — ele simplesmente quer ter poder". Ou: "Às vezes, parece que meu filho faz de propósito. Ele faz exatamente aquilo que sabe que vai me chatear". É fácil rotular o comportamento da criança como intratável, agressivo ou até mesmo "mau". Se acharmos que nossos filhos têm más intenções, nos tornaremos seus adversários.

Por outro lado, quando partimos do princípio de que nossos filhos sempre têm *intenções positivas,* nossa tarefa fica mais fácil. Em vez de pressupormos que nosso filho quer poder, podemos nos perguntar: "O que o poder traria de positivo para o meu filho?" Ter poder pode ser, para a criança, uma maneira de se sentir mais segura no mundo, mais capaz, ou ter qualquer outro propósito positivo. Mesmo quando não sabemos exatamente qual é o objetivo positivo da criança, o fato de sabermos que ele existe modifica nossos sentimentos e ações em relação a ela. Não precisamos mais estar em guerra contra o mau comportamento de nossos filhos. Ao contrário, podemos nos aliar aos seus objetivos positivos e ajudá-los a encontrar uma forma melhor de conseguir o que querem — formas mais aceitáveis para nós e para os outros. Aqui vai mais um exemplo de como isso funciona:

Quando nossos filhos eram bem pequenos, entrei na sala de estar um dia e vi Mark, de 3 anos, batendo em Loren, que estava então com 1 ano. Como Mark estava batendo forte, intervim rapidamente para evitar que Loren se machucasse.

"Não, Mark!", eu disse, de maneira clara e firme, enquanto separava os dois. "Não quero que bata na Loren."

Ajoelhei-me ao lado de Mark e, mudando completamente o tom de voz, perguntei com delicadeza: "Mark, o que você estava tentando fazer?"

"Quero que a Loren fique longe dos meus blocos de madeira", ele respondeu.

Era compreensível. Com apenas 1 ano de idade, Loren era bastante agitada e achava muito engraçado derrubar os blocos de madeira. "Parece uma boa ideia." Concordei totalmente com a intenção positiva de Mark. "Vamos ver se podemos colocar sua torre em um lugar seguro. Quer que o ajude a colocá-la em cima da mesa, para que a Loren não possa alcançá-la?"

"Quero." Mark achou que era uma boa ideia.

"Assim está bem melhor! Agora você pode construir sua torre e ela estará segura!"

Muitas brigas de crianças são variações desse tema. Quando as crianças não conseguem o que querem, passam a empurrar, bater e gritar. Visto de fora, pode parecer que uma das crianças está sendo má. Do ponto de vista da criança, é a única maneira de conseguir o que quer. Nossa tarefa como pais é respeitar sua intenção positiva e lhe oferecer uma opção melhor para conseguir o que deseja.

AS INTENÇÕES POSITIVAS RESPEITAM TANTO OS FILHOS COMO OS PAIS

Quando uma criança se comporta mal, muitos pais dão apenas o primeiro passo: tentam impedir o comportamento indesejado. Se eu tivesse feito apenas isso com Mark, ele teria se sentido frustrado e ressentido, porque não saberia como proteger sua torre. Era isso que ele queria. Para ele, bater e empurrar era apenas uma maneira de atingir seu objetivo.

Como descobrir as intenções positivas da criança

A ser usado quando a criança se "comporta mal" — correndo o risco de se ferir, machucar alguém ou cometer um ato de vandalismo.

1. Antes de mais nada, limite ou interrompa o comportamento indesejado tão rápida e calmamente quanto possível.
2. Descubra a intenção positiva do comportamento indesejado. "O que você está tentando fazer? O que você deseja?"
3. Concorde com a intenção positiva da criança ou reconheça-a: "É importante proteger os seus brinquedos".
4. Ajude a criança a encontrar outras formas de satisfazer sua intenção positiva. "De que outra maneira você poderia conseguir isso?" Com crianças menores, devem-se mencionar outras possibilidades que a criança possa levar em consideração.

Se somente impedirmos o comportamento indesejado, as crianças aos poucos passarão a pensar que são "más" ou "egoístas". Sentem-se em conflito, porque só têm duas opções: brigar para conseguir o que querem ou serem "boazinhas" e perder algo importante para elas.

Por outro lado, as quatro etapas anteriores nos permitem ajudar a criança a identificar sua intenção positiva e descobrir novas soluções. Os efeitos a longo prazo são:

» A criança se vê como alguém com boas intenções, em vez de uma pessoa "agressiva" ou "má". Isso a ajuda a criar uma autoimagem positiva.
» A criança passa a ver as outras crianças da mesma forma — mesmo quando fazem coisas que a desagradam, estão agindo com boas intenções.
» A criança aprende a pensar automaticamente em soluções alternativas e a usar a sua criatividade sempre que houver um problema.

A CONSTRUÇÃO DA AUTOIMAGEM POSITIVA: PERSONALIDADE *VERSUS* COMPORTAMENTO

É importante saber como falar sobre o comportamento dos filhos para que eles tenham mais facilidade de se comportar e se sentir bem em relação a si mesmos. Infelizmente, a maneira como os pais costumam falar com e sobre seus filhos torna isso mais difícil para a criança (e para os pais também).

Certamente, vocês já ouviram um pai dizer ao filho: "Johnny, quem dera você tivesse mais consideração!", ou "Não sei como consegue ser tão agitado!" Ao falarmos assim com nossos filhos, estamos agindo como se a "desconsideração" e a "agitação" fossem traços permanentes da personalidade deles. Estamos falando como se nossos filhos *fossem* assim. "John tem cabelos castanhos, dois braços e *é* agitado". Chamamos a isso "linguagem da personalidade". Ao ouvir isso, Johnny pode se sentir mal por não ter consideração ou ser agitado; mas, como se trata de algo que ele é, não pode fazer nada a respeito.

Em vez de nos referirmos à *pessoa* de Johnny, podemos simplesmente comentar seu *comportamento*, de forma a mostrar a ele que tem opção de mudar. "Johnny, a vovó não gosta de ninguém correndo pela sala de estar. Se quiser correr, pode ir para o pátio. Se quer ficar aqui conosco, pense numa brincadeira mais calma." Se adotarmos o ponto de vista de Johnny, poderemos perceber que é muito mais fácil reagir a essa observação de forma positiva. Não estamos dizendo que Johnny é alguém que não tem consideração pelos outros ou agitado. Simplesmente estamos falando sobre o *comportamento* dele e mostrando-lhe outras opções. Se quisermos *mudar* o comportamento de nosso filho, isso será mais fácil se falarmos dele como um *comportamento*, e não como algo que faz parte da *personalidade* da criança.

Ao usarmos a linguagem da "personalidade" quando a criança está se comportando bem, podemos ajudá-la a identificar-se com características positivas de personalidade, que a ajudarão a construir uma autoimagem positiva. Chamamos a isso "amor-próprio" ou "autoestima". Alguns exemplos: "Sara, obrigada por dar um brinquedo a Allison. Você sabe dividir suas coisas". "Foi ótima ideia a que você teve, você sempre acha uma solução."

É aconselhável começar com um comportamento específico, para que a criança saiba o que lhe agrada: "Obrigada por ter posto a mesa". Depois, pode-se ajudar a criança a pensar nisso como uma característica sua: "Obrigada por ser tão prestativa". Isso ajuda a criança a achar que é assim que ela é e a se orgulhar disso. Evidentemente, esse tipo de elogio deve ser usado com moderação. Se for usado em excesso, a criança poderá passar a depender demais do elogio e do apoio dos outros, em vez de sentir o prazer inerente a agir de maneira prestativa e respeitosa.

LINGUAGEM TEMPORÁRIA *VERSUS* PERMANENTE

Da mesma maneira, podemos falar do mau comportamento da criança como algo temporário ou permanente. A seguir, damos alguns exemplos da linguagem "permanente": "Você *vive* implicando com sua irmã". *"Toda vez* que lhe peço para fazer alguma coisa, você recusa." "Você está *sempre* batendo nos outros." Se usarmos a linguagem permanente, imutável, a criança recebe a mensagem de que tem um comportamento indesejável, sempre o teve e sempre o terá. Mesmo que a criança *sempre* tenha tido aquele comportamento, a linguagem "permanente" dá a ela a impressão de que não pode mudar.

Por outro lado, se quisermos que o comportamento seja temporário, podemos usar a linguagem "temporária": "Você *está implicando* com sua irmã. Se continuar a fazer isso, terá de ir brincar em outra sala *por um tempo*". "Sei que não está com vontade de fazer isto *agora*. Mas será necessário fazê-lo antes do jantar." "Não quero que bata na Sara. Quer ir brincar em outro lugar onde tenha mais espaço?"

A *linguagem temporária sobre o comportamento* deixa uma porta aberta para que a criança possa mudar. Embora não seja uma solução completa para o problema, oferece uma chance de sucesso quando se usam outros métodos educacionais, como o redirecionamento do comportamento da criança.

QUANDO USAR A LINGUAGEM PERMANENTE

Em geral, quando *queremos* que a criança faça algo com mais frequência, devemos usar a linguagem que pressupõe permanência. Quando *não queremos* que a criança faça algo, devemos descrever seu comportamento como algo temporário. A criança passará a pensar no comportamento negativo como algo temporário e em suas qualidades positivas como permanentes.

Alguns exemplos: "Estão se divertindo? Que bom que vocês se dão bem!" "Obrigada por ficar quieto. Que bom que se comporta assim nos restaurantes". Como nos exemplos anteriores sobre personalidade *versus* comportamento, podemos começar com algo específico e nos referirmos a isso como algo permanente. Quando digo: "Você *fica* tão quieto no restaurante", estou me referindo a esse comportamento como algo *contínuo* e *permanente*. É bem diferente de: "Bem, *até que enfim* você ficou quieto em um restaurante! Quem dera fosse sempre assim". Nesse caso, estou partindo do princípio de que a criança *não* fica sempre quieta: a única razão de eu querer que ela fique quieta é justamente o fato de ela geralmente não ficar.

Embora tenhamos apresentado "comportamento *versus* personalidade" e "temporário *versus* permanente" para simplificar, eles são mais eficientes quando usados em conjunto. *Comportamento* e *temporário*, no caso de mau comportamento; *personalidade* e *permanente*, no caso de comportamentos que queremos incentivar.

RESPEITO À CRIANÇA

Neste capítulo, partimos do pressuposto de que os comportamentos que queremos incentivar são os que beneficiam também a criança e os "maus comportamentos" são os que a tornam infeliz ou lhe criam problemas. Esses métodos não funcionarão se não levarmos em consideração os desejos e as necessidades da criança e simplesmente tentarmos moldá-la dentro de uma ideia rígida de como achamos que ela *deva* ser.

É por isso que começamos este capítulo ensinando a habilidade de colocar-se na pele da criança. Com a experiência de adulto *e* o conhecimento do que é ser uma criança, podemos chegar a soluções adequadas para os problemas. Conhecendo e respeitando o mundo em que a criança vive, podemos lhe mostrar como aprender novas reações e comportamentos que a ajudarão a viver uma vida feliz e satisfatória.

Isso é apenas um pequeno exemplo de como os métodos e as descobertas da PNL podem ajudar as crianças a se tornarem adultos felizes, capazes e responsáveis.

MAIS RECURSOS

1. *Successful parenting*. Seminário em áudio. 4 h 44 min. Com Connirae Andreas. Acompanhado de um manual de 19 páginas. Pode ser adquirido em: <https://www.andreasnlp.com/store/nlp-audio/successful-parenting/>.
2. *Positive parenting I & II*. Vídeo. 102 min. Com Connirae Andreas. Pode ser adquirido em: <https://www.andreasnlp.com/store/nlp-training-videos/positive-parenting-i-ii/>.

9. Como ser firme de maneira respeitosa

Existe uma antiga anedota sobre um senhor que foi ao médico queixando-se de que tinha um movimento intestinal regular, todos os dias, às 8h30 da manhã. O médico ficou surpreso e disse: "Muitos dos meus pacientes idosos adorariam ter um movimento intestinal regular. Por que o senhor acha que isso é um problema?" O paciente respondeu: "O problema é que nunca acordo antes das 9h30!"

Embora seja uma anedota, trata-se de um exemplo do que chamamos de remodelagem de contextos: um comportamento que é bom em um contexto torna-se ruim em outro (e vice-versa). Queremos demonstrar dois pontos com o exemplo acima. Primeiro, a velocidade com que a mente do leitor reavaliou a situação do senhor quando percebeu que ele só acordava após as 9h30 da manhã. Assim que essa informação ficou clara, a imagem interna da situação do idoso mudou *instantaneamente*; o leitor passou a *vê-la* de maneira diferente.

O segundo ponto é que a anedota, assim como a mudança na percepção da pessoa que a leu, é o resultado de uma pressuposição. O fato de que ele acorda após as 9h30 *pressupõe* que ele ainda está na cama às 8h30, embora nada tenha sido *dito* a respeito de ele estar na cama até aquela hora. As pressuposições podem ser usadas para ajudar as pessoas a perceberem situações problemáticas de maneira diferente. Embora pareça que estou apenas "falando" com os clientes de que trataremos neste capítulo, o que digo é sempre dirigido para mudar as pressuposições que criam ou mantêm o problema que eles querem solucionar.

PARA CONSEGUIR UM AUMENTO DE SALÁRIO
Claire, doutora em psicologia, trabalhava num importante hospital-escola de uma grande cidade e também mantinha um consultório médico. Ela começara na clínica de psicologia do hospital-escola onde continuava

trabalhando. Achava seu trabalho satisfatório e compensador e sabia o quanto era importante. Entretanto, não conseguia convencer seu diretor a lhe dar a compensação financeira que outros recebiam.

Claire estava participando em um dos nossos seminários de PNL e nos pediu ajuda para solucionar esse problema. "Quero ser capaz de falar com meus chefes, sobretudo os homens, sobre questões de salário." Ela nos fez esse pedido com um ponto de interrogação na voz. Sem dúvida, sentia-se insegura sobre a possibilidade de conseguir isso.

"Já pedi aumentos antes", explicou, "mas não me senti à vontade e não obtive o que desejava. Isso já aconteceu várias vezes com outros chefes. *Toda vez* que pedi um aumento, nunca o consegui, e a cada vez sinto-me um pouco pior."

Quando lhe pedi mais informações a respeito de sua dificuldade, percebi que Claire começava a se sentir derrotada muito antes de entrar no escritório do diretor: "Um outro funcionário, com uma formação igual à minha, foi contratado três anos depois de mim com um salário bem maior que o meu. Ele não tem o mesmo nível de responsabilidade que eu tenho, e ainda assim tem benefícios maiores — mais tempo de férias, mais possibilidades de viajar e assim por diante. Por isso, da última vez que pedi um aumento, senti como se estivesse jogando com cartas marcadas. É como se houvesse uma série de coisas acumuladas contra mim". (Claire fez uma série de gestos para a direita.)

"Então é assim que você constrói suas imagens internas? De uma série de coisas acumuladas contra você, antes de entrar no escritório do diretor?"

"É", respondeu Claire.

Após várias perguntas, percebi que Claire construía uma série de imagens mentais em que tudo estava contra ela. Quanto mais imagens ela construía, pior se sentia. Fazendo isso antes de entrar no escritório do diretor, era lógico que Claire sentisse que nada daria certo. Antes mesmo de pedir o aumento, fazia que seu pedido parecesse hesitante e pouco convincente.

A pessoa que julga estar fadada ao fracasso passará uma mensagem não verbal diferente da que tem uma atitude mais otimista. Se alguém entra no escritório do diretor achando que seu pedido será recusado, ficará mais fácil para o diretor recusá-lo.

O mesmo acontece em outras áreas de nossa vida. Suponhamos que duas pessoas nos convidem para ir ao cinema. A primeira chega com cara de

A essência da mente

desculpa, com a cabeça baixa, como se esperasse uma recusa e achasse que seu convite não merece ser aceito. Essa atitude nos dá vontade de fazer outra coisa? Imaginemos que a segunda pessoa faça o convite de maneira atraente. Tem um olhar agradável e convidativo e sem dúvida também acha a ideia bastante interessante. Com qual das duas preferiríamos ir ao cinema?

Fiz mais perguntas a Claire sobre o que achava que estava "acumulado contra ela". O homem que, apesar de ter a mesma formação que ela, ganhava um salário maior e tinha um bom relacionamento com o diretor. Os dois saíam para jantar, contavam piadas um ao outro, e o diretor o visitava com frequência. Ela não achava apropriado fazer a mesma coisa.

Claire contou que, além desse problema, o diretor financeiro estava dando falsas informações ao diretor-geral. "Da última vez que pedi um aumento, meu chefe disse: 'Adoraria lhe dar um aumento, você merece. Mas nosso diretor financeiro diz que não temos dinheiro sequer para pagar a conta de telefone este mês'. Quando fui perguntar ao nosso contador, ele me disse que acabáramos de receber 260 mil dólares!"

"E por que você não voltou à sala do diretor e disse: 'Acabo de saber que temos 260 mil dólares. Será que nossa conta de telefone é mais do que isso?'" Claire e o resto do grupo riram.

"É que isso aconteceu pouco antes de eu vir para este seminário. Portanto, ainda não conseguia fazer nada."

Claire continuou a explicar como se sentia mal ao pedir um aumento. "Há muito mais coisas por trás disso. Em todos esses anos, nunca fui tratada com consideração por meus chefes. Quando comecei neste último trabalho, tinha de marcar ponto, fazia muitas horas extras. No final do ano, eles me deviam três meses de horas extras. Mas ignoraram o fato, dizendo: 'Não podemos lhe pagar. De agora em diante, não precisa mais marcar ponto, mas não pagaremos as horas extras que lhe devemos'."

A essa altura, eu já tinha exemplos suficientes sobre a maneira de pensar de Claire para poder ajudá-la a pensar de forma diferente e a se sentir mais confiante.

"Claire, *muitas coisas* desse tipo *aconteceram* no passado. Você não tem apenas *um* exemplo, mas *vários*." Eu disse isso com entusiasmo, como se fosse algo maravilhoso, para que ela ficasse curiosa de saber *em que sentido* era maravilhoso. "A questão é: como seria possível você pegar todos esses exemplos", falei, gesticulando para o local onde ela via todos eles, "e, em vez de pensar que tudo isso é desvantajoso ao começar uma negociação, pensar: 'Ora, tenho *um número imenso* de informações e indícios que apoiam o meu pedido' e tirar disso uma sensação de força e poder?" Embora eu tivesse colocado a questão como se fosse uma pergunta, meu objetivo era que Claire começasse a ver sua história anterior "negativa" sob uma nova perspectiva. Sugeria que ela passasse a pensar em tudo aquilo como uma vantagem. Enquanto eu falava, a observei com atenção, para ver se ela aceitava bem a proposta.

Claire começou a sorrir enquanto me ouvia. Ela estava pensando nos mesmos exemplos que a fizeram sentir-se mal e fracassada antes, mas agora parecia uma pessoa forte. Sem dúvida, estava mudando o *significado* dos acontecimentos anteriores. "É uma boa ideia", falou, com um sorriso.

"É mesmo. Porque, se eles a tivessem tratado injustamente apenas uma vez, poderiam lhe dar uma desculpa qualquer do tipo: 'Bom, isso é por causa daquilo'. Mas, com todo esse histórico, o que eles poderiam dizer?"

"Bem..." Claire deixou que a nova perspectiva tomasse mais forma. Parecia cada vez mais capaz. "Obrigada!"

Expliquei ao grupo: "Claire pensava que todos os exemplos eram um motivo de desesperança, em vez de reconhecer que eles justificam o pedido de aumento e são, ao contrário, uma razão para que ela se sinta bem ao pedir o aumento". Embora eu estivesse me dirigindo ao grupo, o som vai em todas as direções, e meu objetivo era, na verdade, solidificar esse novo significado no contexto da experiência de *Claire*. Falei do problema como se ele fizesse parte do *passado*, e enfatizei, de forma não verbal, sua nova maneira de pensar.

Claire estava rindo. "Obrigada. Já posso até ver o memorando que vou escrever."

Ela parecia sentir-se bem. Mas o que aconteceria se ela continuasse confiante, pedisse o aumento e *ainda assim* recebesse uma resposta negativa? Será que ia se sentir arrasada? Havia uma possibilidade de recusa, e eu queria ter certeza de que Claire tinha uma maneira positiva de lidar com todas as possibilidades. Primeiro, falei com o grupo e observei a reação não verbal de Claire, para ter certeza de que ela estava reagindo bem.

"Queremos que Claire esteja preparada para qualquer possibilidade, não é mesmo? Quando entro numa negociação, gosto de saber qual é o meu limite e ter opções positivas. Assim, não me sinto pressionado a acei-

A essência da mente

tar um acordo que não me seja favorável. Gosto de saber que, aconteça o que acontecer, continuarei tendo boas alternativas, e que no final ficarei numa boa posição."

Antes de mais nada, eu queria ter certeza de que Claire usaria a confiança recém-adquirida de uma forma positiva. "Quando peço algo, gosto de apresentar as informações de que disponho de uma maneira positiva, de modo a me tornar uma aliada da pessoa com quem estou falando. Numa situação como essa, eu diria: 'Estou verdadeiramente comprometida com esta empresa e gostaria de continuar trabalhando aqui. Imagino que você não soubesse disso. Considero muito importante que os funcionários se sintam realmente comprometidos com a empresa, e sei que você também considera. Quero continuar da maneira como tenho sido todos esses anos e é por isso que vim conversar. É importante para mim que isto seja resolvido de uma forma justa tanto para mim como para você'.

"Esse tipo de abordagem tem muito mais possibilidades de sucesso do que uma atitude de queixa ou censura: 'Você já devia ter feito isso há muito tempo etc.' Com essa atitude, terei muito menos chances de conseguir o que quero. Mas, se eu me dirigir às intenções positivas da pessoa e descrever meu pedido como algo benéfico para a empresa, tenho muito mais chances de obter o que quero." Claire concordava com a cabeça.

Eu disse tudo isso para ter certeza de que Claire saberia apresentar seu pedido de forma que possibilitasse uma aceitação, mas também lhe desse opções no caso de receber uma negativa. Ao descrever minha própria experiência, em vez de dizer a Claire o que fazer, eu lhe dei a possibilidade de escolher as partes que ela achasse úteis, deixando o resto de lado.

Depois, quis ter certeza de que ela tinha um plano preparado, mesmo no caso de mais uma vez ver recusado o seu pedido. "Mas, mesmo quando me saio muito bem, não posso garantir que a outra pessoa vá ter uma atitude razoável. O diretor ainda pode responder: 'Bom, mas não concordo com você', sem reconhecer o valor da minha participação, ainda que eu tenha certeza dela. Se isso acontecer, quero estar preparado para que, independentemente do que ele faça, possa me sentir bem."

"Uma opção seria obter informações específicas sobre o que seria necessário fazer para conseguir um aumento de salário. Claire poderia dizer: 'Veja, há algumas coisas que acho importante dizer agora. Não sei quanto valor você dá ao que tenho feito. Mas sei o que significa para mim, e queria que entendesse isso. Porém, se você não dá a isso o mesmo valor que eu, gostaria de saber exatamente o que preciso fazer para que passe a me valorizar mais. O que preciso fazer para obter um aumento de salário?'"

É possível que, embora Claire estivesse trabalhando muito bem, o diretor tivesse observações a fazer a respeito de algum aspecto do seu trabalho que justificassem a recusa de aumentar seu salário. Eu queria ter certeza de que Claire saberia encontrar a prova de que *o diretor* precisava para julgá-la merecedora de um aumento. Então, ela poderia decidir se valia a pena tentar fazer o que ele desejava. Claire continuava a concordar enquanto eu analisava cada uma das possibilidades. Sem dúvida, ela estava acostumada a reunir esse tipo de informação.

"Então, Claire, e se o diretor disser: 'Sinto muito, mas não acho que isso seja suficiente para a empresa'? Você já tem outras opções?"

"Sim, uma delas seria me dedicar mais ao meu consultório particular." Claire passou a mencionar as outras opções, entre elas trabalhar meio expediente no hospital e aumentar o número de horas no consultório particular.

"E essas outras opções lhe parecem mais atraentes, caso o diretor dissesse 'não'?"

"Sim, são mais atraentes."

A maioria de nós às vezes se sente mal quando compara o que acha que outras pessoas *deveriam fazer* com o que elas *estão fazendo*. Como não temos controle direto sobre o que os outros fazem, isso nos coloca em uma posição de inferioridade. Eu estava colocando a situação de forma que Claire pudesse fazer uma comparação *diferente*. Ela iria se sentir mais forte se pensasse em *sua própria opção mais atraente*, em vez de pensar que a diretoria não estava fazendo a coisa certa.

Depois, eu quis saber se faltava algo e pedi a Claire que fizesse outro teste em sua imaginação: "Claire, quero que imagine que vai começar a conversa com seu chefe. Como o fará? Vai marcar uma reunião?"

"Vou. E vou escrever um memorando relatando minha contribuição para o departamento, todo o meu histórico, e propondo o salário que acho justo."

"E acha que vai se sentir mais à vontade e capaz ao fazer isso?"

"Vou me sentir melhor. O que ainda me preocupa é que o diretor financeiro que forneceu aquela informação incorreta vem agindo de maneira falsa há anos, e talvez eu não consiga todas as informações a tempo."

"E você acha que isso é uma limitação?" Mais uma vez, estou tratando a informação como oriunda do ponto de vista de Claire, e não como verdade. Com isso, será mais fácil para ela adotar um ponto de vista mais eficaz.

"Sim, porque não terei acesso à informação quando estiver falando com o diretor. Por exemplo, o caso da conta de telefone. Só depois eu soube o que o diretor financeiro tinha feito."

"Como você pode usar isso a seu favor? O fato de que ele já havia mentido antes?" Eu estava convidando Claire a usar o fato passado para ajudá-la, em vez de pensar nele como um obstáculo.

"Acho que falaria com ele sobre o que aconteceu, dando-lhe o exemplo da conta telefônica. Acho que seria bom começar com isso, porque diminuiria a credibilidade do diretor financeiro. Se ele tiver dado outra desculpa, não terá a mesma credibilidade, porque já mentiu antes." Claire falava com clareza e autoridade. Voltei a me dirigir ao grupo:

"Se Claire achasse que não podia conversar sobre isso, estaria impondo a si mesma uma restrição desnecessária. Então, continuaria a se sentir mal. Mas não se trata de uma restrição para *ela*, porque *ela* não está mentindo." (Claire sorri.) "Ela está colocando as cartas na mesa, e está disposta a falar sobre *qualquer coisa*. Certo, Claire?"

"Sem dúvida! Obrigada."

"E agora, quando pensa em ir em frente e colocar todas as cartas na mesa...?"

"Eu me sinto bem. Sinto-me *muito* bem."

"Claire não pode sair perdendo. Ela tem muitas informações. Ela sabe o que é justo, do seu ponto de vista, e o que quer. E, caso não consiga fazer o diretor entender isso, tem opções melhores. Por que iria querer continuar trabalhando lá se eles não estiverem dispostos a reconhecer sua capacidade e suas habilidades como ela merece? Neste caso, esta opção se tornaria menos atraente. O fato de saber que tem alternativas atraentes para qualquer eventualidade lhe dá a segurança necessária para ser convincente."

"Certo", disse Claire, com confiança.

O que acabamos de fazer é juntar todas as pequenas mudanças de pontos de vista que construí, de modo que Claire possa assimilá-las como um "pacote" completo.

OS RESULTADOS

Oito meses após nossa sessão, falei com Claire e ela relatou o seguinte, com muito entusiasmo:

> Funcionou muito bem. Consegui o aumento praticamente sem o pedir! Quando estava participando de um seminário em Oregon, a empresa passou por um período de transição e um novo diretor-geral foi contratado. No primeiro mês depois que voltei, havia dois diretores-gerais, por causa do período de transição. Aí eu pensei: "Não é o momento de pedir nada". Eu já tinha tudo planejado. Conscientemente, pensei em marcar uma reunião quando tudo voltasse ao normal, e me senti bem com isso. Então, certo dia, quando estava conversando com o novo diretor a respeito de outro assunto, me peguei falando sobre um aumento de salário. Nem tinha planejado. Simplesmente, comecei a falar, com tranquilidade, e ele disse: "É claro que você terá um aumento". Foi o meu primeiro aumento. Depois consegui outro. Numa circunstância parecida, estava conversando com o diretor-geral sobre outro assunto e disse que queria ser promovida a professora assistente. Ele disse: "Claro, vamos fazer algo a esse respeito. Seu cargo na empresa é ridículo". Então, estou prestes a conseguir essa promoção, junto com a qual virá um terceiro aumento de salário.
>
> Acho que tudo isso tem a ver com a minha mudança em relação ao problema que eu tinha com chefes do sexo masculino. Antes da sessão que tivemos, sentia que não merecia tanto quanto os meus superiores homens, mas agora tudo mudou. Há uma energia dentro de mim que me diz que sou capaz e mereço ser recompensada, e essa energia é notada pelas outras pessoas. Não sou insistente a esse respeito, mas sei do que sou capaz e o que mereço. Deixo que minha capacidade venha à tona, e os outros sentem isso.
>
> Por exemplo, eu estava aplicando um método de PNL para ajudar alguns estudantes de medicina a superar a ansiedade causada pelas provas, para que pudessem obter resultados melhores durante os exames do Conselho de Medicina. Há pouco tempo, trabalhei com dois alunos que estavam tão ansiosos quando fizeram os exames regionais que foram reprovados. Eles conheciam a matéria, mas não se saíram bem por causa da ansiedade. Fiz uma sessão de PNL para ajudá-los a superar a ansiedade. Quando fizeram os exames do Conselho Nacional, dois dias depois de terem

fracassado no regional, eles se saíram bem, com notas 86 e 89 de 100. Esse fato chamou a atenção do nosso diretor educacional, que me pediu que apresentasse uma proposta para ensinar o método a todos os nossos alunos. E disse ainda: "É claro que você receberá um aumento de salário por isso".

O QUE APRENDEMOS COM ESSE EXEMPLO

Claire, sem dúvida, tinha competência e capacidade suficiente para justificar seu novo sentimento de autovalorização. Se não tivesse, talvez tivesse perdido o emprego, em vez de obter vários aumentos de salário. Às vezes, as pessoas nos perguntam: "Mas como saber se tenho capacidade e vou conseguir o aumento ou se vou perder o emprego?" Do ponto de vista prático, podemos lidar com essa pergunta mais facilmente se deixarmos de fora a questão do "merecimento". Pensar sobre "o quanto *mereço*" pode me colocar numa posição de superioridade que talvez me faça agir de maneira rígida e arrogante — atitude à qual as outras pessoas não reagiriam bem. Conheço muitas pessoas extremamente capazes e que provavelmente "merecem" ganhar muito mais do que ganham. Houve ocasiões em que achávamos que "merecíamos" ganhar muito mais do que ganhamos. Mesmo que tivéssemos razão, isso não significa que o dinheiro estivesse disponível, ou que as outras pessoas tivessem a mesma percepção de valor que nós.

Em vez de tentar adivinhar "Quanto mereço?", é muito mais simples perguntar: "Quanto alguém estaria disposto a me pagar por isto?" A partir daí, eu poderia simplesmente considerar minhas outras opções e decidir qual delas é a mais atraente. Isso me dá o controle da situação, em vez de depender dos outros.

Há momentos em que escolhemos opções menos lucrativas porque satisfazem a outros critérios importantes para nós: poderemos aprender algo interessante com a experiência, nosso trabalho ajudará a construir algo valioso e útil para as pessoas etc. Mesmo que eu "mereça" mais, se alguém não estiver disposto a me pagar mais, e se essa for a minha melhor opção, então posso me sentir bem aceitando-a, até criar uma opção melhor para mim mesmo.

O que fiz com Claire foi, na verdade, muito simples. Mostrei-lhe como todas as coisas que a faziam sentir-se mal podiam ajudá-la em sua reivindicação. Também me certifiquei de que ela fosse capaz de apresentar seu pedido de maneira positiva, o que lhe daria maiores possibilidades de obter uma resposta favorável. E, por fim, tratei de que ela tivesse alternativas atraentes no caso de ter seu pedido negado, de forma que se sentisse bem a respeito de suas opções, independentemente do que acontecesse.

Em muitos aspectos, isso é o que sempre fazemos em nosso trabalho: encontrar maneiras de usar o passado a nosso favor, corrigindo o nosso comportamento atual para ter mais chances de sucesso e construindo opções positivas para todas as possibilidades futuras.

Todos nós, às vezes, nos sentimos sem opções. Mas, com frequência, isso só é verdade de um certo ponto de vista. Ver as coisas de outros pontos de vista pode nos ajudar a usar os mesmos incidentes de forma positiva.

Muitas vezes nos aconselham a ver o lado positivo das coisas. Entretanto, esse tipo de conselho é ineficaz porque não muda nossas percepções. É desagradável ouvir alguém *dizer* que devemos ver o lado positivo das coisas quando não conseguimos enxergá-lo ou quando isso não nos parece verdadeiro. As ferramentas da PNL nos permitiram usar, de maneira respeitosa, a maneira de pensar de Claire, assim como as informações não verbais que ela nos dava, para tornar esse lado positivo *mais real* para ela do que sua antiga forma de ver a situação. A partir do momento em que isso aconteceu, a nova perspectiva tornou-se uma parte automática de sua maneira de pensar e de agir.

O EX-MARIDO E SUA SEGUNDA MULHER

Roxanne veio me ver, desesperada por encontrar uma maneira melhor de lidar com o ex-marido, Ron, e sua nova esposa, Sara. Roxanne e Ron dividiam a custódia de seus três filhos. Embora o acordo parecesse claro no papel, não era tão claro na prática. Os dois anos que se seguiram ao novo casamento de Ron tinham sido dominados pela raiva, por palavras ferinas, brigas e infelicidade para ambos os lados. Roxanne tentara ser razoável desde o divórcio, ocorrido quatro anos antes, esperando ser tratada da mesma forma pelo ex-marido. Do ponto de vista de Roxanne, sua atitude não estava dando certo: nada estava funcionando. Achava que a pior parte do acordo sempre sobrava para ela, e estava ficando furiosa com isso.

Enquanto ela falava, era óbvio que estava muito chateada com o fato de nada estar dando certo, sobretudo com um incidente recente no qual Sara havia decretado, de maneira arbitrária, algumas restrições sobre o contato de Roxanne com seus três filhos. É muito fácil cair na armadilha do dramalhão, neste caso. Mas, à medida que Roxanne falava, comecei a pensar como poderia ajudá-la a vivenciar a situação de maneira diferente.

"Não quero ficar furiosa quando Sara e Ron tomarem atitudes irracionais", disse Roxanne.

Seu descontrole emocional diante do que Sara e Ron faziam tornava muito difícil lidar com os dois. Mesmo que Sara e Ron fossem as duas pessoas mais irracionais da face da terra, se Roxanne conseguisse sentir-se confiante e tivesse certeza de que suas necessidades e objetivos seriam levados em consideração, ela se sentiria bem melhor.

Ninguém pode controlar completamente o que os outros fazem, e todos nós já nos deparamos com "situações difíceis" em que tudo parecia estar contra nós. Podemos ficar chateados, deprimidos ou com raiva porque "tudo está contra nós", ou encontrar maneiras de obter o que desejamos mesmo quando os outros agem de forma irracional. Tornamo-nos muito mais fortes se observarmos o que podemos controlar e usarmos isso para obter o que queremos do que se nos sentirmos desamparados em relação ao que não podemos controlar. Sempre que possível, ajudo os outros a encontrarem essas opções.

Fiquei contente ao ver que Roxanne já estava focando em ter mais escolhas quanto à sua reação emocional. Primeiro lhe perguntei: "Qual o propósito positivo de ficar com raiva?"

"Bom, preciso ajudar meus filhos a crescerem e a aprenderem", respondeu Roxanne. "Fico irritada quando Sara e Ron interferem. Suponho que meu *propósito positivo* seja certificar-me de que é possível levar meus planos adiante. Em outras palavras, ser capaz de agir como desejo."

"Então, você acha que 'levar seus planos adiante' e 'ser capaz de agir como deseja' são a mesma coisa?", perguntei. Eu esperava que, ao lhe mostrar um pressuposto que ela não havia examinado antes, Roxanne passasse a ver a situação com outros olhos. Queria que ela percebesse que é possível agir como desejamos mesmo quando um plano nosso não pode ser levado a cabo. "Planos" e "ser capaz de agir como se deseja" são duas coisas distintas. Porém, como Roxanne não teve nenhuma reação ao que eu lhe disse, tentei outra abordagem.

"De que forma o fato de não poder levar seus planos adiante permitiria que você agisse *melhor*?", perguntei. Ela pareceu confusa, e tive de repetir a pergunta várias vezes até que ela conseguisse responder. Sua confusão se devia ao fato de eu estar lhe pedindo provas de uma crença *oposta* à que ela tinha. Roxanne ficava incontrolavelmente irritada porque achava que a interferência de Ron e Sara em seus planos fosse uma imensa limitação para ela. Eu estava lhe pedindo que considerasse como isso a *ajudava* a agir como deseja, em vez de limitá-la.

"Suponho que isso estimula a minha capacidade criativa", respondeu finalmente, depois de pensar.

"De que forma isso estimula sua capacidade criativa?", perguntei, para aumentar a experiência de Roxanne em relação ao seu novo ponto de vista.

"Sempre que tenho um problema e não consigo resolvê-lo de imediato, isso estimula a minha capacidade criativa. Acho que isso sempre acontece", disse Roxanne. Ela estava falando e agindo de forma muito mais positiva do que pouco antes.

"Então, isso *sempre* acontece", eu disse, enfatizando o que ela dissera.

"Sempre. Agora estou me sentindo muito melhor", disse Roxanne, num tom de voz mais enfático.

Talvez pareça que estou apenas brincando com as palavras, mas não é verdade. A *experiência* de Roxanne estava se modificando, pois ela estava adotando uma nova crença. Eu queria reforçar ainda mais essa nova crença, dando-lhe novos meios de sustentar sua reação criativa através de seus novos valores.

"De que maneira você acha que, ao demonstrar essa nova reação, ela será positiva e funcionará como um ensinamento para seus filhos?... Por exemplo, sua reação será um exemplo para seus filhos. Eles aprenderão a reagir bem internamente, mesmo que outras pessoas ajam de maneira irracional. Isso é algo que ficará com eles para sempre. Mesmo que você não consiga levar a cabo seus planos imediatos, a longo prazo haverá vantagens. Mesmo que lhe cause um aborrecimento superficial, lá no fundo você saberá que isso pode se transformar em algo positivo para seus filhos com o tempo." Já que Roxanne estava preocupava com o desenvolvimento dos filhos, eu a estava ajudando a criar uma experiência que lhe permitiria usar o que Ron e Sara fizessem para criar um impacto positivo sobre seus filhos. Roxanne concordou e me disse que estava satisfeita com essa nova forma de compreensão.

A transição de Roxanne me parecia boa e rápida demais para ser verdadeira. Como sua reação anterior tinha sido forte e persistente, du-

A essência da mente

rante tantos anos, eu quis verificar se seu problema estava completamente resolvido ou se ainda era necessário fazer algo mais. "Então, ao pensar em toda essa situação, existe algo que poderia impedi-la de se sentir capaz?", perguntei.

"Ainda sinto um pouquinho de pânico e dúvida", ela respondeu, pensativa. "Tenho uma dúvida persistente: 'E se desta vez eu não sobreviver?'."

"Ah, quer dizer que você vai *morrer* porque outra pessoa está agindo de forma irracional?", perguntei. Roxanne havia dito algo muito radical, então exagerei para que ela se desse conta de como aquilo era ridículo.

"Não é bem isso", ela falou, rindo. "É mais como se o mundo estivesse desabando", explicou, mais séria.

"Ah, então não é que você vai *morrer*, é *só* que *o mundo vai desabar?*" Mais uma vez, eu estava exagerando o que ela dissera, com um leve tom de brincadeira na voz e no olhar. Eu a estava convidando a observar o absurdo de algo que um lado dela levava muito a sério. Roxanne sorriu.

"De onde você acha que vem esse pânico?", perguntei.

"Acho que ele vem do fato de eu não cuidar muito bem de mim", confessou. Ela contou sua experiência quando jogava basquete. "Eu peço desculpas e saio do caminho mesmo quando não devo. A vida inteira nunca me permiti ter minhas próprias necessidades. Não me sentia segura em brigar por meus direitos. É como se eu achasse que se alguém quer alguma coisa de mim, tenho que dar."

Sem dúvida, eu acabara de encontrar uma segunda crença que precisava ser transformada para que Roxanne pudesse ter o que queria.

Quando lhe perguntei: "Você acredita que as pessoas têm de ser justas?", ela respondeu que sim.

Já que o conceito de "justiça" geralmente inclui o de igualdade e reciprocidade, essa sua crença podia ser usada para mudar aquela que lhe causava problemas.

"Você acha que todos têm de pensar como você, neste caso? Se alguém quer algo de outras pessoas, elas são obrigadas a dar? É nisso que quer que seus filhos acreditem?"

"Não."

Ao lhe pedir que aplicasse seu padrão a outras pessoas, comecei a diminuir a força da sua crença. Isso geralmente dá certo quando a pessoa tem um conjunto de padrões para si mesma e outro para as outras pessoas.

"O que a faz tão especial a ponto de achar que o que é bom para você não serve para outros?" Já que ela *não* se achava merecedora, reverti o seu pressuposto. Falei como se ela estivesse recebendo um tratamento *especial* e disse que não achava isso justo.

Roxanne riu. "Não sei. Um lado meu sente-se indignado com isso."

"E se você quiser algo de si mesma?", perguntei. "Tem de dar isso *a si mesma?*" Agora, eu estava aplicando a mesma crença de que ela "tinha que dar algo" de uma maneira que ela ainda não tinha aplicado antes — a si mesma, em vez de aos outros.

"Acho que sim", respondeu Roxanne.

"O que você quer de você mesma que deva se dar?"

"Mais respeito; achar que tenho o direito de existir."

Ficou claro que Roxanne sabia do que precisava, mas ainda não estava se dando aquilo. Eu sabia que ainda não havia conseguido a mudança desejada na experiência interna de Roxanne, pois ainda não via a expressão não verbal normalmente encontrada nas pessoas que se amam. Percebi que precisava mudar a abordagem para encontrar um exemplo que a fizesse modificar sua experiência.

"Na verdade, dar aos outros o que eles querem é uma boa regra a ser seguida", falei, fazendo uma pausa para observar o impacto que lhe causara. "Basta entender exatamente o que isso quer dizer. Às vezes, as pessoas confundem o que os outros *dizem* que querem ou pedem com aquilo que desejam *de verdade* — o que realmente vai ajudá-las a ter uma vida melhor." Embora eu estivesse aceitando a sua crença, começava a fazer uma modificação importante no *significado* de "dar aos outros o que eles querem".

"As crianças querem e exigem uma série de coisas. Querem doces, ou querem fazer as coisas à sua maneira. E você sabe que, se fosse dar a elas tudo o que querem, isso não daria certo a longo prazo. Elas estariam sendo educadas para se transformarem no tipo de pessoa que ninguém quer por perto. E isso não é o que elas *realmente* desejam. Essas crianças iam acabar não conseguindo a qualidade de vida que querem de verdade.

"Um adulto irracional não é muito diferente de uma criança irracional. Você sabe como são as pessoas que sempre conseguem o que querem. Como nunca aprenderam a levar em consideração as necessidades dos outros, acabam se tornando adultos que não se dão com outras pessoas e têm muitos problemas por causa disso."

A essência da mente

"É..." Roxanne estava me acompanhando; isso fazia sentido para ela. Sua expressão não verbal havia mudado, mas eu percebia que a nova crença ainda não estava totalmente "fundamentada".

"Da mesma maneira, se você não se posicionar e não estabelecer suas prioridades, é isso que estaria fazendo às pessoas à sua volta— transformando-as em pessoas que acham que todo mundo tem de fazer tudo por elas, sem saber respeitar o outro. E com isso você não estaria ajudando ninguém. Aliás, é a pior coisa que pode acontecer a alguém que já tem dificuldade de levar os outros em consideração."

Primeiro, usei o exemplo das crianças, porque sabia que qualquer mãe o entenderia. Depois, englobei os adultos e outras pessoas em geral, de forma que Roxanne pudesse reagir de modo diferente com *qualquer* um, e não apenas com Sara e Ron.

"Portanto, priorizar as próprias necessidades e vontades é, na verdade, o que todo mundo realmente quer", resumi. "Senão, *eles* não terão qualidade de vida. Isso lhes trará problemas mais tarde." Nesse ponto, Roxanne concordava inteiramente comigo. Seu corpo reagia a essa nova maneira de dar às pessoas o que elas *realmente* queriam. Ela estava assimilando a ideia.

"De que outra forma essa percepção fará diferença para você?" perguntei. Não importava o que ela responderia. Meu objetivo era fazer que *ela* pudesse pressupor sua nova reação e aplicá-la de maneira mais abrangente em outras situações, para fundamentar melhor sua nova maneira de pensar.

OS RESULTADOS

Seis semanas depois, Roxanne contou como estava indo. "Tive *inúmeras* oportunidades de testar o que fizemos!", brincou. "Quando Sara ou Ron faziam algo irracional, eu me sentia completamente diferente. Ria comigo mesma. Na maioria das vezes, era engraçado. O fato de me sentir diferente a respeito do que eles faziam tornou *muito* mais fácil lidar com o aspecto prático da questão e obter o que queria para os meus filhos."

"Outra coisa interessante também aconteceu", continuou Roxanne. "Desde pequena, eu tinha um pesadelo que se repetia. Nunca conseguia me lembrar exatamente do que acontecia, mas sentia que ia ficando cada vez pior, até que acordava me sentindo péssima. Depois do meu divórcio, tive mais sonhos do mesmo tipo. Após a nossa sessão, tive o mesmo sonho, só que a sensação foi boa. De certa forma, é o mesmo sonho, só que eu tinha a sensação de que era capaz e acordei com uma sensação boa." Interpretei a mudança no sonho de Roxanne como uma confirmação do seu inconsciente de que uma mudança importante e profunda havia ocorrido.

Nos meses seguintes, Roxanne ainda teve certas dificuldades ao lidar com Ron e Sara e algumas decisões difíceis a tomar. Entretanto, havia dado um passo importante para construir uma base mais sólida para si mesma. Ao mudar a maneira de pensar sobre si mesma, Roxanne sentiu-se mais capaz, e esse sentimento a ajudou a lidar melhor com suas dificuldades.

O tipo de pergunta que fiz a Roxanne é um aspecto importante no campo da PNL. Usar a linguagem dessa forma específica pode transformar rapidamente nossas crenças e nos fazer chegar a novos pontos de vista. Quando vemos as coisas de forma diferente, nossos problemas tendem a desaparecer. Da mesma forma que mudamos rapidamente nosso ponto de vista sobre o idoso da anedota que contei no início do capítulo, também podemos modificar nossa perspectiva e nossos sentimentos a respeito da nossa vida. Essas mudanças não são dolorosas ou longas. Exigem apenas que tenhamos uma forma diferente de perceber os fatos que realmente faça sentido para nós.

10. Como superar a dor da perda

Quatro anos depois de romper o namoro com Sheri, Al ainda pensava nela. Quase um ano depois do rompimento, ouviu dizer que ela ia se casar. Foi à prefeitura olhar os proclamas, e, quando não achou o seu nome, pensou: "Ainda tenho uma chance". Ele saía pouco com outras mulheres. Sempre que passava pela avenida Sheridan, o nome de Sheri ainda o perturbava.

Começamos a estudar o processo de luto em 1984. Desenvolvemos um método eficiente para superar a dor da perda, baseado nas pessoas que conseguiam vencê-la espontaneamente, sem saber como o faziam. Como muitas outras pessoas já haviam sido ajudadas por esse método, pareceu-nos que Al também poderia se beneficiar dele.

Primeiro, pedi a Al que pensasse em Sheri e me dissesse de que maneira pensava nela. Ele a viu numa fotografia pequena, levemente à sua direita. "É uma foto escura e deprimente. Não gosto de olhar para ela."

"O que você vê na foto?"

"Vejo o momento em que terminamos. Foi a última vez que a vi."

As pessoas em geral se lembram dos momentos ruins que tiveram com alguém por quem já foram apaixonadas. Isso faz que o desejo diminua, mas as mantém distantes dos sentimentos positivos que tinham pela pessoa e as impede de superar o luto.

"Veja o que acontece quando você muda a imagem e passa a ver os momentos especiais que teve com Sheri, quando tudo estava bem…"

"É menos deprimente, mas sinto-me ainda mais atraído. É isso que eu queria ter de volta — os bons tempos."

Esta maneira de pensar é típica de quem que perdeu alguém: uma imagem pequena, distante, inacessível. É o que causa a sensação de vazio. Podemos ver a pessoa, mas à distância, o que nos impossibilita de ter os bons sentimentos que sentíamos por ela.

Depois, pedi a Al que deixasse de lado a imagem por alguns minutos. "Agora, pense em uma pessoa que não faz mais parte da sua vida, mas que, quando pensa nela, você se sente bem — tem a sensação de *presença* ou *completude*, em vez de vazio. De que forma você pensa nessa pessoa?" Al imaginou seu antigo colega de escola, Fred, à sua esquerda, em tamanho natural e em movimento. E disse: "Nossa, assim é bem melhor!"

Insisti, para ter certeza de que ele realmente se sentia *em contato* com o amigo. "Você sente quase como se Fred estivesse aqui na sala com você? Sente que está com ele, embora ele não faça mais parte da sua vida?"

"Sinto. É quase como se ele estivesse nesta sala."

Al acabava de me mostrar como *seu* cérebro codificava a experiência de alguém que ele realmente "perdera", mas de quem ainda tinha a sensação positiva de "presença". A imagem ficava num local determinado, tinha tamanho natural e se movimentava. Esta seria a informação-chave para ajudá-lo a resolver a perda de Sheri. "Você gostaria de ser capaz de pensar em Sheri da mesma forma, para voltar a ter os bons sentimentos que vivenciou com ela, em vez desse vazio deprimente?"

"Seria bom ter aquele sentimento agradável de volta. Mas isso não me impediria de conhecer outras mulheres?"

"É uma boa observação. Sem dúvida, você não quer simplesmente ficar sentado em casa, tendo bons sentimentos em relação a Sheri. Na verdade, quando terminarmos, você terá ainda *mais* vontade de conhecer outras mulheres. Pensar em Fred como você pensa não o impediu de ter outros amigos, não é?" Al concordou que não.

"Entretanto, pensar em Sheri da maneira como tem pensado manteve-o preso a ela e o impediu de conhecer outras mulheres. O processo que iniciaremos agora vai lhe permitir recuperar os bons sentimentos em relação a Sheri, como os que já tem com Fred. Aqueles eram os *seus* bons sentimentos, e você merece tê-los, no lugar do desejo e do vazio que sente agora. E, o que é mais importante, posteriormente usaremos esses bons sentimentos como um guia para o novo relacionamento que deseja construir com outra pessoa no futuro."

"Parece-me ótimo", disse Al, concordando em ir adiante, porém ainda um pouco em dúvida sobre se conseguiria realmente mudar alguma coisa.

"Perfeito. Agora, quero que pense em uma das ocasiões mais especiais que teve com Sheri, quando tudo ia bem... Depois, quero que a veja em

A essência da mente

tamanho natural e em movimento, à sua esquerda, no mesmo local em que viu Fred. Pense nela *da mesma maneira* como pensou em Fred, quase como se ela estivesse aqui na sala com você."

Al começou a rir e a relaxar, sem dúvida alguma sentindo-se melhor. "Sinto-me bem. Há muito tempo não me sentia assim... Com certeza, agora sinto-me diferente em relação a ela."

"Mesmo que não se relacione mais com Sheri, ainda pode guardar com você esses bons sentimentos". Fizemos outros testes, que confirmaram que Al se sentia mais à vontade ao pensar e falar sobre Sheri. Seu cérebro a tinha catalogado de outra maneira — não como alguém que nos provoca tristeza, mas, como Fred, alguém sobre quem nos sentimos bem. A PNL nos possibilita conhecer a maneira como nosso cérebro *codifica* nossas experiências, e é isso que nos permite fazer mudanças de maneira tão rápida.

Seria tentador parar neste ponto, pois Al já tinha aprendido a substituir seu sentimento de vazio pelos sentimentos agradáveis de carinho e amor quando pensava em Sheri.

Entretanto, ele talvez tentasse repetir sua experiência com Sheri em novos relacionamentos. No romance Lolita, um homem de 40 anos ainda tentava encontrar uma substituta ideal para a menina de 13 anos que ele amara mais de 25 anos antes. Não se pode substituir *a pessoa* que se perdeu, mas é possível desenvolver um novo relacionamento que tenha muitas das mesmas *qualidades* que se tinha com a pessoa anterior.

O próximo passo ajudaria Al a ir mais fundo ao preservar os benefícios de seu relacionamento anterior com Sheri. Com ele, Al poderia usar sua experiência anterior para iniciar e desenvolver novos relacionamentos amorosos. Isso é o que fazem as pessoas que se recuperam espontaneamente de perdas trágicas.

"Quero que feche os olhos e reveja todos os bons momentos que teve com Sheri — esqueça os ruins, pois não são importantes agora. Enquanto faz isso, quero que pense nos *valores* que sentiu durante o relacionamento. As pessoas valorizam coisas diferentes num relacionamento. Algumas valorizam o afeto e a intimidade; outras, uma amizade menos intensa, mas que permita uma convivência agradável. Algumas valorizam a espontaneidade e a variedade, e outras dão valor à confiança e à constância. O humor, a inteligência e a vivacidade são outros elementos valorizados num relacionamento. Algumas pessoas acham que certos relacionamentos lhes permitem gostar mais de si mesmas, e *isso* era parte do que valorizavam...

"Enquanto identifica os diferentes valores de seu relacionamento com Sheri, quero que os imagine em outro lugar. Essa nova imagem pode ser mais simbólica ou abstrata, mas deve manter a essência das experiências especiais que teve com ela."

"Vejo uma luz branca que impregna tudo o que toca", disse Al.

"Ótimo. Agora, em um terceiro lugar, quero que imagine que forma esses valores podem ter no seu futuro. Como você poderá satisfazer esses mesmos valores com outra pessoa? Essa imagem pode ser um pouco vaga e obscura, porque você ainda não sabe quem irá conhecer e amar no futuro, mas deve ter essa mesma luz branca e calorosa. Imaginar que você poderá vivenciar os mesmos valores com outra pessoa vai direcionar sua atenção para procurar outras mulheres e descobrir o tipo de relacionamento satisfatório que poderá criar com cada uma delas..."

"Já entendi. Isso me deixa mais esperançoso."

"Agora, pegue essa imagem e multiplique-a, como se fosse um baralho de cartas. Ao multiplicar-se, cada carta pode ficar um pouco diferente da outra, mas todas terão a mesma luz branca e calorosa, preservando a essência do tipo de relacionamento que você deseja desenvolver...

"Quando tiver o baralho de cartas completo, quero que o jogue em direção ao futuro, para que as cartas se espalhem. Algumas ficarão perto de você, outras mais distantes. Mesmo espalhadas, você poderá ver a luz branca e calorosa em cada uma delas, brilhando como uma pequena estrela..."

"Isso é incrível. Posso realmente ver as luzes brilhantes."

"Perfeito. Agora, quero que pense em Sheri da maneira como fazia antes, numa imagem pequena e escura, e veja se recupera o antigo sentimento de perda..."

"Não consigo fazê-lo. Posso ver a imagem rapidamente, mas logo volto a pensar nas luzes brilhantes do futuro."

Todo o processo levou cerca de 20 minutos. Para outro exemplo e as diretrizes do processo, veja o vídeo *Resolving grief* [Como superar a dor da perda][1].

OS RESULTADOS OBTIDOS POR AL

Algumas semanas depois, Al entrou em contato conosco e nos relatou várias mudanças interessantes. Uma semana depois da nossa sessão, ele se viu conversando à vontade com um amigo de Sheri, a quem anteriormente evitava. Voltou a sair com mulheres e estava gostando muito. No fim, disse algo que era uma demonstração fascinante de que as mudanças tinham sido para valer. Disse que ficava imaginando o que aconteceria da próxima vez que passasse pela avenida Sheridan. Quando passou por ela, a palavra que lhe saltou aos olhos na placa foi "rid" [libertar-se], em vez de "Sheri"!

Algumas semanas depois, Al usou o processo de superação do luto para modificar seu sentimento em relação a duas antigas namoradas. Sempre ficamos felizes quando alguém aprende o suficiente sobre o método para usá-lo sem nossa ajuda.

No ano seguinte, Al continuou a sair com outras mulheres e teve um relacionamento sério com Julie, com quem vinha saindo havia seis meses. Ele contou: "Este último ano foi incrível. Nunca imaginei que uma única sessão breve pudesse ter tanto impacto."

Logo depois disso, Al telefonou nervoso e quase chorando. Julie tinha-lhe dito que "queria que fossem apenas bons amigos" — ela estava saindo com outra pessoa. Desde então, Al estava preocupado e tinha dificuldade em pegar no sono. Embora conhecesse o método de superação do luto, não o tinha utilizado, achando que pudesse impedir qualquer possibilidade de um dia reatar com Julie. Eu o tranquilizei, afirmando que o processo não apenas o faria sentir-se melhor, como também o tornaria mais confiante e sensato, caso ela mostrasse interesse em retomar o relacionamento. (Ver a sessão sobre "preparação para a perda", adiante, neste capítulo.)

Uma semana depois, ele telefonou, dizendo que se sentia bem melhor. Na noite em que passou pelo processo de superação do luto, teve um sonho agradável em vez dos sonhos confusos e angustiados que vinha tendo. Em um mês, era a primeira vez que isso acontecia. Havia conversado com Julie pelo telefone, e sentia-se calmo e confiante. Haviam combinado um encontro num café.

Nenhum de nós pode evitar as perdas. Al aprendeu uma maneira criativa de lidar com as suas. A cada vez que começa um novo relacionamento, leva consigo os valores dos relacionamentos anteriores. Quando aprendemos isso, podemos usar todas as nossas experiências para construir relacionamentos cada vez melhores.

MUITOS TIPOS DE PERDA PODEM SER RESOLVIDOS

Como a perda é uma experiência por que todo mundo passa, tivemos oportunidade de usar este método de superação do luto para resolver uma grande variedade de perdas, em geral em apenas uma sessão. Entre os vários casos que tivemos, havia uma jovem mãe que deu seu bebê para adoção, uma mãe cujo filho adulto se suicidou e homens e mulheres que perderam entes queridos em desastres ou acidentes terríveis. Em praticamente todos os casos, nosso cliente sentiu um grande alívio e foi capaz de se reconectar com a pessoa que havia perdido e com o *valor* daquele relacionamento.

Embora a maioria de nós pense em perda em relação a pessoas, existem muitas outras perdas que podem ser solucionadas com este método. A perda de um bichinho de estimação, um anel, uma casa, um trabalho, uma habilidade — tudo isso pode ser tão devastador para algumas pessoas quanto a perda de um relacionamento.

Usamos este método com atletas acidentados que não podiam mais praticar seu esporte predileto e com pessoas que haviam perdido o emprego, a casa ou o país de origem. Tem sido muito gratificante poder ajudar essas pessoas tão rapidamente.

Três meses depois de ter ajudado uma senhora a superar o sofrimento pela morte da mãe, seu marido me escreveu:

> Apenas um bilhetinho para dizer o quanto estou grato por ter ajudado minha mulher a superar o luto. Ambos lhe agradecemos por sua delicadeza, seu tempo, seu carinho e sua preocupação genuína.
> Desde a sessão que teve com ela, minha esposa foi capaz de aceitar a morte da mãe e, literalmente, colocou o luto dentro de uma nova perspectiva. Ela está lidando bem melhor com o estresse e, em decorrência disso, o estresse sumiu do nosso trabalho e do nosso casamento. Mais uma vez, muito obrigado. Desejo a você e aos seus saúde, bem-estar e uma vida melhor, através da PNL.

Quando criança, Ruth tinha uma grande amiga com quem brincava o tempo todo. Essa intimidade era muito importante para as duas meninas. Então, a amiga de Ruth teve de se mudar para outro estado. "Era como se um *pedaço de mim* tivesse ido embora. Desde então, sinto muita falta dela", explicou. Ela havia tentado inúmeras abordagens terapêuticas para tentar resolver essa perda, sem sucesso. Vários meses depois de ter aplicado o método de superação do luto, Ruth comentou: "Depois de tantos anos, é bom finalmente ter conseguido lidar com essa dor e superá-la". A comoção na voz de Ruth confirmava a profundidade do que ela dizia.

A essência da mente

Seis semanas antes de eu conhecer Anita, ela havia perdido as três pessoas a quem mais era ligada. E tudo acontecera em apenas três dias. No dia 6 de maio, seu chefe morreu num acidente de carro; no dia 7, ela perdeu a mãe; e no dia 8, o noivo, que estava na África fazendo experiências de comunicação com animais, foi engolido por um leão! Não é de admirar que Anita se queixasse de um vazio em sua vida. Perguntei-lhe qual das mortes era a mais difícil de aceitar e a guiei através do método de superação do luto. Quando terminamos, ela me olhou pensativa e disse: "Posso fazer o mesmo no caso das outras duas, não é?" Depois, Anita contou que a aplicação do método tinha feito uma enorme diferença em sua vida.

PERDA DE UM SONHO
Descobrimos que este método é muito útil quando alguém está sofrendo por não ter conseguido concretizar um sonho muito grande. Uma mulher que descobre que não pode ter o filho que tanto desejava ou um homem de negócios, em plena "crise de meia-idade", que se dá conta de que suas expectativas de sucesso provavelmente não serão concretizadas podem sofrer tanto quanto alguém que perdeu um filho ou um emprego de alto nível.

Quando esses sonhos perdidos são tão vívidos quanto as lembranças das pessoas que perderam algo concreto, produzem os mesmos sentimentos de vazio e perda. O método de superação do luto usado com os *sonhos* pode ajudar as pessoas a vivenciarem o sonho como um recurso constante, com a mesma força que ele teria se tivesse se concretizado.

USO DO MÉTODO EM MAUS-TRATOS SOFRIDOS NA INFÂNCIA
Chegamos a usar este método com pessoas que sofreram maus-tratos quando crianças e choravam a perda de uma infância feliz que jamais tiveram. Quando um dos pais morre, a pessoa perde o relacionamento positivo que tinha, e também a esperança de vir a ter o relacionamento amoroso e carinhoso que tanto desejava.

Muitos profissionais a quem ensinamos este método o estão aplicando em pessoas que foram maltratadas física ou sexualmente. O método permite que elas recuperem o relacionamento carinhoso que tanto lhes fez falta durante o seu desenvolvimento. Isso fornece uma base vivencial para um sentimento de autoestima e bem-estar.

Dentre as várias instituições que estão utilizando o nosso método, uma é a clínica psiquiátrica sem fins lucrativos Our Lady of Peace [Nossa Senhora da Paz], em Louisville, Kentucky. A dra. Mary Ellen Zuverink, responsável pelo treinamento da equipe hospitalar no método de superação do luto, me disse:

Temos usado o método de superação do luto em nossa instituição com imenso sucesso. Temos trabalhado com os casos mais difíceis, e, se funciona com essas pessoas, pode funcionar com *qualquer pessoa*.
Uma jovem sofria de depressão e de tendências suicidas por ter perdido a mãe. Era filha de um alcoólatra, e quando criança tinha sido maltratada pela mãe e torturada pelos irmãos. Sua vida em geral tinha sido muito ruim. Após ter passado pelo processo de superação do luto, tudo mudou para ela. "Sinto-me como se tivesse feito um transplante do coração", disse. Isso foi há cerca de sete meses, e hoje ela está em ótima forma. Acaba de vir me visitar e disse que o método foi responsável pela sua mudança. Ao sair do hospital, já se sentia bem, e está melhor ainda agora.

A dra. Mary Ellen deu outros exemplos de pacientes com vários tipos de problemas e que haviam sofrido grandes perdas. "Depois que cuidamos da questão da perda, muitos dos outros problemas simplesmente desaparecem", disse a médica. "Estou muito satisfeita com que você esteja fazendo este tipo de trabalho. É realmente necessário. Sinto-me feliz por poder ensinar este método a outras pessoas."
Ela também contou que os resultados do método mudaram a maneira de pensar dos funcionários da instituição sobre o que é possível fazer. "Vimos os resultados — como as pessoas conseguem mudar tão rapidamente." Como se trata de um grande hospital psiquiátrico, muitas vidas estão sendo beneficiadas por esse método.

QUANTO TEMPO DURA O LUTO?

A maioria dos livros especializados diz que, para superar o luto, a pessoa "deve" passar por quatro ou cinco estágios durante um certo período. Vários autores enumeram estágios que variam pouco de um para outro; em geral, incluem negação, raiva e negociação, antes de se chegar à aceitação.

Muitas vezes, essa "aceitação" é mais uma resignação do que a decisão criativa que observamos as pessoas alcançarem.

Sem dúvida, isso é o que acontecia com as pessoas antigamente, mas tem pouco a ver com o que é possível hoje. Afirmar que *tem de ser* dessa maneira é pensar como as pessoas que, no século passado, diziam que voar era impossível, porque nunca havia sido feito. Sempre houve aqueles que conseguiram superar suas perdas de maneira rápida e criativa. Observando *como* essas pessoas excepcionais conseguiram lidar com o luto, descobrimos os elementos-chave e como ensinar outras pessoas a utilizá-los. Descobrimos que uma longa espera simplesmente não é necessária — ocorre apenas porque não se sabe o que fazer.

O fato de o luto ser tratado de maneira diferente em diversas culturas também demonstra que o tempo necessário não é fixo. Os irlandeses fazem uma "vigília", onde amigos e parentes conversam sobre o morto e festejam durante três dias. Após esse período, os sobreviventes se "recuperam" da perda. No outro extremo, em algumas culturas a viúva deve prantear a morte do marido durante um número específico de anos e, em alguns casos, pelo resto da vida.

Já conseguimos usar este método com sucesso até no mesmo dia da perda. Evidentemente, não forçamos ninguém a fazer isso. Não há um intervalo de tempo necessário; o que é necessário é compreender a estrutura mental da dor e da perda, a fim de modificá-la.

COMO AS PESSOAS PENSAM NA PERDA

A variedade de maneiras com que as pessoas pensam sobre alguém que se foi é fascinante. Antes de continuar a ler, o leitor talvez ache interessante fazer uma pausa e observar como representa alguém que tenha perdido...

Todo mundo usa uma variação do tema "Está aqui, mas não está *realmente*". Uma das maneiras é ver a pessoa, porém de uma forma "insubstancial" — transparente, achatada, sobrevoando o ambiente, em uma foto etc. Talvez se veja a forma da pessoa na cama, ou as marcas dos seus passos na relva, mas não há ninguém. Talvez nos vejamos com a pessoa que se foi à distância, e nesse caso funcionamos apenas como observadores; não estamos com a pessoa que perdemos, para rememorar os bons sentimentos que um dia partilhamos. Um homem lembrava-se de uma grande amiga ouvindo sua voz ao telefone. Mas a voz era fraca, como um velho disco na vitrola, e não a de uma pessoa em carne e osso.

Quando eliminamos o sentimento de perda, pensamos na pessoa que se foi quase da mesma forma que pensamos nas que ainda fazem parte da nossa vida. É como se, de certa maneira, ela continuasse "viva para nós", mesmo sabendo que já morreu ou foi embora. Existe melhor maneira de honrar aqueles que foram importantes em nossa vida do que carregar conosco o *valor* daquilo que eles deixaram... e continuar vivendo para partilhar esse sentimento com outras pessoas?

QUANDO, ALÉM DA PERDA, HÁ TRAUMA

Quando se perde alguém de forma dolorosa ou trágica — num acidente ou de doença grave —, é quase sempre necessário usar o método de cura rápida da fobia (ver capítulo 6), juntamente com o processo de superação do luto. Recentemente, fiz uma sessão com um homem cuja esposa morrera de câncer seis meses antes. Ele e a esposa aproveitaram incrivelmente o tempo que lhes restava juntos, fazendo as coisas de que gostavam, relembrando os bons momentos que partilharam e reforçando o amor que sentiam um pelo outro. Entretanto, houve muitas lembranças desagradáveis à medida que o câncer progredia e ela ficava mais doente, até que entrou em coma.

Pedi a ele que revisse aquele período e separasse com cuidado todos os bons momentos que queria preservar e reverenciar daqueles momentos que poderia deixar para trás. Primeiro, usei a cura rápida de fobia com os momentos desagradáveis, e depois o método de superação do luto com os momentos especiais que ele desejava reverenciar e guardar na lembrança. Isso fez que ele se distanciasse do que era desagradável e retomasse as experiências valiosas que havia tido com a esposa.

PREPARAÇÃO PARA A PERDA: RESTABELECER O PODER PESSOAL

Uma variação deste método é útil para o que chamamos de "preparação para a perda": um processo que prepara as pessoas para uma perda que vai acontecer. Isso é particularmente útil para quem tem amigos idosos ou doentes, ou está prestes a se divorciar.

A preparação para a perda fortalece as pessoas para os acontecimentos futuros, de forma que elas possam lidar de maneira mais adequada e respeitosa com alguém que está morrendo ou indo embora. Sem essa preparação para a perda, as pessoas ficam tão envolvidas na sua dor que não são capazes de ajudar aquele que está morrendo — não é justo sobrecarregá-lo com

A essência da mente

o ônus adicional de ajudar os parentes e amigos a aceitarem sua morte! Um especialista em PNL usa este método praticamente todos os dias em pacientes que sofrem de Aids, seus parentes e amigos.

A preparação para a perda também pode ser útil para qualquer tipo de perda iminente, como um divórcio, por exemplo. Ao lidar previamente com a perda, podemos nos sentir fortes e capazes, em vez de desesperados e desesperançados. Isso nos dá uma base emocional muito melhor para lidarmos com os problemas práticos da separação. E pode, às vezes, criar as condições para uma possível reconciliação.

Como um bônus surpresa, descobrimos que a preparação para a perda é útil até para casais que planejam continuar juntos! Fortalece o relacionamento e elimina qualquer tipo de dependência decorrente de pensamentos como "Não posso viver sem você".

Ron, por exemplo, estava descontente com o forte ciúme que sentia da namorada. Depois que um especialista em PNL usou o método com ele, o ciúme desapareceu. Ele não tinha mais a sensação de que a namorada era a "única" pessoa capaz de lhe proporcionar experiências valiosas. Portanto, deixou de se sentir dependente e desamparado. A preparação para a perda lhe mostrou que as experiências valiosas estavam *dentro dele*. Ron conseguia apreciar ainda mais a namorada sem se prender desesperadamente a ela. Ficou mais feliz, porque se sentia mais completo como pessoa, e a namorada também ficou mais feliz, porque ele deixou de se preocupar com ela o tempo todo.

Louise sentia-se chateada com a possibilidade de perder o namorado. Como ele ainda não havia assumido um compromisso mais sério, ela se sentia vulnerável. Esse sentimento interferia no relacionamento. Para Louise, era um "grande problema". Após usar o método de preparação para a perda, ela nos enviou um bilhete:

> Muito obrigada pela atenção e ajuda que me deu. Depois de resolvido, o "grande problema" parece tão bobo! É incrível como nosso cérebro aprende rápido se tiver a ajuda adequada.

Eu e Steve já nos preparamos para a perda dos nossos filhos e outros parentes e amigos. Achamos que ter consciência de que eles talvez não estejam conosco amanhã faz que o tempo que temos com eles se torne ainda mais especial e precioso. Quando perdeu a mãe, há três anos, Steve passou uma manhã sozinho, em quietude, reconectando-se com os momentos especiais que tiveram juntos, e depois seguiu em frente com sua vida. Mesmo a morte pode se tornar uma celebração da vida.

Além de nos ajudar a superar o luto e a lidar com os problemas práticos da perda, este método nos dá uma sensação saudável de poder pessoal e independência, criando a capacidade de plantarmos solidamente os pés no chão e estendermos os braços para as outras pessoas.

RECURSOS E REFERÊNCIAS

1. *Resolving grief*. Vídeo. 54 min. Com Connirae Andreas. Pode ser adquirido em: <https://www.andreasnlp.com/store/nlp-training-videos/how-to-resolve-grief/>.
2. Um artigo intitulado "Resolving grief" [Como superar a dor da perda] está disponível em: <https://steveandreas.com/resolving-grief-2/>.

Não foi com uma sensação de distância,
e sim com o coração cheio de alegria,
que pude me lembrar dele.

H. C. Beeching

11. A estratégia das pessoas naturalmente esbeltas

Talvez você esteja fazendo ou já tenha feito dieta para emagrecer, ou tenha amigos ou parentes que estão sempre tentando perder peso e mantê-lo. Muitas pessoas que fazem dieta lutam a vida toda para perder peso, enquanto outras mantêm-se esbeltas sem nenhum esforço.

FATORES PARA A PERDA DE PESO

Os problemas de peso podem resultar de inúmeras causas. Um dos pontos básicos para ajudar a emagrecer é adotar a estratégia alimentar das pessoas naturalmente esbeltas, que será apresentada posteriormente neste capítulo. Se quiser perder peso, talvez esta estratégia alimentar seja a única coisa que lhe falta. Pelo menos, será um primeiro passo para você se tornar uma pessoa naturalmente esbelta. Alguns dos que querem emagrecer já possuem esta estratégia, e só precisam de outras mudanças para alcançar seu objetivo. Em outros casos, aprender esta estratégia alimentar é um passo importante, mas outras mudanças também são necessárias.

Por exemplo, alguns às vezes comem demais quando estão infelizes ou estressados, porque comer é uma forma simples de ter prazer na vida. Lidar com a infelicidade ou reduzir o estresse em geral elimina a necessidade de comer demais. Muitos dos métodos descritos neste livro podem ser usados para este fim.

Outros comem razoavelmente bem, mas não fazem exercícios físicos suficientes para manter o peso. Encontrar uma maneira prazerosa de se exercitar, e que combine com o seu estilo de vida, é um fator importante. A motivação positiva, sobre a qual falaremos mais no capítulo 14, também pode ser útil.

Algumas pessoas não têm uma maneira positiva de reagir a cantadas sexuais. Estar acima do peso, e deixar de ser atraente por isso, pode ser uma maneira eficaz de evitar tais situações. Quando se aprende a reagir bem ao flerte, e a dizer "não" com firmeza quando necessário, a necessidade de ter um peso acima do normal desaparece.

Estes são apenas alguns dos fatores associados com problemas de peso. *Já que cada pessoa é única, nossa abordagem é sempre descobrir o que fará diferença em cada caso.* Como a estratégia alimentar das pessoas naturalmente esbeltas oferece uma base para uma perda de peso adequada e fácil, nós a apresentaremos com mais detalhes. Posteriormente, neste capítulo, daremos um guia passo a passo, para que o leitor possa treinar e aprender a estratégia sozinho.

DESCOBRIR A ESTRATÉGIA PARA SE TORNAR NATURALMENTE ESBELTO

Quando eu estava na faculdade, às vezes me diziam: "Nossa, você tem *sorte* de ser tão magra! Eu não sou assim. Meu tipo físico é outro". Essas pessoas achavam que ser "magro" ou "gordo" era um acidente genético que não podiam controlar, e na época eu também acreditava nisso. Só voltei a pensar no assunto muitos anos depois, em 1979, quando estava ensinando estratégias de PNL num seminário.

Quase por acaso, descobri a estratégia ou "sequência de pensamento" que possibilita às pessoas tornarem-se naturalmente esbeltas. Conheci uma mulher que queria uma estratégia para decidir quando e o que comer. Clara estava mais de 50 kg acima do seu peso e queria emagrecer. Sua sequência de pensamento era muito curta, e mostrava claramente por que ela era tão obesa: Ver a comida — comer. Eu não acreditava muito que uma pessoa quisesse comer *sempre* que visse comida; então resolvi fazer um teste com Clara. Havia um pouco de comida na sala onde estávamos dando o seminário, e, de fato, assim que ela viu a comida, sentiu-se impelida a comer. Ela não levou em consideração se estava ou não com fome, se a comida era ou não gostosa, se comer a afetaria ou não.

Comecei a criar uma estratégia alternativa para Clara, a fim de lhe dar uma melhor maneira de selecionar quando e o que comer. Meu objetivo era que ela tivesse uma maneira de se manter naturalmente esbelta. Mais tarde, pensando no assunto, dei-me conta de que usara minha própria estratégia! Era isso que tinha funcionado para mim durante anos. Nos últimos dez anos, ensinamos muitas outras pessoas a usar esta estratégia para selecionar o que comer, e recebemos informações de que elas perderam peso naturalmente, sem esforço.

A maioria dos estudos sobre obesidade examinam as pessoas que têm *dificuldade* para emagrecer e como elas reagem a diversas dietas e métodos terapêuticos. Ao contrário, muitos dos padrões de PNL foram criados na tentativa de descobrir o que fazem as pessoas que conseguem manter o peso com facilidade. Uma vez que descobrimos isso, foi possível ensinar essa habilidade aos outros.

As pessoas naturalmente esbeltas não se sentem obrigadas a ser magras. Não se sentem mal por "ter deixado de comer bem" e não restringem sua dieta. As que estão de dieta fazem tudo isso. Em vez de travar uma batalha constante com a comida, é muito mais fácil aprender a pensar e reagir da maneira como as pessoas naturalmente esbeltas fazem. A partir de nossas observações, pudemos verificar que a maioria das pessoas naturalmente esbeltas fazem o que eu faço, e as pessoas que têm problema de peso não. Eis o método que eu uso.

ESTRATÉGIA ALIMENTAR DAS PESSOAS NATURALMENTE ESBELTAS

1. Em primeiro lugar, algo me faz pensar em comida. Os motivos podem ser vários: percebo que está na hora do almoço, alguém fala em comer, sinto fome ou vejo comida.
2. Verifico como está o meu estômago.
3. Pergunto-me: "O que cairia bem no meu estômago?"
4. Visualizo um alimento qualquer: um sanduíche, um prato de sopa, uma salada etc.
5. Imagino que estou ingerindo qualquer um desses alimentos. Penso no gosto da comida, sinto o alimento descendo pelo estômago e depois imagino como essa quantidade do alimento escolhido *vai "bater" mais tarde no meu estômago se eu o comer agora.*
6. Se achar que essa sensação posterior é melhor do que não comer nada, mantenho o alimento como uma possibilidade. Se não, deixo-o de lado.
7. Depois, visualizo outro alimento que poderia ingerir.
8. Imagino que estou provando este segundo alimento, sinto-o descer para o meu estômago e ficar dentro do meu organismo nas horas seguintes.
9. Observo minha sensação. Gosto mais desta segunda escolha? Se for o caso, mantenho este segundo alimento na mente, para compará-lo à minha próxima escolha.

10. Repito os passos 7, 8 e 9 várias vezes, sempre pensando no tipo de alimento que me daria a melhor sensação após tê-lo ingerido. E comparo cada nova possibilidade com as anteriores.
11. Quando sinto que já comparei um número suficiente de opções, como o alimento que me fará sentir melhor após tê-lo ingerido.

Quem é naturalmente esbelto poderá estar pensando: "Mas isso é óbvio. De que outra forma alguém escolheria o que comer?" Mas quem tem problema de peso raciocina de outra maneira. Talvez pense: "E o que a faz deixar de comer chocolate, sorvete e outras comidas que engordam?!"

A resposta é "nada". De vez em quando, como alimentos que engordam, em geral em pequenas porções. Nada *me impede* de comer alimentos que engordam. Entretanto, normalmente não tenho vontade de comê-los, pois, quando paramos para pensar, a maioria das comidas que engordam *nos fazem sentir pior algum tempo depois.* Se me imagino comendo um prato inteiro de rodelas de cebola frita, a sensação de ter de digeri-las a tarde toda não é nada convidativa. Se penso em comer vários potes de sorvete na hora do almoço, imaginar o sorvete no meu estômago pelo resto da tarde me dá a mesma sensação desagradável, pesada.

Por outro lado, se imagino um prato de sopa de legumes e a sensação que *este* alimento vai causar no meu estômago e no meu organismo pelo resto da tarde, sinto-me bem melhor. No meu caso, esta experiência é muito mais atraente, e é por isso que em geral a escolho.

É claro que cada pessoa reage de maneira diferente a diferentes tipos de comida. Um sanduíche de peru ou uma salada de camarão podem fazer alguém sentir-se bem o resto da tarde. Devemos nos lembrar que o que nos faz bem num dia pode não nos fazer bem no dia seguinte. Nosso corpo muda à medida que reagimos aos acontecimentos: o que comemos no dia anterior, nossas atividades, se temos dormido o suficiente, se estamos com frio ou calor etc. Qualquer alimento será mais atraente se não o tivermos comido três dias seguidos.

O QUE FAZER QUANDO SE COME DEMAIS?

Outra diferença entre as pessoas naturalmente esbeltas e as que estão sempre fazendo dieta reside no que elas fazem quando comem demais algum alimento que engorda. Todo mundo exagera de vez em quando. Quando as pessoas que estão de dieta comem demais, geralmente pensam: "Não consegui me controlar. Acho que sou um glutão. Vou ser gordo a vida toda, então é melhor me acostumar. Como não consigo seguir uma dieta, é melhor comer o que quiser e saborear a comida". Uma forte sensação de depressão ou de baixa autoestima mantém vivo esse padrão.

Por outro lado, eis um exemplo do que fazem as pessoas naturalmente esbeltas quando comem em excesso. Recentemente, demos uma festa em nossa casa, com jantar e várias sobremesas. Comi demais, muito mais do que como normalmente. Quando a festa acabou, notei que estava *enfastiada* – não apenas satisfeita, como fico normalmente, mesmo quando como bastante. Passei o resto da noite consciente do desconforto em meu estômago. "Que bom que estou sentindo isso", pensei. "Não vou mais comer dessa maneira durante um bom tempo." *A experiência de ter comido em excesso deu-me a informação de que eu precisava para me motivar a comer de forma mais moderada no futuro.* No dia seguinte, quando pensava no que comer, escolhia apenas pequenas quantidades de alimentos que continham pouca ou nenhuma gordura ou açúcar. Não porque achasse que *tinha* de comer esse tipo de comida; elas me atraíam naturalmente naquele momento.

POR QUE FUNCIONA

A estratégia alimentar das pessoas naturalmente esbeltas baseia-se em *sensações boas* – mais prazer e menos proibições. Quando se começa a pensar como as pessoas naturalmente esbeltas, não é mais necessário usar "obrigações" e "regras" para se obrigar a comer de forma a perder peso. Aqueles que comem demais em geral prestam atenção *apenas* ao gosto agradável da comida. Por outro lado, a estratégia alimentar das pessoas naturalmente esbeltas ensina a pensar no que vai nos proporcionar *a melhor sensação a longo prazo*. Comer sorvete demais pode ser agradável na hora, mas, se imaginarmos como o estômago e o organismo vão se sentir depois de um excesso de açúcar e gordura, perceberemos que *a longo prazo* não é tão agradável assim.

Essa estratégia funciona mesmo quando não contamos as calorias. Nosso corpo se lembra da reação a algo que já ingeriu. Isso cria uma *motivação interna* automática para comer bem — porque, no fim das contas, é *mais agradável* comer dessa maneira.

A DIFERENÇA ENTRE ESTAR COM FOME E OUTRAS SENSAÇÕES

Greta queria perder peso e não tinha encontrado uma dieta que funcionasse para ela. Quando lhe falei da estratégia alimentar das pessoas naturalmente esbeltas, demonstrou interesse. Ela não acreditava que fosse possível perder peso sem esforço, mas achou que valia a pena tentar. Se funcionasse, seria um alívio.

Comecei ensinando a Greta os passos indicados anteriormente. "Imagine-se num restaurante, enquanto pensa o que vai almoçar. Leia o primeiro item do cardápio. O que é?"

"Um burrito", respondeu.

"Muito bem. Imagine um burrito... Agora, imagine que está comendo o burrito e sinta como ele ficaria no seu estômago pelo resto da tarde." Prestei atenção aos sinais não verbais de Greta, para saber se estava seguindo minhas indicações, usando a parte do seu cérebro capaz de seguir cada um dos passos. Ela saiu-se bem até o passo sobre a "sensação".

"Quer que eu sinta se estou ou não saciada?", perguntou.

"Não se trata de saber se está saciada ou não", respondi. "Trata-se do *tipo* de sensação que você tem no estômago. Se comer um burrito com recheio de queijo e creme azedo, a sensação será muito diferente da que teria se comesse um prato de legumes no vapor."

Greta parecia confusa. "Não sei do que você está falando", disse. "Acho que nunca percebi uma diferença de sensações. Sei a diferença entre me sentir bem ou mal, ou desconfortável. Se me sinto desconfortável, então como."

Algumas pessoas que comem demais são como Greta. Nunca aprenderam a diferenciar os vários tipos de sensações. Nem aprenderam a diferenciar o tipo de vazio que significa "estou me sentindo só" da sensação de fome, que é um sinal para comer. Levei algum tempo para ajudar Greta a diferenciar suas várias sensações emocionais.

"Se todas as suas sensações emocionais estiverem classificadas em dois grandes blocos, 'boas' ou 'más', quando se sentir mal não saberá o que fazer para se sentir melhor. Não saberá quando comer, quando convidar um amigo para um cinema ou quando fazer qualquer outra coisa que satisfaça suas necessidades", eu disse. "Você passará a perceber a diferença se prestar atenção aos *sinais* internos, se observar que *ações* que a fazem sentir-se melhor. Se tiver uma sensação desagradável e visitar um amigo a fizer sentir-se melhor, você começará a reconhecer esse tipo de desconforto como um sinal para visitar um amigo. Se sentir uma sensação desagradável e depois de comer a sensação *ainda* continuar, provavelmente a sensação não era de fome. É um sinal de que deseja outra coisa. Talvez esteja com raiva de alguma coisa e precise resolver essa questão. Talvez esteja entediada e queira fazer algo interessante ou empolgante."

Greta compreendia o que eu dizia e começava a diferenciar a sensação de fome das demais. Mesmo assim, ainda tinha dúvidas. "Nunca fiz isso antes; portanto, não tenho experiência. Não sei a sensação dos diferentes tipos de comida no meu estômago. Então como vou aprender e comer dessa maneira?", perguntou.

"Neste momento, enquanto está aprendendo a estratégia, pode supor como seu estômago vai reagir a cada alimento a longo prazo. Não importa se vai acertar ou não, desde que use o sinal posterior para rever suas hipóteses. Após ter ingerido um alimento, observe como se sente. E a cada vez que se alimentar perceberá melhor o tipo de sensação que cada alimento provoca."

Expliquei a Greta que, com o tempo, fui ficando cada vez mais específica em minhas previsões. Quando era mais jovem, muitas vezes comia demais, ou comia alimentos que me faziam mal depois. Esse tipo de experiência era exatamente do que eu precisava para ter mais informações a respeito de como certos alimentos me fariam sentir no futuro. De vez em quando, eu até sabia que um alimento ia me causar desconforto, mas esse meu "conhecimento" não era muito real ou suficientemente forte. Sempre que comia demais e observava como meu corpo reagia, eu tinha uma experiência profunda do desconforto que me levava a pensar duas vezes antes de ingerir aquele alimento em excesso novamente. Todo mundo aprende com a experiência. E qualquer erro de previsão deve ser motivo de alegria, porque nos dará mais experiência no futuro.

Passamos mais algum tempo repetindo o processo para que se tornasse automático para Greta. Prestei atenção às pistas não verbais (ver Anexo I) que indicavam que ela estava realizando cada uma das etapas de maneira adequada.

Cerca de um ano e meio depois, Greta nos contou que sua nova estratégia de alimentação tinha dado resultados. Havia perdido peso rapidamente, sem esforço. Embora tivesse, uma ou duas vezes, comido em excesso, conseguira interromper o processo, passando a comer pequenas quantidades durante vários dias, para que seu estômago voltasse ao tamanho normal. A partir daí, foi mais fácil para ela observar como seu estômago reagia aos diferentes tipos de comida.

QUAL É O PESO NORMAL?
Quando alguém usa a estratégia alimentar das pessoas naturalmente esbeltas, passa a manter o seu peso "normal". Esse peso varia de pessoa a pessoa, dependendo de fatores genéticos, do nível de atividade e da maneira de pensar. A ideia de que alguns de nós temos um "peso predeterminado" ao qual nosso corpo retornará é bastante difundida na literatura sobre controle de peso. Achamos que esse "peso predeterminado" muda quando se adota uma nova estratégia alimentar. Quase sempre, as pessoas passam a ter um peso "normal" mais baixo.

ADAPTAÇÃO ÀS ALERGIAS ALIMENTARES
Aqueles que sofrem de alergias alimentares ou de doenças que exijam uma dieta especial, como o diabetes, também podem usar outros critérios para selecionar ou evitar certos alimentos. Porém, contanto que os efeitos nocivos não sejam muito graves e ocorram dentro de algumas horas, esta estratégia alimentar funciona bem. Se alguém tem alergia a milho, por exemplo, e imagina como irá se sentir a médio prazo se comer milho, poderá notar as reações alérgicas, perceber como são desagradáveis e escolher outro alimento. Esta estratégia ajudará as pessoas que são alérgicas ou sensíveis a alguns tipos de alimento a evitá-los, sem criar conflito interno. (Ver também capítulo 4, "Como eliminar reações alérgicas".)

COMO RECUPERAR A SENSAÇÃO CORPORAL
Greg me pediu que o ajudasse a aprender a estratégia alimentar das pessoas naturalmente esbeltas, porque conhecia pessoas que tinham obtido bons resultados com ela. Quando comecei a ensiná-lo a estratégia, ele foi logo dizendo que não poderia aprendê-la, pois não sentia nada do pescoço para baixo.

Experiências muito traumáticas na infância fizeram que Greg "decidisse", ainda muito jovem, que não valia a pena ter sensações corporais. Era necessário, primeiro, cuidar dessas experiências emocionais do passado; só então ele se sentiria seguro para voltar a ter sensações corporais. Usei os métodos descritos nos capítulos 3 e 6 para lidar com sua infância traumática. Isso lhe trouxe outros benefícios, que foram ainda mais importantes do que a perda de peso.

PASSOS DA ESTRATÉGIA ALIMENTAR DAS PESSOAS NATURALMENTE ESBELTAS

É possível adquirir a capacidade de escolher melhor os alimentos. Seguindo com cuidado todos os passos apresentados a seguir, você poderá alimentar-se como fazem as pessoas naturalmente esbeltas.

1. Encontre um lugar onde possa ficar durante 20 minutos sem ser interrompido.
2. Pense primeiro em como você sabe que está na hora de se alimentar. É quando vê a comida? Quando ouve alguém dizer que é hora de comer? Quando olha para o relógio e vê que está na hora do almoço? Quando sente fome? Você também pode imaginar que está sentado à mesa onde se encontra a comida, olhando dentro da geladeira ou examinando um cardápio.
3. Preste atenção à sensação no seu estômago. Observe a *qualidade* da sensação. Não se trata apenas de saber se está saciado ou com fome, mas como se sente o seu estômago. A sensação será diferente dependendo do que comeu da última vez, se está tenso ou relaxado etc.
4. Pergunte-se: "O que cairia bem no meu estômago agora?" Não precisa dizer isso em voz alta, apenas pense na pergunta.
5. Pense num determinado alimento, algo que poderia comer. Imagine um sanduíche de peru, um doce, um prato de sopa de legumes, uma salada, ou qualquer outra coisa.
6. Agora, imagine que está comendo uma porção do alimento escolhido. Se pensou no sanduíche de peru, sinta o gosto do sanduíche e perceba a sensação enquanto a comida desce para o seu estômago. Pense em como se sentirá quando o sanduíche estiver no seu estômago e como seu corpo se sentirá nas horas seguintes.
7. Agora, compare essa sensação com a que tinha no estômago antes de imaginar que estava se alimentando. Qual das duas sensações prefere? Será que, depois de um tempo, você vai se sentir melhor tendo comido o sanduíche do que se tivesse ficado sem comer? Se a resposta for positiva, mantenha a possibilidade de comer o sanduíche. Se for negativa,

descarte a possibilidade. Observe que está decidindo com base naquilo que lhe dará maior prazer a médio prazo. Não há motivo para comer algo que o faria sentir-se pior pelo resto do dia.
8. Agora, visualize outro alimento. Talvez um doce.
9. Agora você vai descobrir se quer *realmente* comer o doce. Imagine-se comendo o doce e sinta-o descendo para o seu estômago. Observe a sensação de estar com o doce no estômago nas horas que se seguem. Como se sente?
10. Compare a sensação do passo 9 com a melhor sensação que teve até agora (passo 7). Como esta sensação se compara com a que teria tido caso tivesse comido o sanduíche? Qual das duas sensações é mais agradável? Qual das duas o faz sentir-se melhor? Guarde na mente o alimento que lhe dá a melhor sensação a médio prazo.
11. Repita o mesmo processo (passos 8, 9 e 10) com outros alimentos. A cada vez, guarde na mente o alimento que o faz sentir-se melhor durante mais tempo.
12. Quando tiver comparado um número razoável de alimentos, de forma que o processo se torne natural, decida qual alimento lhe parece melhor. Agora, imagine que está comendo o alimento escolhido e sinta a satisfação que ele lhe proporciona.

REPETIÇÃO EXTRA

O método básico já foi exposto. Para ter certeza de que continuará a usá-lo de maneira automática, você deve imaginar cada um dos passos em várias situações diferentes. Imagine-se no seu restaurante predileto. Retome cada um dos passos, para escolher o que vai comer nessa situação. Depois, imagine-se em uma festa, e repita os passos. Imagine-se tomando café da manhã em casa, e repita os passos. Quando os passos se tornarem naturais, é um sinal de que o processo está se tornando automático e de que você poderá aplicá-lo no futuro da mesma maneira automática como antigamente escolhia a comida.

Agora, pense em alguma situação específica na qual comia em excesso no passado. Há pessoas que comem demais em festas; outras, apenas quando estão sozinhas. Outras só comem em excesso um determinado tipo de comida: sorvetes, chocolates, pizza, comida chinesa etc. Repita os passos em qualquer situação na qual costumava comer em excesso, para ter certeza de que a nova estratégia também foi assimilada naquela situação.

SABER QUANDO PARAR DE COMER

A mesma estratégia permite saber quando parar de comer. Sempre que estiver prestes a comer outro bocado, imagine como seu estômago vai se sentir dali a pouco. Você deve parar assim que perceber que o próximo bocado o fará sentir-se mais desconfortável do que se sente agora. Esta é uma maneira natural de parar de comer ao se sentir saciado. Quando este processo tiver se tornado um hábito, acontecerá rapidamente, sem que você tenha de parar para pensar no assunto.

Há pessoas que acham que devem comer tudo o que está no prato. Muitas comem tudo para "não jogar comida fora", mas esquecem de que a comida que não vai parar no lixo vai parar na cintura! Se você pensa assim, pode *comer pequenas porções*, para sentir-se à vontade para repetir até ficar saciado. Outra maneira de lidar com essa situação é usar pratos pequenos. Pode parecer bobagem, mas ajuda a comer menos. É mais difícil colocar muita comida em um prato pequeno, e assim é menos provável que se coma algo "só porque está no prato". É claro que sempre é possível repetir, mesmo com o prato pequeno, mas neste caso trata-se de uma decisão consciente, e não de uma compulsão automática.

OBSERVAR OS RESULTADOS

Após ter aprendido a estratégia alimentar das pessoas naturalmente esbeltas, é necessário observar como ela está funcionando. Na maioria dos casos, este método *não* provoca uma grande perda de peso, que geralmente não é duradoura. O resultado é uma perda gradativa que se mantém.

Como já dissemos antes, a perda de peso está sujeita a muitos fatores. Quando todos eles funcionam, a pessoa se mantém naturalmente esbelta. Se a estratégia alimentar das pessoas naturalmente esbeltas é o único elemento que falta, aprendê-la vai ajudar a emagrecer. E se outros elementos estiverem faltando, será mais fácil notá-los.

OUTROS MÉTODOS DE PNL PARA PERDER PESO

O padrão *swish*, apresentado nos capítulos 16 e 17, pode ajudar a melhorar a autoestima e a estabelecer objetivos para facilitar a perda de peso. A motivação positiva (capítulo 14) ou um futuro propulsor (capítulo 18) são fatores essenciais para alguns. Às vezes, o excesso de peso tem um propósito positivo (ganho secundário), como o desejo de ser independente de pais que se preocupam com o excesso de peso. Nesse caso, a remodelagem em seis etapas (capítulo 7) oferece alternativas positivas. No capítulo 15, relatamos a jornada de uma mulher para atingir o seu peso ideal.

Às vezes, uma única sessão levará à perda de peso. Entretanto, se vários outros fatores que facilitam a manutenção do peso estiverem faltando, o sucesso dependerá de se aprender, pacientemente, uma habilidade após a outra, até que todas as habilidades necessárias tenham sido adquiridas.

Nunca resisto à tentação,
porque descobri que as coisas ruins não me tentam.

George Bernard Shaw

12. Como resolver conflitos internos

Joe era um estudante de teologia que trabalhava à noite numa loja de conveniência. Tinha a compulsão de ficar folheando revistas pornográficas quando não havia ninguém por perto e não conseguia parar de fazer isso. Estava com medo de que o chefe o pegasse olhando as revistas durante o expediente. E mais medo ainda de que alguém da faculdade de teologia ficasse sabendo. Embora tivesse tentado várias terapias, nada tinha conseguido mudar sua atitude. Imaginava se não estaria possuído pelo diabo e tinha medo de perder totalmente o controle.

Quando alguém como Joe se sente levado a fazer algo que não quer fazer em nível consciente, partimos do princípio de que um "lado inconsciente" o faz agir assim. Quando dizemos "inconsciente", simplesmente queremos dizer que Joe não percebe ou não tem consciência desse seu lado. E partimos do princípio de que se trata de um lado *dele*, e não de um ser estranho ou demoníaco que o controla.

Partimos também de outro pressuposto importante: o de que todos os lados de uma pessoa têm *intenções* ou *propósitos* positivos — mesmo que o comportamento seja nocivo ou destrutivo. A importância desse pressuposto ficará mais clara quando continuarmos relatando o caso de Joe.

Quando perguntei a Joe que benefício as revistas lhe davam, ele respondeu que não sabia. Elas o excitavam um pouco, mas ele tinha outras maneiras de conseguir satisfação sexual. Era casado e estava contente com sua vida sexual. Achava que não havia *nada* de útil em folhear as revistas — um lado ruim o obrigava e ele não conseguia parar.

A maneira como Joe falava do problema mostrou que esse seu lado era muito forte e bastante separado dele. Joe não considerava essa compulsão parte de si mesmo.

Conscientemente, ele nada sabia sobre esse seu lado, a não ser que o fazia folhear revistas pornográficas. Portanto, de nada adiantava fazer perguntas a Joe. A única maneira de reunir informações sobre a utilidade do seu comportamento compulsivo era buscar um nível menos consciente (inconsciente). Uma forma de ter acesso a esse nível é a visualização.

"Joe, quero que visualize o seu lado que o faz folhear revistas pornográficas. Diga-me em qual das mãos quer colocar esse seu lado."

"Na minha mão direita. Bem aqui."

"Ótimo. Quando esticar a mão direita, esse seu lado poderá começar a tomar forma. (Continuei lenta e suavemente.) Esse seu lado é muito poderoso e importante para você. Aliás, tão poderoso que você nem se deu conta, em nível consciente, do seu propósito positivo. Agora que ele começa a tomar forma, diga-me o que vê..."

No início desse processo de descoberta, aparentemente estou falando com Joe. Entretanto, também estou me comunicando com esse seu lado que o faz folhear revistas pornográficas. Joe havia alienado de si esse lado, lutado contra ele. Via-o como uma coisa má. Enquanto falava com Joe, eu estava começando a estabelecer contato com esse seu lado, respeitando o seu poder e pressupondo que suas intenções são positivas.

"Eu me vejo olhando as revistas", disse Joe.

"Muito bem, olhe bem os detalhes desse seu lado. Observe a expressão do seu rosto, a maneira como anda etc." (Ao fazer isso, a postura e a expressão de Joe mudam bastante, pois ele começa a assumir, do ponto de vista comportamental, o que sente quando é levado a folhear as revistas.) "E quando conseguir ver bem esse seu lado, quero que pergunte a ele qual a sua intenção positiva quando o faz folhear revistas pornográficas... O que ele responde?"

"A imagem não diz nada. Não estou ouvindo nenhuma resposta."

Não havia dúvida de que eu precisava ir mais longe para estabelecer contato com aquele lado de Joe, para que se dispusesse a se comunicar com ele. Mais uma vez, embora pareça estar falando com Joe, o que quero basicamente é conversar com aquele lado dele.

"Bom, quero que continue a observar esse seu lado, enquanto damos a ele tempo de pensar no que há de positivo em lhe fazer folhear as revistas. Talvez ele comece a se lembrar de momentos e lugares em que o fez agir assim, até perceber plenamente qual a sua intenção positiva...

"Enquanto esse seu lado faz isso, quero lhe contar sobre uma pessoa que comia de forma compulsiva. Sei que não será exatamente esse o seu caso, pois cada lado tem seus próprios objetivos e sua própria maneira de agir. Gostaria de dar a esse seu lado um exemplo do que quero dizer quando lhe pergunto sobre sua intenção positiva. Essa pessoa que comia compulsivamente perguntou ao seu lado o que ele queria de bom para ela. Descobrimos que ela vinha de uma família de militares e tinha sido criada de uma maneira muito rígida, com muitas regras e proibições. Esse seu lado que a fazia comer não queria que ela apenas seguisse regras. Queria que ela fosse capaz de recusar essas regras, fizesse o que tivesse vontade de fazer e fosse independente." Assim que acabei de falar, Joe teve uma *forte* reação não verbal. Fez um movimento brusco, suas costas ficaram mais retas e seu rosto, mais vermelho.

"É isso mesmo!", disse Joe enfaticamente. "Este é o meu lado que não quer seguir regras! Quer que eu seja eu mesmo. Preocupo-me demais com o que os outros pensam. Meus pais sempre quiseram que eu fizesse o que era certo... O meu lado está concordando com o que digo! Ele diz que é isso mesmo."

"Ótimo. E agora, agradeça ao seu lado por lhe dar essa confirmação. E agradeça-lhe por estar aqui, interessado em ajudá-lo a ser você mesmo. Parece-me uma atitude muito positiva. Você também acha que é positiva?"

Sempre que conseguimos uma cooperação de um lado nosso, é importante lhe agradecer de imediato. Mesmo que Joe não esteja pronto para agradecer, estou deixando claro que *eu* agradeço e reconheço a sua colaboração.

"Bom, não gosto do que ele *faz*."

"Claro que não. Você não gosta *nem um pouco* do comportamento dele. Mas não acha bom ter um lado seu que quer que você seja você mesmo?"

"É, acho."

"Muito bem. Diga a esse seu lado, silenciosamente, ou de qualquer outra maneira que ache adequada, que concorda inteiramente com o seu *propósito*..."

Joe começa a agradecer em silêncio, e noto que seu rosto e seu corpo ficam um pouco mais relaxados, e um leve sorriso surge em seu rosto. Posso ver que Joe agradeceu ao seu lado, e que ele reagiu de forma positiva. Esse é um passo muito importante para acabar com o conflito que o dividia. Agora, preciso ajudá-lo a entender bem a intenção positiva do seu lado mais consciente.

"Agora, mantenha esse seu lado na mão direita e olhe para a mão esquerda. Como você descreveria a parte que está ali — o lado oposto àquele que o faz folhear revistas pornográficas? Esse lado seu não quer que você folheie as revistas. Talvez exista algo em relação a seguir regras, fazer o que deve ser feito, ou algo parecido."

"Certo", disse Joe. "Este é o meu lado que queria agradar a meus pais e a todo mundo."

"Dê tempo a esse seu lado para se formar de maneira mais clara na sua mão esquerda — um lado que quer que você faça o que é certo, que agrade a seus pais etc. ... Quando conseguir vê-lo mais claramente, pergunte-lhe qual é a sua intenção positiva."

"Ele me faz fazer o que é *certo*", respondeu Joe, com uma voz forte e clara.

Embora eu tenha perguntado sobre a *intenção* positiva, a resposta de Joe mencionou um *comportamento*: "fazer o que é certo". Portanto, precisei repetir a pergunta. "Pergunte-lhe o que há de *positivo* ao agir assim."

"Ele quer que as pessoas gostem de mim."

"Então, é um lado que quer que você tenha um bom relacionamento com as pessoas? É isso que esse lado quer para você?" Modifiquei propositalmente a maneira como Joe havia enunciado a resposta, porque queria que ele se colocasse no papel de "agente", em vez de apenas seguir a orientação de alguém. Em vez de os outros gostarem dele, *ele* é que tinha um bom relacionamento com as pessoas. Assim que mudei a forma de colocar a intenção positiva, passei a observar Joe, para ver se ele concordava com a minha recolocação. Quando Joe concordou, continuei:

"É realmente útil ter um lado seu que cuida disso. Agora, agradeça a esse seu lado pelo que faz por você."

Joe lhe agradeceu, e, mais uma vez, percebi um leve relaxamento, que confirma que ele aceita melhor esse seu lado. Agora, Joe consegue separar claramente os dois lados seus que estão em conflito sobre seu comportamento. E, mais importante ainda, conhece as *intenções* de ambos os lados e concorda que ambas são positivas.

O conflito interno de Joe é bastante comum. Muitas pessoas têm um lado sensível ao relacionamento com outras pessoas e um lado que quer que elas sejam "elas próprias". Entretanto, o conflito só surgirá se pensarmos em ambos os objetivos como opostos. Na verdade, é possível que os dois objetivos venham a se complementar. E isso está se tornando *real* para Joe e seus dois lados internos. Meu próximo passo é ter certeza de que cada lado reconhece e aprecia as intenções do outro.

"Joe, seu lado que deseja ser você mesmo já percebe a maneira como o seu outro lado pode ser útil?... Ser você mesmo sem ter ninguém por perto não significa grande coisa. Mas perceber e reagir aos outros pode ajudá-lo a ser você mesmo de uma maneira mais satisfatória." Joe estava olhando para a mão direita e concordando.

"Seu lado que quer ter bons relacionamentos talvez ainda não tenha percebido que ser você mesmo é um fator essencial para isso."

Joe concordou novamente, dessa vez olhando para a mão esquerda.

"Isso faz sentido para ambos os lados?"

"Faz", Joe respondeu.

"Bem, Joe, quero que veja seus dois lados olhando um para o outro e demonstrando gratidão pela intenção positiva do outro. Talvez você ouça os dois conversando, ou os veja se cumprimentando sem dizer nada, mas com sincera gratidão..."

"Um dos lados levantou a palma da mão, como que dizendo 'toca aqui!', e o outro deu um tapinha amistoso nela."

Já que Joe e seus dois lados estão de acordo no que diz respeito à intenção, o próximo passo é reuni-los, para que trabalhem em mútua colaboração. Uma forma de fazer isso é com um método chamado *"squash* visual".

O primeiro passo integra ambos os lados. "Agora, Joe, quero que passe gradativamente a olhar para o espaço entre suas mãos, para que possa ver ambos os lados ao mesmo tempo. Então, faça que as mãos se juntem lentamente, numa velocidade que seja confortável para ambos os lados, mantendo os objetivos importantes de cada um deles. Reúna-as de maneira que cada um se *beneficie* com o outro e não perca nada. Talvez você fique surpreso em ver como eles mudam e se mesclam quando as mãos se juntam. Por isso, quero que leve o tempo que achar necessário para que ambos os lados se integrem no seu próprio ritmo."

As mãos de Joe começaram a se movimentar muito lentamente. Em cerca de 40 segundos, se juntaram. Quando isso aconteceu, Joe passou por profundas mudanças: tremeu, enrubesceu várias vezes, transpirou bastante etc. Esse tipo de reação fisiológica ocorre com frequência quando dois lados que estavam separados se juntam. Essa reação não verbal foi um bom sinal de que uma integração completa estava ocorrendo tanto no nível físico como no psicológico. Sugeri que continuasse pelo tempo que achasse necessário, simplesmente permitindo que a integração se completasse...

Após três ou quatro segundos, quando as mudanças diminuíram de intensidade, pedi a Joe que passasse à etapa seguinte: levar para dentro de si esse novo lado integrado, para se juntar inteiramente a ele.

"Agora, mantenha as mãos juntas e, lentamente, traga esse seu novo lado, que contém tudo o que existe de valioso em seus dois outros lados, em direção ao seu peito. Quando suas mãos tocarem o tórax, esse seu lado integrado poderá se juntar totalmente a você, tornando-se parte dos seus pensamentos, sentimentos e comportamentos, agora e no futuro."

Quando as mãos de Joe foram lentamente em direção ao peito, ele começou a sorrir. Quando tocaram o tórax, ele respirou profundamente. Seu rosto ficou mais suave, seu corpo relaxou e seus olhos encheram-se de lágrimas.

"Sinto-me em paz, completo. Não sinto mais conflito."

Joe sente-se bem. Seu conflito foi eliminado, e é muito provável que ele não sinta mais a compulsão de folhear revistas pornográficas. Seu comportamento compulsivo era resultado do conflito entre seus dois lados.

Indo um pouco mais adiante, eu poderia ter certeza quase absoluta de que ele não teria uma recaída. Poderia me certificar de que ele tem *algo mais* a fazer no lugar de ficar folheando revistas pornográficas. Quando Joe tiver opções obviamente *mais* satisfatórias para o seu novo lado integrado, não haverá mais problemas. Este último passo o levaria a criar comportamentos positivos que melhorariam seu relacionamento com os outros e ao mesmo tempo seriam uma expressão da sua individualidade. (Ver no capítulo 7 mais exemplos e a análise deste processo.)

Vários meses depois, Joe disse que estava aliviado por ter perdido o interesse em folhear revistas pornográficas. "De vez em quando ainda folheio uma, mas não me sinto mais forçado a fazer isso. Não há nada demais nisso. Não *tenho* mais que olhá-las, nem tampouco preciso evitá-las." Isso me deu a certeza de que o conflito fora eliminado de uma maneira que perduraria. Se Joe tivesse dito que *não podia* olhar para revistas pornográficas, essa falta de opções teria sido uma indicação de que os dois lados não tinham ficado totalmente integrados e seria necessário continuar o processo.

QUANDO USAR ESTE MÉTODO

Este método de identificar dois lados conflitantes, perceber suas intenções positivas e em seguida integrá-los foi criado por Bandler e Grinder em 1975. Pode ser usado em qualquer situação de conflito interno ou ambivalência. A maioria de nós não tem a mesma compulsão que Joe tinha de olhar revistas pornográficas. Porém, mesmo as pessoas mais "inteiras" têm algum tipo de comportamento ou reação de que não gostam, alguns lados em conflito.

A maioria das pessoas tenta resolver seus conflitos como Joe, usando coerção ou "força de vontade" para tentar superar um comportamento inaceitável. Se nos aliarmos aos objetivos positivos de ambos os lados, solucionaremos o conflito com mais facilidade. Depois, será apenas uma questão de encontrar comportamentos alternativos que satisfaçam ambos os propósitos.

FIRMEZA OU PERMISSIVIDADE

Judy, mãe de dois filhos em idade pré-escolar, vivia um dilema. As crianças estavam incontroláveis, e ela e o marido se sentiam cada vez mais frustrados. Judy sabia que as crianças precisavam de mais disciplina para ter um melhor relacionamento com outras crianças e com adultos, e às vezes se pegava sendo bastante severa. Entretanto, também tinha um lado permissivo, porque queria que seus filhos se sentissem amados e a amassem. Como as crianças não eram orientadas de maneira consistente pela mãe, cooperavam cada vez menos. Com o processo exposto neste capítulo, Judy identificou seus dois lados e os integrou, o que lhe permitiu ser uma mãe firme *e* carinhosa, como ela sempre quis ser.

TIMIDEZ OU EXIBICIONISMO

Liza tinha um lado que queria ser o centro das atenções e outro que era tímido e reticente. Quando alguém a cumprimentava em um grupo, ela não sabia como agir. Ficava sem graça e embaraçada porque cada lado seu queria que ela reagisse de uma maneira diferente. Liza descobriu que seu lado que queria chamar atenção na verdade desejava que ela se sentisse bem *consigo mesma*. Seu lado tímido queria que ela se relacionasse com as pessoas sem ser vista como "melhor do que os outros". Este método ajudou Liza a integrar os dois lados, de forma a se sentir mais à vontade com a atenção das outras pessoas. Depois disso, ela não sentia mais tanta necessidade de atenção e, ao mesmo tempo, podia aceitar com naturalidade a atenção que recebia.

TRABALHO EM EXCESSO OU ESTAFA
Luanne vinha se queixando de estafa e tinha uma série de sintomas físicos. Como muitos de nós, ela trabalhava demais, apesar das mensagens enviadas por seu corpo de que precisava descansar. Luanne possuía um lado que queria que ela cuidasse mais do corpo e outro que queria que ela tivesse sucesso profissional. Como esses dois lados estavam separados, ela oscilava de um extremo (trabalhar demais) a outro (ficar estafada). Sem dúvida, os dois objetivos são importantes. A integração de ambos os lados lhe permitiu levar em consideração *concomitantemente* tanto o seu bem-estar físico quanto o desejo de sucesso profissional. Posteriormente, Luanne nos escreveu para contar que se sentia mais relaxada durante o trabalho. Passou a descansar mais, porque percebeu que cuidar do corpo não estava em *conflito* com o sucesso profissional. Cuidar de si mesma a torna mais saudável, para poder trabalhar melhor.

Todos nós temos uma espécie de divisão ou conflito interno em maior ou menor grau. Talvez um lado nosso queira ser amado e outro queira vencer na vida. Pode ser que um lado queira ser cuidado, e outro queira ser independente. Talvez um lado queira ser espontâneo, enquanto outro deseja viver de maneira regrada e rotineira. As pessoas que sofrem de bulimia possuem um lado que quer comer, enquanto outro quer ser esbelto. Qualquer que seja a divisão interna, este método pode curá-la, para que possamos agir de maneira mais natural e espontânea e nos tornarmos a pessoa que desejamos ser: uma pessoa completa, que respeita todos os seus lados.

> *Eu gostaria que todos pudéssemos viver da maneira mais plena possível. A única coisa que realmente me deixa péssima é ver pessoas que não viveram sua autenticidade. Essas pessoas viveram com todos os seus deveres e obrigações, e culpas e desculpas e tudo o mais. E eu penso: "Que triste!"*
>
> Virginia Satir

13. Como superar a vergonha e a culpa

Rita tinha um problema de vergonha e sentia-se constrangida em conversar sobre ele. Queria modificar seus sentimentos para não ser mais atormentada pela vergonha, mas, antes de concordar em trabalhar comigo, queria ter certeza de que não precisaria entrar em detalhes a respeito do que a envergonhava.

Muitas pessoas tiveram algum tipo de experiência vergonhosa no passado e, como Rita, não gostam de falar nela. Aliás, vergonha é isso. É a reação à violação dos princípios de alguém. Quando sentimos vergonha, em geral estamos com medo de rejeição ou abandono devido a uma transgressão real ou imaginária de valores externos. Para algumas pessoas, comportamentos aparentemente triviais, como soltar gases em público (e até mesmo escrever a respeito do fato!) causam vergonha. Dizer algo inapropriado também pode causar uma certa vergonha. Mas as transgressões podem ser mais sérias. Alguns terapeutas consideram que a vergonha é a causa de muitas dificuldades pessoais, inclusive o comportamento "codependente" observado nas famílias de alcoólatras e outros usuários de drogas.

Em princípio, a vergonha serve para nos alertar que ofendemos alguém e, se quisermos ser amigos, precisamos modificar nosso comportamento. Entretanto, para muitas pessoas, o sentimento agonizante da vergonha faz que se sintam desprezíveis. Felizmente, não precisei saber do que Rita tinha vergonha para poder trabalhar com ela. "No que você pensa quando sente vergonha? Não é preciso me contar o que é. Apenas observe." O olhar de Rita foi para baixo e para a esquerda, e ficou parado num ponto cerca de 60 centímetros à sua frente. Seu rosto se fechou enquanto ela olhava para aquele ponto.

A EXPERIÊNCIA DA VERGONHA

Fiz mais perguntas a Rita, para saber mais a respeito de como ela estava enxergando a "vergonha". O rosto de Rita se contorcia e ficava mais tenso à medida que ela olhava para a imagem. Quando atingiu o ponto máximo da vergonha, ela se imaginou sentada à mesa com várias pessoas que a olhavam com desaprovação. Essas pessoas eram muito maiores do que ela e, em vez de se mexerem, como na vida real, ela as via totalmente imóveis — congeladas numa imagem, olhando-a com desaprovação. A imagem era escura e enevoada. Isso é típico de pessoas que sentem vergonha. Quase todas as experiências de vergonha incluem a imagem de pessoas "maiores" nos olhando diretamente nos olhos com desaprovação. Em geral, a imagem é escura e estática. Qualquer um que experimente criar uma imagem dessas provavelmente sentirá vergonha também.

COMO VENCER A VERGONHA

Conhecer a estrutura interna do sentimento de vergonha nos possibilita fazer algo para superá-lo. O primeiro passo para ajudar Rita foi pedir a ela que pensasse numa ocasião em que violou os princípios de alguém, mas, em vez de sentir vergonha, reagiu de uma maneira mais adequada, com mais recursos. Quando pensou nessa situação, Rita olhou para outro ponto, mais acima e à direita. Via-se de fora, mas também podia entrar na imagem e vivenciar de novo a experiência. As outras pessoas estavam se movimentando e eram do mesmo tamanho que ela. Rita também observou que havia uma camada protetora, fina e transparente, ao redor do seu corpo.

Agora que sei como Rita pensa numa experiência mais positiva de não satisfazer as expectativas dos outros, posso usar esta informação para transformar sua experiência de vergonha.

Pedi a Rita que olhasse novamente para o episódio que a fez sentir vergonha. "Veja todas as pessoas olhando para você. O que acontece quando diminui o tamanho delas? Coloque-as do seu tamanho." Rita gostou muito mais dessa nova imagem. Sentia-se mais forte quando as outras pessoas estavam do mesmo tamanho.

Agora Rita estava pronta para recodificar sua sensação de vergonha — tornando-a, em sua mente, igual àquela que codificava como uma experiência mais positiva. "Pegue essa imagem e leve-a ao mesmo local onde viu sua experiência positiva de não sentir vergonha."

"Ficou mais clara e virou um filme", disse Rita, com o aspecto e a voz de quem se sente mais capaz. Os "outros" não mais olhavam direto para ela, mas interagiam de maneira mais natural, às vezes olhando para ela, às vezes olhando uns para os outros, ou para outros lados. Quando pedi a Rita

A essência da mente

que acrescentasse a camada protetora, fina e transparente, ela pôde encarar a situação que anteriormente havia lhe causado vergonha sem perder a sensação de força e bem-estar.

Agora Rita sente-se mais capaz, mas isso não é suficiente. Talvez ela passe a violar os princípios dos outros levianamente e venha a sofrer as consequências. Como a vergonha está relacionada com a violação dos preceitos de outras pessoas, é importante ajudar Rita a *decidir* quais preceitos deseja seguir e quais considera ultrapassados ou cabíveis apenas a outras pessoas. Quando Rita via as outras pessoas bem maiores do que ela, não conseguia *avaliar* seus princípios. Simplesmente sentia-se oprimida por uma sensação ruim. Agora que se sente mais capaz, está em melhor posição para examinar os princípios que teria violado naquela situação.

"Rita, ao examinar sua experiência agora, observe *que* princípio desobedeceu e *quem* o considera importante. É um princípio que *você* também quer adotar? Ou seria um princípio imposto por outra pessoa ou que você já teve no passado, mas não deseja manter?" Rita respondeu que não desejava adotar aquele princípio.

"E que tipo de princípio deseja adotar?"... Rita identificou um princípio, sem me dizer qual era. Então, eu quis ter certeza de que o novo princípio era recíproco, do tipo "regra de ouro". "Você gostaria que este princípio que deseja seguir também fosse seguido por outras pessoas?" Rita concordou de novo. Estava me dando pistas não verbais de que seu novo princípio respeitaria as outras pessoas.

"Observe o que você quer fazer nesta situação, considerando que reconhece os princípios das outras pessoas e sabe que tem princípios diferentes que deseja seguir. Você pode apenas registrar a diferença e não se incomodar com os princípios das outras. Talvez queira ter uma atitude que lhe permita conviver com as outras pessoas, mesmo que elas tenham princípios diferentes dos seus. Ou talvez não deseje conviver com essas pessoas. Você tem várias opções, e sem dúvida pode experimentar uma alternativa e depois mudar de opinião."

Rita concordou. "Acho que quero trabalhar numa situação diferente. Não quero mais trabalhar com essas pessoas — seus princípios são idiotas, e não quero conviver com elas."

Antes, Rita sentia-se inferior a essas pessoas — seu sentimento de vergonha era causado pelos seus princípios, embora não concordasse com eles.

Agora estava adotando uma atitude de "superioridade" e "desprezo". Se agisse assim com aquelas pessoas, talvez fizesse que elas se sentissem envergonhadas ou com raiva e teria de sofrer as consequências de sua atitude. Como eu não queria criar um problema maior do que a vergonha que Rita tinha antes, precisava ajudá-la a chegar a uma reação mais equilibrada.

"Eu me pergunto o que aconteceria se você pensasse nessas pessoas com compaixão, Rita. De que forma sua experiência muda quando as deixa manter os seus princípios — mesmo aqueles que lhe parecem absurdos, e mesmo sabendo que gosta mais dos seus próprios princípios. Todos nós temos nossas limitações, e você pode permitir que elas tenham as delas, sentindo compaixão e respeito por elas enquanto seres humanos. O que acha?"

Enquanto eu falava, Rita me pareceu mais suave, mais carinhosa e mais forte também. Dessa nova perspectiva, Rita ainda pode decidir não trabalhar com essas pessoas. Entretanto, poderá respeitá-las enquanto seres humanos, em vez de simplesmente desprezá-las.

O que fizemos até esse momento resolveu aquela situação específica, na qual Rita não concordava com os princípios de outras pessoas. Entretanto, essa solução seria inadequada se ela concordasse com eles. O que eu queria era que, quando ela concordasse com algum princípio, essa aceitação a motivasse a pedir desculpas ou fazer concessões de algum tipo, de forma a continuar mantendo relacionamentos importantes. Pedi então que ela pensasse numa situação em que violava um princípio com o qual concordava. Assim que ela pensou num exemplo, eu disse: "Primeiro, quero que dê valor ao fato de que conseguiu perceber a situação, de forma a poder fazer algo para consertá-la. Se não tivesse percebido, continuaria agindo de uma maneira que abalaria seu relacionamento com essas pessoas." Rita pareceu um pouco surpresa, mas depois sorriu e disse: "É verdade!"

Pedimos a Rita que criasse uma imagem dessa experiência no mesmo local em que se encontrava sua experiência positiva — mais alta e mais para a direita, com as pessoas do mesmo tamanho que ela e interagindo naturalmente. O escudo protetor transparente mais uma vez lhe permitiria examinar com tranquilidade a situação.

"Quero que decida *o que quer fazer* para seguir seus próprios princípios. Quer pedir desculpas, por exemplo? O que pode fazer para que essas pessoas saibam que você partilha do mesmo princípio e fará o máximo para segui-lo no futuro?"

Rita ficou pensativa. "Há várias coisas que posso fazer e acho que serei mais convincente se fizer todas."

Sua expressão e seu tom de voz demonstraram que ela queria realmente levar adiante sua decisão e estava planejando como realizá-la. Portanto, não precisava da minha orientação.

"Ninguém consegue seguir *todos* os seus princípios *o tempo todo*. No mínimo, existem momentos em que dois princípios entram em conflito, e nos vemos diante de uma escolha difícil. Entretanto, você pode pensar em ser uma pessoa que consegue perceber quando transgrediu seus princípios e adaptar seu comportamento — e ter esse princípio como muito mais importante do que qualquer outro."

Rita ainda estava pensativa, e lhe perguntei se tinha alguma dúvida ou perguntas a fazer. "Não. Estou só pensando que não tenho por que sentir vergonha. Ou decido que o que fiz não era importante, ou faço algo para corrigir o meu erro. Parece tão fácil!"

"Sei de onde vem este sentimento de vergonha", continuou. "Quando eu era pequena, minha avó vivia atrás de mim, sacudindo o dedo diante do meu rosto, dizendo que eu devia me envergonhar de uma série de coisas."

"Isso deve ter sido muito desagradável para você. E provavelmente havia muitos princípios dela com os quais você não concordava e outros com os quais concordava. Não seria maravilhoso poder fazer o mesmo que acabamos de fazer com todas as suas experiências de vergonha na infância?" Rita concordou com entusiasmo.

As muitas experiências às quais Rita se referia levariam meses para serem resolvidas, se tivéssemos de atacá-las uma de cada vez. Em vez disso, decidi usar um método semelhante ao "processo eficaz de tomada de decisões" (descrito no capítulo 3), para transformar todas as experiências de Rita de uma só vez. Quando lhe perguntei onde estava localizado o seu passado, Rita gesticulou para a esquerda, em linha reta, onde muitas pessoas armazenam suas lembranças (ver capítulo 18, sobre as linhas do tempo).

"Feche os olhos, Rita, e leve para o passado essa nova experiência de ter seu próprio ponto de vista e uma nova maneira de reagir ao não seguir os princípios de outra pessoa. Volte no tempo, a uma época anterior a essas experiências com sua avó, levando consigo este recurso poderoso...

"Agora pode entrar na sua tenra infância com este recurso. Depois, avance no tempo, observando como todas as experiências que a *envergonharam* antigamente agora se modificaram graças a essa nova perspectiva e habilidade que você tem... Viaje até o presente e, quando chegar aqui, veja-se indo em direção ao futuro, reagindo de maneira diferente graças a esse novo recurso." Rita chegou até o presente com um sorriso, satisfeita com os resultados.

COMPORTAMENTO *VERSUS* PERSONALIDADE

Mesmo tendo sentido vergonha muitas vezes, Rita pensava na vergonha em relação a coisas específicas que tinha *feito* em momentos e locais específicos, e não como algo inerente ao seu *ser*. Não se via como uma "pessoa vergonhosa", e sim como alguém que às vezes agia de maneira vergonhosa.

Jane, por outro lado, também sentia vergonha, só que de maneira mais geral. Para Jane, a vergonha tinha a ver com ela *própria*, com o seu valor como pessoa, não apenas com o seu comportamento. Enquanto Rita diria: "Tenho vergonha do que fiz", Jane diria: "Tenho vergonha de *mim mesma*". Ela falava de vergonha como algo inerente ao seu próprio ser. Admirei a coragem de Jane por trazer à tona este assunto num seminário e por estar decidida a resolvê-lo. "Normalmente, eu nem sequer pensaria ou falaria sobre essas coisas", ela nos disse, "porque no meu ambiente não falam sobre este tipo de coisa. Mas me dei conta de que tinha este problema e sinto-me segura para falar sobre isso aqui, para colocar as cartas na mesa e resolver de vez este assunto."

Quando lhe perguntei como sentia essa sensação de vergonha, Jane disse que literalmente se via feia e deformada, grotesca, nua, cercada por um grupo de pessoas maiores do que ela que a olhavam com desaprovação. Como com Rita, a vergonha de Jane seguia o padrão normal de *outras pessoas maiores que olhavam diretamente para ela*. Era maravilhoso que Jane tivesse trazido essa imagem para o nível consciente, porque assim podia fazer algo a esse respeito. Era algo que *valia a pena* mudar. Quando lhe perguntei o que aconteceria se ela entrasse na imagem, Jane respondeu que a sensação de vergonha se tornaria insuportável.

A imagem de si mesma nua é um exemplo genérico do sentimento de vergonha: todos os seus defeitos estavam expostos. É um exemplo extremo daqueles sonhos que muitos de nós temos, de estar em público e nos darmos conta de que não estamos vestidos, ou ainda estamos de pijama. Estar nu, com outras pessoas olhando de forma desaprovadora, parece uma experiência clássica da sensação de vergonha.

A essência da mente

Como tantas outras pessoas, Jane também desejava ter outras opções em relação ao sentimento de vergonha. "Para mim, é difícil imaginar uma situação em que não sinta vergonha. É como se em algum nível eu sempre veja minha própria imagem deformada e nua. Só consigo pensar num momento da minha vida em que não senti vergonha." A experiência positiva de Jane em relação à vergonha se situava num local diferente e era bastante semelhante à de Rita: Jane também tinha o seu "escudo protetor".

Pedi a Jane que olhasse novamente sua imagem do sentimento de vergonha. "Primeiro, deixe que a imagem de si mesma mude e não fique mais deformada, e você possa se ver da maneira como realmente é." "Você também pode vestir a sua imagem, se desejar, porque na realidade você está *vestida*. E, enquanto observa sua imagem, poderá notar como brilha a sua beleza interior." Enquanto Jane fazia as mudanças, observei que sua expressão mudou. Ela parecia mais feliz e com mais recursos. Agora estava pronta para aumentar sua imagem, deixando as outras pessoas do mesmo tamanho. Depois, pedi que colocasse essa imagem no mesmo local em que se encontrava a imagem em que não sentia vergonha e acrescentasse o seu "escudo pessoal".

Em seguida, pedi a Jane que identificasse seus próprios princípios, como havia feito com Rita. "Na nossa cultura, as pessoas têm uma grande variedade de valores. Seus princípios são diferentes dos meus, e tanto os meus como os seus serão, de certa maneira, diferentes dos de outras pessoas. A partir disso, você pode começar a pensar em que princípios quer para si mesma. Sabendo que pode agir com base nos princípios escolhidos, você também poderá modificá-los à medida que aprende mais sobre as conseqüências de seus atos. Você poderá observar quando as outras pessoas têm princípios diferentes dos seus, e isso a ajudará a decidir o que *você* deseja fazer em cada situação. Quando os outros pensam que devem impor seus princípios, você entenderá que essa atitude faz parte dos princípios *delas* — o que *elas* acham que é certo... E decidir que princípios deseja adotar para si mesma...

"E quando os princípios de alguém forem diferentes dos seus, você ainda poderá respeitá-los, sentindo-se bem por conhecer seus próprios princípios... E quando fizer algo que contrarie seus próprios princípios, poderá simplesmente decidir se deseja pedir desculpas ou tomar outra atitude, sem necessidade de sentir vergonha. Todos nós cometemos erros. Quando perceber que cometeu um erro, poderá sentir-se bem, porque isso lhe dará a oportunidade de corrigi-lo. Se não conseguisse dar-se conta de que cometeu um erro, não teria como corrigi-lo e estaria pondo em risco a amizade das pessoas que são importantes para você."

Tratei de que Jane adotasse essa nova perspectiva sobre seus próprios princípios em outras áreas de sua vida. Ela parecia muito aliviada ao pensar em si mesma dessa nova maneira.

Um mês depois, Jane disse que sua "profunda vergonha" havia diminuído. "Quando penso no que me fazia sentir muito envergonhada, já não me sinto tão constrangida ou ameaçada. Já não fico tão enrubescida, sinto-me um pouco melhor. Ainda tenho muito a fazer para me sentir completamente bem, mas não acho que isso tenha a ver com o sentimento de vergonha — e sim com outras questões."

O IMPACTO DA VERGONHA

A vergonha foi descrita como "a emoção secreta" ou "a emoção oculta". Para alguns, não passa de um pequeno inconveniente; para outros, porém, pode ser devastadora.

Quando as pessoas sentem vergonha, em geral têm *vergonha* de ter vergonha e, por esse motivo, tendem a não falar sobre o assunto. É por isso que Rita, Jane e tantas outras pessoas que lutam para mudar esse sentimento merecem o nosso respeito.

Ao criar o "ambiente seguro" a que Jane se referiu, a pessoa terá mais facilidade para encontrar uma solução para o seu problema. Uma maneira de ajudar a criar esse ambiente seguro é reconhecer que ninguém tem culpa. A vergonha resulta de uma mensagem do tipo "Você não presta", que não explica por que exatamente não prestamos, e não nos dá uma ideia clara do que poderíamos fazer para mudar isso. Pais, professores e outras "autoridades" agem dessa forma por não terem opções melhores. Cada pessoa faz o melhor que pode.

De certa forma, quem sente vergonha o faz porque teve a capacidade de aprender fácil e rapidamente num ambiente onde o sentimento de vergonha foi ensinado. *Agora*, essa mesma capacidade é útil para se aprender a ter uma imagem *diferente* de si mesmo.

Nos casos de vergonha profunda, é como se a pessoa só tivesse um padrão para si mesma. "Tenho de agradar aos outros" — *todos* os outros!

A essência da mente

Dar muita ênfase ao fato de agradar aos outros pode fazer que a pessoa aceite ofensas sem se queixar.

Para modificar o sentimento de vergonha, é essencial reconhecer a diferença entre os nossos princípios e os dos outros, e escolher cuidadosamente os que são bons para nós. Assim, construímos um forte sentimento de autoestima ou integridade: "Eis o que sou, isto é o que acredito ser importante". Na verdade, só começamos a existir como indivíduos quando conseguimos pensar por nós mesmos. Até então, somos apenas espelhos de outras pessoas — quaisquer outras — e delas dependemos para obter um sentido de identidade. A personagem camaleônica, "Zelig", de Woody Allen, no filme do mesmo título, é um bom exemplo de uma pessoa sem identidade, sem alma.

Tanto Rita como Jane foram capazes de passar rapidamente da experiência de vergonha para uma reação mais positiva em que podiam identificar seus próprios valores. Se uma pessoa nunca pensou seriamente em suas preferências, é importante fazê-la pensar explicitamente sobre seus princípios. Se a pessoa estiver em conflito entre dois princípios, os métodos descritos no capítulo 12 poderão ajudá-la a entender e solucionar esse conflito.

Muitas vezes, o sentimento de vergonha está relacionado a outras dificuldades que a pessoa deseja solucionar. Por exemplo, pode ser útil lidar com experiências traumatizantes do passado, usando os métodos descritos nos capítulos 3 e 6.

Embora geralmente seja mais fácil lidar com o sentimento de vergonha se tivermos a ajuda de alguém que conheça bem o método, o resumo a seguir pode ajudar aqueles que estejam interessados em utilizá-lo sozinhos.

O PROCESSO DE SUPERAÇÃO DA VERGONHA

1. **Identifique no que você pensa quando sente vergonha.** Em que ocasião sente vergonha? Do que tem vergonha? Talvez leve alguns instantes para se conscientizar do que viu ou disse a si mesmo para sentir vergonha. Quase todo mundo forma uma imagem, embora nem sempre se dê conta de que está fazendo isso. Ajuda perguntar: "Se eu soubesse do que se trata, que tipo de imagem seria?", e observar o que vem à mente.

   A maioria das pessoas veem os outros como *muito* maiores, imóveis e olhando fixo em direção a elas. Em geral, eles têm um olhar de

175

desaprovação, ou dizem algo em tom de crítica. E quase sempre a imagem é escura.

2. **Pense numa ocasião em que violou um princípio, mas não sentiu vergonha.** Ao contrário, conseguiu lidar com a situação de uma forma que considera adequada. Chamamos a isso "sensação de competência".

3. **Observe as diferenças de "codificação" entre a experiência em que sentiu vergonha e aquela em que se sentiu competente.** Vê essas experiências em diferentes locais do seu espaço pessoal, e/ou a diferentes distâncias? A maioria das pessoas, sim.

    Observe seu tamanho e o das outras pessoas, tanto na experiência de vergonha quanto na de competência. Escolha uma experiência de competência onde você e as outras pessoas tenham o mesmo tamanho.

    Observe se cada experiência é um filme ou uma imagem estática, em cores ou em preto e branco etc. Observe também se você está protegido por algum tipo de escudo transparente na sua experiência de competência. É importante notar tambem quaisquer outras diferenças.

4. **Transforme a experiência de vergonha em uma experiência de competência.**
    a) Em primeiro lugar, certifique-se de que sua imagem seja realista. Se houver alguma distorção física, como no caso de Jane, faça que ela se transforme na "sua imagem real, em que se expressa toda a sua beleza interior".
    b) Agora, aumente o seu tamanho (ou diminua o das outras pessoas), até que não haja diferença entre você e os outros.
    c) Transfira a sua imagem de vergonha de onde estava para onde se encontra a experiência de competência. Em geral, as outras diferenças de codificação se modificam automaticamente.
    d) Faça outras mudanças de codificação para transformar a antiga experiência de vergonha numa experiência de competência. Isso significa transformar a experiência em um filme, em cores, ou fazer outras mudanças necessárias.
    e) Se tiver um "escudo" pessoal, use-o. Se não tiver um escudo, talvez seja bom criar um. Imagine um escudo transparente que envolve seu corpo, para que, embora capaz de interagir plenamente com os outros, possa sentir-se também protegido.

5. **Teste.** E agora: tem a mesma sensação de competência em ambas as experiências? Em caso negativo, analise as outras diferenças de codificação e modifique-as para completar a transformação da vergonha em competência.
6. **Avalie os princípios.** Antes de mais nada, pergunte-se: "Que princípio violei na experiência em que costumava sentir vergonha? Este é um princípio que desejo manter, ou trata-se do princípio de outra pessoa? Se não quero adotar este princípio, que outro desejo para mim? Seria este princípio algo que eu gostaria que as outras pessoas com quem tenho contato adotassem também?" (Esta é a pergunta da "regra de ouro".)
7. **Programe o seu futuro.** Diante dos princípios das outras pessoas e do princípio que deseja para si mesmo, primeiro decida o que quer fazer, e depois imagine-se agindo de acordo com seus planos em situações futuras nas quais possa surgir um conflito de valores.
8. **Generalize os novos aprendizados.**
    a) Em primeiro lugar, refaça os passos de 1 a 7 com outra experiência de vergonha, utilizando a mesma experiência de competência. A maioria das pessoas descobre-se fazendo praticamente as mesmas mudanças na segunda experiência, o que torna o processo mais rápido e mais fácil dessa vez. Isso garante que seu cérebro entendeu perfeitamente como lidar com experiências nas quais o princípio de outras pessoas foi violado.
    b) Depois que as duas experiências foram transformadas individualmente, chegou o momento de aplicar esses novos conhecimentos a todo o seu passado. Leia o próximo parágrafo e então feche os olhos para realizar este processo.

Pense na sua mais antiga experiência de vergonha. Digamos que você tinha 4 anos de idade. Agora imagine que está levando sua nova habilidade de lidar com a vergonha a uma época *anterior* aos seus 4 anos. Depois, avance rapidamente pelo tempo, trazendo consigo essa nova habilidade. Enquanto viaja rapidamente no tempo, deixe que todas as suas experiências de vergonha se modifiquem, até chegar ao presente. À medida que você avança no tempo, pode perceber como suas antigas experiências vão mudando. Quando tiver chegado ao momento presente, olhe para o passado para ver como está diferente. Depois, pode imaginar-se no futuro com suas novas habilidades e sentir como o futuro também será diferente.

CULPA

Em nossos estudos sobre culpa e vergonha, observamos que, embora sejam sentimentos semelhantes, existem algumas diferenças importantes. A experiência de vergonha geralmente não traz muitas informações sobre o que a pessoa fez de errado, ou de que forma outras pessoas foram prejudicadas. A culpa, entretanto, sempre envolve alguma representação de como determinada ação foi prejudicial aos outros, e, muitas vezes, inclui de que forma essa situação poderia vir a se repetir no futuro. A culpa é uma reação à violação dos próprios princípios, enquanto a vergonha inclui a violação de princípios alheios.

Quando trabalhamos com a vergonha e perguntamos: "É este um princípio que você quer para si mesmo?", às vezes a pessoa responde: "Sim, embora seja o princípio de outra pessoa, também o quero para mim". Quando se dá conta de que violou seus *próprios* princípios, talvez comece a se sentir culpada, em vez de envergonhada.

Lidar com a culpa é semelhante a lidar com a vergonha na medida em que primeiro transformamos a experiência desagradável numa experiência em que a pessoa se sente com mais recursos para analisar calmamente a situação. Depois, pedimos à pessoa que examine o princípio em questão, a fim de descobrir se ele precisa ser atualizado, revisto ou redefinido. Finalmente, analisamos o que a pessoa quer fazer para resolver a situação.

Pablo sentia-se culpado sobre algo que dissera ao sócio, e isso o vinha incomodando há algum tempo. Antes de pedir-lhe que pensasse em seu sentimento de culpa, eu disse: "Pablo, sei que houve ocasiões em que fez coisas que contrariavam os seus princípios, mas, em vez de se sentir culpado, você pensou no que poderia fazer para consertar seu erro. Provavelmente não foi um erro grave. Gostaria que se lembrasse de uma dessas ocasiões".

Quando Pablo conseguiu se lembrar de uma dessas experiências, continuei: "Queria que você comparasse esta experiência — vamos chamá-la de experiência de 'decisão' — com a sua experiência de culpa, e observasse as diferenças entre elas".

Enquanto Pablo observava as diferenças, percebeu que a culpa era uma imagem muito próxima, achatada e imóvel, a cerca de 30 centímetros dele e

A essência da mente

20 graus à sua direita, enquanto sua experiência de "decisão" era um filme em três dimensões, bastante distante e cerca de 30 graus à sua esquerda.

Quando pedi a Pablo que levasse sua imagem de culpa ao local onde ficava a experiência de "decisão", automaticamente a imagem se transformou num filme em três dimensões sobre as possíveis alternativas para remediar a situação. Logo, seu corpo relaxou e ele sentiu-se bem melhor. Com o incidente nessa nova posição, Pablo conseguia avaliar várias opções e decidir qual delas era a mais adequada.

Antes de examinar as possíveis opções, pedi a Pablo que reexaminasse o princípio que havia violado, para ter certeza de que era adequado e não precisava de qualquer revisão ou modificação. Ele pensou um pouco e disse: "Que bom que me pediu isso, porque não o faço com frequência e tenho de ter isso em mente. Já houve ocasiões na minha vida em que foi muito útil rever cuidadosamente os meus princípios. Mas, neste caso, não quero modificar nada. Este é um princípio que desejo manter". Pablo passou a avaliar outras opções para decidir o que queria fazer. Depois, foi apenas uma questão de se imaginar fazendo aquilo no futuro, para ter certeza de poder agir no momento certo.

Tanto no caso da culpa como da vergonha, primeiro criamos um estado interior de maiores recursos, uma "sensação de competência". Em seguida, avaliamos os princípios, para ver se precisam ser revistos e ter certeza de que a pessoa sabe que princípios quer adotar. Por fim, pensamos em ações que a pessoa possa usar para viver conforme os princípios desejados e a convidamos a praticá-las.

A SELEÇÃO DOS PRINCÍPIOS

Embora os princípios pareçam variar enormemente, quando perguntamos às pessoas o que elas *realmente* querem, constatamos uma grande semelhança. Todos nós queremos uma vida satisfatória, na qual sejamos livres para fazer o que nos dá prazer — às vezes sozinhos, às vezes no relacionamento com outras pessoas.

Selecionar princípios, ou valores, é algo que fazemos durante toda a vida, à medida que aprendemos coisas novas, ou que as situações que vivemos mudam. O processo aqui descrito transforma tanto a culpa quanto a vergonha num exame cuidadoso de princípios e escolhas. Isso nos libera da tirania de princípios externos e nos fortalece em nossas próprias preferências e decisões. Atualizar nossa experiência interna para adaptá-la melhor às opções disponíveis permite-nos perceber quando estamos perfeitamente bem, para que possamos seguir adiante com base no reconhecimento do nosso próprio valor. O resumo a seguir pode ajudar quem quiser rever seus princípios.

PRINCÍPIOS

Padrões de comportamento são diretrizes eficientes que nos permitem decidir o que fazer. Como as ordens dadas pelos pais, ou o regulamento interno de uma empresa, facilitam uma rápida decisão.

Os problemas surgem quando violamos nossos princípios ou quando eles precisam ser revistos. Eis alguns tipos de problemas que podem ocorrer.

ALGUNS PROBLEMAS RELATIVOS AOS PRINCÍPIOS

1. Um princípio pode ser demasiadamente *geral e universal*. Por exemplo: "Seja sempre franco" (mesmo que isso ofenda alguém).

    Solução: Ser mais específico. Quando e onde será melhor ser franco? Quando *não* é bom ser franco? (Pedi a um cliente que criasse "notas de rodapé" para os dez mandamentos, com as exceções específicas.) Mesmo uma boa ideia nem sempre é cabível.

2. Um princípio pode estar *desatualizado*. Por exemplo, pode ser adequado ao mundo e à mente limitados de uma menina, mas não a uma mulher adulta.

    Solução: Atualizar e rever o princípio em questão.

3. Um princípio pode ser do tipo "tudo ou nada". Por exemplo: "É tão ruim machucar o dedo de alguém sem querer quanto matar uma pessoa".

    Solução: Fazer comparações explícitas para criar uma escala de valores.

4. O princípio é adequado, mas a pessoa ainda não tem a motivação ou o não aprendeu o comportamento que lhe permitiria adotá-lo. A maioria das pessoas que escreve errado quer aprender a escrever corretamente, mas não sabe como fazê-lo. Por outro lado, alguém pode até saber fazer algo, porém não é capaz de se motivar para fazê-lo.

    Às vezes, dizemos às pessoas: "Se você fez algo, mesmo sabendo que não deveria ter feito, na verdade você não sabia. Digo que não sabia no sentido de ser capaz de se motivar para se comportar como desejava. De certa maneira, apenas um *lado seu sabia*".

No tempo em que não havia antibióticos, conheci um menino de 10 anos que precisava fazer banhos de água bem quente no dedo infeccionado. Ele sabia que não conseguiria fazer isso se ficasse sozinho, então seguia a mãe durante o dia inteiro, para que ela o lembrasse.

Solução: Ensinar o que está faltando para que a pessoa queira e saiba seguir o princípio que deseja adotar.

5. O princípio é correto, mas a pessoa não consegue prever que um determinado comportamento vai violá-lo. Nunca é possível prever com absoluta certeza todas as consequências de nossos atos, e, portanto, todos cometemos erros algumas vezes.

Solução: "Você percebe que é impossível *sempre* prever que uma ação irá violar um princípio". Se a pessoa simplesmente cometeu um erro estúpido, pode ser útil dizer: "Todos nós cometemos erros. É impossível não cometê-los, por mais que se almeje a perfeição. Em geral, seus erros não fazem mal a ninguém. Todo mundo já avançou um sinal amarelo muitas vezes, mas, como não havia nenhum pedestre atravessando a rua naquele momento, esse erro não teve maiores consequências. Entretanto, às vezes o mesmo erro pode causar grandes estragos. Quando isso acontece, você pode fazer tudo o que estiver a seu alcance para evitar que aconteça de novo e para compensar ou remediar o dano causado".

Mas, se alguém comete o mesmo erro com frequência, talvez seja por não conseguir *pensar* nas consequências dos seus atos.

Solução: Ensinar essa pessoa a criar filmes internos mais detalhados das futuras consequências dos seus atos.

6. Apesar de menos comum na nossa época, há pessoas que ficam aflitas só de pensar em violar um princípio: "O pensamento é tão nocivo quanto a ação".

Solução: Mostrar que há diferenças significativas entre o pensamento e a ação, por exemplo:

"Talvez você ache que é a mesma coisa pensar e agir, mas certamente há uma diferença para a outra pessoa, que só seria ferida se você agisse. Essa pessoa não sofreu, e nem sabe o que você está pensando! Quanto mais consideração você tiver pelos outros, mais evidente ficará esta diferença."

"Se acha que é tão ruim pensar isso quanto fazê-lo, com certeza você ainda não fez. Eu já fiz e sei que há uma diferença."

"Sócrates disse que as pessoas de boa índole fazem em pensamento o que as de má índole fazem na vida real."

"Deus nos deu a capacidade de *pensar* para que pudéssemos, em sã consciência, decidir fazer apenas o que achamos que terá boas consequências e *não fazer* aquilo que sabemos que será ruim para nós ou para os outros. Pensar coisas ruins é, na verdade, uma forma de *ajudar* você a imaginar outras opções e ter confiança ao escolher a melhor."

"Já que você ainda não fez isso, deve existir um lado seu mais forte que sabe o que deve ser feito e está orientando o seu comportamento."

DOIS (OU MAIS) PRINCÍPIOS

Quando violamos algum princípio importante, muitas vezes estamos *seguindo* outro princípio mais importante, do qual talvez não tenhamos consciência. Seria útil perguntar: "Que princípio eu estava *seguindo* quando violei aquele outro princípio?" É uma outra forma de dizer: "Que intenção positiva eu tinha quando violei aquele princípio?" Quando nos damos conta de que na verdade estávamos *seguindo* um princípio mais importante, em lugar da sensação de fracasso, vergonha ou culpa, temos uma sensação de sucesso e integridade, que é uma boa base para examinar o que fazer no futuro.

Solução: Analisar os princípios e suas consequências e estabelecer prioridades ou integrá-los (ver capítulo 12). Depois, imaginar-se agindo da maneira desejada no futuro, para que o que deseja fazer seja "programado" tanto no seu pensamento quanto no seu comportamento. Por exemplo, ser organizada pode ser um valor importante para Joan, mas cuidar dos filhos talvez seja ainda mais importante. Quando Joan se dá conta de que é assim que prioriza seus princípios, pode sentir-se *bem* em deixar os pratos do jantar por lavar quando a filha está triste e precisa de sua ajuda, em vez de se sentir envergonhada por não ter deixado tudo arrumado.

METAPRINCÍPIOS

Uma pessoa perfeccionista sentirá culpa com frequência. Às vezes, o perfeccionismo resulta da crença: "Tudo o que faço tem de ser perfeito". Ou então: "Meu guru sabe a maneira correta de se fazer tudo". Pode-se pensar nisso como um *metaprincípio*: um princípio que rege todos os outros.

O primeiro passo é aprender a perceber se temos esse tipo de perfeccionismo, mas outros passos podem ser necessários até que os erros cometi-

A essência da mente

dos passem a ser vistos como um meio de aprendizado. Adotar como metaprincípio o recurso do feedback facilita essa mudança. Eis a perspectiva que oferecemos:

"Um dos princípios mais elevados que você pode ter é ser alguém que *observa* seu comportamento e percebe quando ele não se coaduna com seus princípios. Quando isso acontece, você pode mudar seu comportamento ou reexaminar e adaptar os princípios que estejam desatualizados ou inadequados. Se não fizer isso, seus princípios serão totalmente arbitrários e sem sentido. Aprender com os próprios erros é muito mais importante do que fazer tudo com perfeição de primeira."

Vale a pena ter princípios que nos guiem para as experiências que desejamos ter em nossa vida. Quando percebemos que violamos um princípio, podemos simplesmente examinar nossos valores e comportamento para adaptá-los e consertar os erros que porventura tenhamos cometido. Dessa maneira, podemos levar uma vida ética e moral sem sentir culpa ou vergonha.

14. Motivação positiva

Brian estava participando de um dos nossos seminários de certificação em PNL. Mostrou-se particularmente atento quando começamos a falar sobre motivação, já que isso sempre fora um problema para ele. Quando conseguia iniciar uma tarefa, em geral fazia-a bem. O problema era começar. Levava mais tempo para decidir aparar a grama do que aparando-a de fato. Sua mesa de trabalho era uma confusão, porque ele nunca conseguia motivar-se a arrumá-la.

Levava horas para decidir-se a lavar a louça. A esposa, Joyce, era testemunha disso, o que certamente não melhorava o relacionamento de 12 anos de casamento. Brian e Joyce tinham um acordo: à noite, ela cozinhava e ele lavava a louça. Só que Brian ficava adiando a tarefa — às vezes até a manhã seguinte ou mesmo mais tarde. Joyce ficava muito chateada quando chegava do trabalho na noite seguinte, pronta para começar a preparar o jantar, e encontrava a louça suja da noite anterior.

Muita gente o acusava de ser procrastinador, e Brian tinha que admitir que era verdade. Não que gostasse de protelar, simplesmente não sabia como mudar isso. Brian começou a se criticar por causa dessa sua característica, mas isso não resolveu o problema. Ele estava sempre *tentando* melhorar. Queria melhorar o relacionamento com a esposa, mas nunca parecia dar certo.

Com perguntas bem dirigidas, descobri como Brian se motivava para lavar a louça. De posse dessa informação, passei a entender seu problema. Ele olhava a louça suja e pensava: "Você TEM que lavar a louça". E logo se revoltava contra isso, o que era suficiente para mantê-lo fora da cozinha durante algum tempo. Mas depois começava a imaginar como a mulher ficaria irritada quando visse que a cozinha ainda estava suja. De novo, pensava: "Você TEM que lavar a louça", e novamente via que não queria. O que finalmente o fazia lavar a louça era imaginar a mulher tão furiosa a ponto de querer abandoná-lo. Nesse momento, uma vozinha lhe soprava:

"Isso não!", e ele finalmente se motivava o suficiente para lavar a louça. Brian ficava com essa desconfortável sensação de urgência até que tivesse lavado toda a louça. Aí, sentia-se aliviado, até a próxima vez.

Parece drama demais para uma tarefa simples como lavar a louça, e realmente é. Mas muita gente passa por dramas parecidos. O que, neste caso, é especialmente importante é que *Brian se motivava em todas as outras áreas de sua vida exatamente da mesma maneira.* Por exemplo, ao acordar, ele imaginava o que tinha de fazer antes de ir trabalhar e pensava: "Você TEM que se levantar agora!" Imediatamente, pensava que não queria acordar e ficava mais um pouco na cama. Depois, começava a imaginar todos os desastres que poderiam acontecer se ele não se levantasse. Imaginava-se chegando tarde ao trabalho e via o chefe e os colegas muito chateados. Quando as imagens se tornavam bastante dramáticas, a vozinha interna lhe dizia: "Isso não!" Só então ele realmente sentia a necessidade de se levantar e ir trabalhar. Brian passava pela mesma sequência em tudo o que fazia: trabalhos domésticos, levar o carro à oficina, o trabalho no escritório etc. Sentia sempre o mesmo drama quando precisava fazer algo que não é agradável. Resumindo, a estratégia de Brian era a seguinte:

VISUAL	→	AUDITIVA	→	CINESTÉSICA
VER A TAREFA		"VOCÊ TEM QUE FAZER"		SENTIR-SE MAL

Depois, entrava num ciclo de imaginar os desastres que poderiam acontecer se não fizesse o que devia ser feito, falar consigo mesmo e sentir-se mal.

Só quando a imagem assumia a proporção de um desastre a voz interna de Brian fazia que ele se sentisse mal o *suficiente* para executar a tarefa.

Além de lenta e incômoda, essa maneira de se motivar ainda usava sensações ruins. Sempre que tentava motivar-se, Brian sentia-se mal, e apenas quando se sentia *muito* mal conseguia motivar-se! Quando pensamos em quantas vezes por dia temos de nos motivar a fazer algo, vemos quantas vezes Brian sentia-se mal.

Brian queria nossa ajuda para aprender a se motivar melhor. "Sempre deixo tudo para depois e sinto-me péssimo por causa disso", disse. "Estou sempre nervoso e tenso. Só fico realmente relaxado quando estou de férias e não tenho *nenhuma* obrigação." Concordei com Brian. Ele realmente estava precisando de uma nova estratégia de motivação.

Estudando muitas pessoas que são capazes de se motivar com facilidade, mesmo que a tarefa não seja das mais agradáveis, descobrimos que elas usam sentimentos *positivos* para se motivarem, em vez do sentimento de premência usado por Brian. Imaginar a tarefa realizada lhes dá *prazer*, e não a aflição que muitas pessoas como Brian sentem. Após pedir mais informações a Brian, ensinei-lhe uma dessas estratégias para uma excelente automotivação.

Uma maneira de fazer que a estratégia de Brian funcionasse era modificar sua voz interior. Quando Brian pensava: "Você TEM que lavar a louça", ou "Você TEM que arrumar sua mesa", sua voz interior parecia a de um sargento do Exército. Quando ouvimos uma voz que nos diz "Você TEM que lavar a louça" ou "Você TEM que arrumar esta bagunça", não temos nenhuma vontade de obedecer. Experimente ouvir uma voz severa que diz: "Você TEM que fazer isto ou aquilo". Sente mais ou menos vontade de obedecer?

ENSINAR A NOVA ESTRATÉGIA

Comecei pedindo a Brian, num tom de voz convidativo, que fizesse o seguinte: "Ouça sua voz interior dizendo, de uma maneira sedutora: 'Vai ser ótimo quando toda a louça estiver limpa!' Não sei que tom de voz faz que você tenha vontade de fazer alguma coisa, mas ouça esta frase num tom de voz que seja sedutoramente convincente para você..."

Fiquei observando atentamente Brian para verificar, por seus movimentos oculares (ver Anexo I) e mudanças fisiológicas não verbais, se ele estava fazendo o que eu pedira. Brian parecia totalmente diferente ao ouvir sua nova voz — muito mais tranquilo e contente.

"Agora, *veja* como ficará a cozinha quando estiver *totalmente* limpa. A louça está toda lavada e a cozinha está brilhante de tão limpa." Ao dizer isso, eu gesticulava para cima, de forma que Brian pudesse usar a parte do seu cérebro capaz de criar imagens.

"E agora perceba como vai se sentir bem quando tiver limpado tudo..." Eu continuava atenta a Brian, para verificar se ele estava seguindo minhas instruções e reagindo com prazer. "E agora, quando começar a lavar a louça, carregue com você esse sentimento de satisfação, sabendo que pode sentir-se bem a cada prato que lava, porque cada prato o leva para mais perto daquela cozinha limpa e brilhante."

A NOVA ESTRATÉGIA DE MOTIVAÇÃO DE BRIAN

Em seguida, repeti a mesma estratégia em várias áreas da vida de Brian, ensinando-o a usá-la para sair da cama de manhã, e depois para concluir uma tarefa em seu trabalho. Fiz isso para que a nova motivação positiva de Brian se generalizasse, tornando-se parte do seu processo inconsciente sempre que ele quisesse fazer alguma coisa.

Muitas pessoas se surpreendem ao ver que, com apenas alguns minutos de prática, um novo padrão se instala, ainda que o antigo padrão tenha, em alguns casos, 30 anos de existência. A razão disso é que não tentamos eliminar o antigo padrão. O que fazemos é simplesmente ensinar uma nova estratégia, mais eficaz. Se você vai de carro para o trabalho e um dia descobre um caminho mais curto, sabe que não é preciso muito tempo para adotar o novo caminho.

Brian falou: "Deu tudo certo na minha imaginação. Mas... e se não funcionar? E se eu continuar a não fazer o que deve ser feito?"

"Com certeza você pode lembrar-se do sofrimento que sentia antes e pensar nos problemas que terá caso não consiga adotar a nova estratégia, certo?", perguntei a ele. "Aquele seu lado que o motivava através do sofrimento vai agir novamente, e suponho que o faça sentir-se ainda pior. Claro que se você reagir de imediato a essa nova estratégia não haverá necessidade de ter essas sensações negativas." Eu estava utilizando sua antiga estratégia de evitar desastres para que ele adotasse integralmente a nova estratégia. Enquanto eu falava, Brian me olhou com um brilho nos olhos, mais motivado ainda para usar a nova estratégia.

Mais tarde, Brian contou que estava muito motivado para fazer as coisas. "Minha mulher nem acredita que estou lavando a louça imediatamente", falou. "Arrumei minha mesa de trabalho pela primeira vez em anos. E gostei muito! Na verdade, estou gostando tanto de fazer as coisas que acho que a próxima etapa será aprender a estabelecer prioridades e decidir o que realmente vale a pena ser feito. Estou um pouco preocupado em exagerar."

Atendendo ao seu pedido, ajudei Brian a estabelecer prioridades para as tarefas que desejava realizar e a saber quando era hora de se motivar a parar para um descanso.

JENNIFER

Jennifer também se queixava de ter dificuldades em se motivar. Ao contrário de Brian, ela não ouvia uma voz dizendo-lhe que devia fazer algo. Quando tentava motivar-se para lavar roupa, ficava pensando em como seria lavar roupa. E, é claro, logo percebia que não estava nem um pouco com vontade. Afinal de contas, ficar mexendo em roupa suja não era nada agradável. O mesmo método funcionava magnificamente bem para que Jennifer se motivasse a ir dançar ou fazer algo agradável. Ela pensava em como se sentiria quando *estivesse dançando*, sentia-se bem e ficava motivada a ir dançar. Entretanto, isso a fazia adiar qualquer coisa que não fosse agradável.

Muitas tarefas não são nem um pouco agradáveis. Mas, mesmo que não gostemos de fazê-las, queremos que *sejam feitas*. Se tentarmos nos motivar pensando em como seria fazê-las, não nos sentiremos nem um pouco motivados. O que nos motiva, nesses casos, é ver nossos deveres *cumpridos*, porque é isso que *desejamos*. Se visualizarmos a cozinha limpa, a grama aparada ou a tarefa terminada, teremos muito mais chances de nos sentirmos motivados, porque estaremos pensando naquilo que queremos.

Ajudar Jennifer a pensar na tarefa já realizada fez que a estratégia de motivação desse certo. Jennifer não precisava adquirir uma sequência totalmente nova; bastava-lhe modificar *aquilo* que visualizava. Em vez de se imaginar *fazendo o* trabalho, precisava vê-lo já *feito*. Refiz essa parte com Jennifer, como havia feito com Brian: "Veja a roupa toda lavada e arrumada do jeito que gosta. Agora, sinta a satisfação de ver tudo pronto".

Quando terminou, Jennifer sorriu e disse: "Funciona. Sinto vontade de lavar tudo, agora. Mas, e o resto? Sou terapeuta e preciso escrever relatórios sobre as sessões com meus pacientes. Tenho muita dificuldade em preparar esses relatórios. Não acho nada divertido escrevê-los. Será que vai funcionar nesta área também?"

"Sem dúvida alguma. Vamos retomar a estratégia com os relatórios. Como você sabe que está na hora de se motivar para escrever o relatório? É logo após o final da sessão?"

"É", disse Jennifer. "Se eu escrevesse o relatório logo em seguida, seria muito mais fácil. Deixo-os se acumularem e escrevo-os no final de semana, quando deveriam estar sendo entregues. E aí fica difícil lembrar o que devo escrever."

"Bem, então imagine que acabou de sair de uma sessão — acabou de se despedir do seu paciente. Agora, veja o relatório desse paciente pronto e sinta-se bem porque já o terminou."

Jennifer interrompeu:

"Isso não funciona, porque na verdade não dou muita importância aos relatórios dos pacientes. Acho que são uma bobagem e não acrescentam nada. Portanto, não me sinto motivada em pensar que já terminei o relatório."

"Bem, já que *não servem para nada,* talvez fosse melhor não os redigir."

"Mas, nesse caso, eu perderia o meu emprego. É uma exigência."

"Ah, então *existe* algo de positivo em escrever esses relatórios. Garante o seu emprego. Não conheço todos os motivos que fazem esse emprego importante para você. Talvez seja uma questão de salário, a satisfação de ajudar outras pessoas, fazer algo de útil, ou qualquer outra coisa."

"Claro que tudo isso conta."

"Então, em vez de apenas ver o relatório já escrito, talvez fosse útil ver — perto dele ou depois dele — o que realmente conta para você: manter o seu emprego e tudo o que decorre disto. Consegue imaginar isso?"

"Consigo. Funciona melhor assim."

"Ótimo. E, ao ver tudo isso, você sente a satisfação do trabalho realizado." (Jennifer sorri.) "Você também poderá se lembrar dessa sensação e mantê-la enquanto escreve o relatório, sentindo-se cada vez mais satisfeita a cada palavra que escreve, até terminar." Quando lhe pedi que refizesse a estratégia em outras áreas da sua vida, os resultados foram satisfatórios.

Jennifer conseguira o que queria, mas achei que ela também poderia obter algo que não havia pedido. Como mencionei antes, sua estratégia tinha apenas duas etapas (V → C). Como lhe falta o nível auditivo, ela não pausa para falar consigo mesma sobre os outros fatores envolvidos na questão. As pessoas que usam esse tipo de estratégia em geral agem de maneira "espontânea" ou "impulsiva", a partir de informações parciais, e depois se arrependem.

Em primeiro lugar, era necessário descobrir se ela tinha esse tipo de problema. Como muitas pessoas são complacentes e geralmente concordam com qualquer coisa que outra pessoa diz, propositalmente fiz a pergunta *oposta* ao que achava, para que ela tivesse de me corrigir.

"Jennifer, você provavelmente é o tipo de pessoa que pesa todos os prós e os contras de algo que vai fazer e nunca se arrepende de ter-se comprometido com uma pessoa ou um projeto, não é?"

Jennifer pareceu surpresa e disse firmemente: "Não é verdade! Sou justamente o oposto. *Com frequência* me arrependo de ter me metido em certas coisas. Este é um dos meus maiores problemas".

Precisei restabelecer a nossa relação e expliquei: "Imaginei que era esse o caso. Fiz a pergunta oposta para ter certeza de que não estaria influenciando você. Já que se trata de um problema, há algo que podemos fazer. Gostaria que experimentasse esse método e visse como funciona no seu caso.

"Primeiro, pense numa dessas situações em que você conseguiu motivar-se e depois se arrependeu... Agora, observe o que a motivou na época e sinta a empolgação de querer fazer exatamente o que fez."

Jennifer parecia em dúvida ao responder: "Tudo bem, mas foi isso que me causou problemas".

"Eu sei, e é por isso que vamos colocar um elemento extra. Logo após a sensação positiva de estar motivada, ouça uma voz interna que lhe pergunta: '*Há algo importante que eu deva levar em consideração antes de continuar?*' Neste caso, você sabe o que deu errado; portanto, sabe o que poderia ter levado em consideração no momento em que estava motivada. Uma forma de fazer isso é acrescentar esse elemento à imagem e observar se ainda continua motivada. Pode haver muitas coisas a levar em consideração, ou apenas uma ou duas. Algumas podem não ter importância, mas outras, sim. Mesmo quando vale a pena fazer algo, talvez seja *mais* importante fazer outra coisa primeiro. Se você parar um instante para perguntar se há algo mais a ser considerado, poderá evitar arrependimentos e desapontamentos futuros..."

"Isso certamente teria modificado as coisas. Quando penso nos outros fatores inerentes à situação, não me sinto nem um pouco motivada."

Pedi a Jennifer que repassasse esta sequência nas várias situações com que se defrontou no passado, para perceber melhor as coisas importantes que deixara de levar em conta. Depois, pedi a ela que fizesse o mesmo com outras situações que poderiam vir a ocorrer no futuro, incluindo lavar roupa e escrever relatórios.

Depois disso, Jennifer passou a achar muito mais fácil escrever seus relatórios e fazer outras tarefas, e raramente se arrependeu do que tinha feito.

OS QUATRO ESTILOS MAIS COMUNS DE MOTIVAÇÃO INEFICIENTE

Em nosso trabalho, observamos que existem quatro estilos típicos de motivação quando algo "dá errado". Podemos reconhecer em nós um ou vários desses estilos, pois eles não são excludentes. Algumas pessoas adotam os quatro estilos, até descobrirem uma maneira melhor de se motivarem.

1. **O estilo de motivação negativo.** Como Brian, muitas pessoas só conseguem se motivar pensando nos desastres que acontecerão caso *não* façam alguma coisa. Pensam que serão despedidos se chegarem atrasados ao trabalho. Pensam que a família as abandonará se não forem atenciosos. Pensam que o carro vai ficar completamente arruinado se não cuidarem dele. Entretanto, pensar em coisas ruins é desagradável e geralmente não motiva as pessoas rapidamente.

Um estilo de motivação negativo ou "desastroso" *pode* ser muito eficaz para algumas pessoas e tarefas. Em algumas situações, é útil pensar no que vale a pena evitar. Os advogados geralmente pensam no que pode dar errado antes de escreverem contratos meticulosos que levem em conta possíveis problemas. Um construtor que tinha alcançado um nível excepcional de segurança usava uma estratégia de "evitação de desastres" para lembrar-se continuamente do que poderia dar errado se ele não fosse cuidadoso. Há coisas que vale a pena evitar, sobretudo em contextos perigosos.

Entretanto, se alguém se motiva *apenas* pensando naquilo a ser evitado, provavelmente sentirá uma grande carga de estresse e sensações desagradáveis. Outro problema da motivação negativa está contido no velho ditado: "Pular da panela para o fogo". Ao se concentrar apenas naquilo que está evitando, a pessoa pode estar indo em direção a algo pior ainda. Reagir a fatos negativos não deixa muito espaço para pesar as coisas positivas que se *deseja* obter.

No caso dos motivadores negativos, tem sido muito útil acrescentar motivações positivas. Isso foi feito com Brian, que passou a pensar na satisfação de ver suas tarefas cumpridas. Brian passou a pensar no que *quer*, em vez de pensar no que *não quer*. Recomendamos que, pelo menos, a pessoa inclua, ao lado dos desastres que imagina, o que realmente deseja.

Se o estilo de motivação negativo estiver funcionando e levando a pessoa a fazer o que deseja, tomamos sempre muito cuidado ao sugerir mudanças. Por exemplo, Howard era um banqueiro bem-sucedido, que se motivava pensando no dinheiro que poderia perder. Como dava valor ao sucesso e não queria modificar sua motivação, não lhe propusemos nenhuma mudança. Se tivéssemos sugerido uma mudança no estilo de motivação de Howard, teríamos de ter muito cuidado para preservar sua eficiência como banqueiro.

2. **O estilo de motivação ditatorial** também estava aparente na abordagem de Brian. O ditador se motiva dando-se ordens num tom de voz exigente e desagradável. A voz às vezes se parece com a dos pais ou de outras pessoas que exerciam autoridade no passado. A pessoa que tem essa abordagem em geral usa frases do tipo: "TER QUE", "DEVERIA "ou "DEVE". Como no caso de Brian, a maioria das pessoas sente que *não* quer fazer algo e protela a tarefa.

Quem usa esse estilo pode se motivar mais facilmente se mudar o tom de voz e transformar a *ordem* num *desejo*, substituindo as expressões "TER QUE" e "DEVE" por "Será bom..." Será útil...", "Eu quero...".

3. **O estilo de motivação de "imaginar-se fazendo".** Há muitas pessoas que pensam como seria *desempenhar* uma tarefa, em vez de vê-la já *pronta*. Como Jennifer, essas pessoas podem motivar-se com facilidade a fazer coisas prazerosas, porém não suas "obrigações". É difícil motivar-se a fazer algo que não seja inerentemente prazeroso, e a falta de motivação torna-se um obstáculo ao sucesso e à eficiência.

A solução é pensar na *tarefa concluída*, em vez de imaginar-se executando-a. Eventualmente, será necessário dar um passo à frente e pensar *por que é importante concluir a tarefa*. Se realmente não houver nenhum benefício, talvez não valha a pena concluí-la. Se *houver* um benefício valioso em se concluir a tarefa, pode-se visualizar esse valor para facilitar a motivação.

4. **O estilo de motivação opressor.** Algumas pessoas imaginam a tarefa toda como uma massa imensa, ameaçadora e indistinta, e, naturalmente, sentem-se oprimidas. Se pensarmos em ter de arrumar a casa inteira como uma única tarefa, podemos nos sentir oprimidos. Se pensarmos em escrever uma dissertação ou um livro como uma única imensa tarefa a ser cumprida *agora*, pode parecer impossível. Quando alguém se sente oprimido, geralmente se imagina incapaz até de começar a tarefa, e a tendência é deixá-la de lado.

Em geral, o primeiro passo é afastar a imagem da tarefa e diminuir seu tamanho. Isso a torna mais "acessível". Depois, fazemos o que se chama de "segmentação para baixo". É como a velha piada: "Como se come um elefante?" A resposta é: "Um pedacinho de cada vez!"

Pode-se começar a ver a tarefa e depois observar as pequenas etapas necessárias para realizá-la. Por exemplo, posso ver a casa limpa e arrumada e depois as etapas necessárias para terminar o trabalho: tirar o pó, limpar vidros, encerar o assoalho, um cômodo de cada vez etc. Posso ver cada uma das etapas feitas, para que possa me sentir motivada a terminar cada etapa, uma de cada vez. Agora, no lugar de me defrontar com uma única e imensa tarefa, estou diante de uma série de pequenas etapas, cada uma perfeitamente realizável. Se alguma delas me parecer grande demais, posso subdividi-la em etapas ainda menores. Se não souber como proceder, posso pedir ajuda a outra pessoa, ler um livro ou uma revista sobre o assunto ou fazer qualquer outra coisa para reunir as informações necessárias. Portanto, o primeiro passo em direção ao meu objetivo passa a ser a coleta de informações.

COMO ADOTAR UM NOVO ESTILO DE MOTIVAÇÃO

Para algumas pessoas, entender o que não funciona e que estilo de motivação seria mais adequado é o bastante para que a mudança aconteça. Entretanto, a maioria das pessoas precisa passar por uma sequência cuidadosamente guiada para aprender uma nova estratégia de motivação até que ela se torne automática. Normalmente, meia dúzia de repetições são suficientes para assimilar a nova sequência. Jennifer e Brian adotaram uma nova estratégia de motivação tão automática e inconsciente quanto a anterior. Após repetirem as etapas conosco, não precisaram "tentar" adotar a nova estratégia ou "treiná-la". Simplesmente se viram agindo automaticamente.

Essa é uma das razões por que a PNL difere de simples conselhos. Conselhos do tipo "Pense de maneira positiva. Pense nos benefícios que terá e vai se sentir motivada" nem sempre funcionam. O que torna a PNL muito mais eficaz é que sabemos dar instruções específicas de como repetir uma nova estratégia, para que ela se torne automática. Sabemos como levar alguém a usar uma parte específica da mente em cada etapa e utilizamos indicadores não verbais para confirmar se a pessoa está realmente fazendo as mudanças necessárias. Também sabemos oferecer sugestões se a pessoa não tiver compreendido bem o processo ou se tiver problemas ou encontrar obstáculos.

COMO FAZER QUE O NOVO ESTILO DE MOTIVAÇÃO DÊ CERTO

Às vezes, quando alguém aprende uma nova estratégia de motivação, descobre que algumas mudanças são necessárias para resultados ainda melhores. Brian por exemplo, descobriu que, estando tão motivado, precisava estabelecer suas prioridades para poder descansar.

Louise, que também tinha problemas de procrastinação, descobriu que estava relutante em aprender uma nova estratégia de motivação. Depois de termos criado um ambiente no qual ela se sentia segura para examinar suas objeções, Louise descobriu que tinha medo de errar. Como vivia adiando suas tarefas, realmente nunca havia testado sua capacidade. Sempre podia dizer: "Eu poderia ter feito aquilo. É que nunca cheguei a tentar". Louise temia que, caso se motivasse a dar mais de si, viesse a descobrir que não era tão capaz quanto pensava. Usamos outro método (ver capítulo 7) para ajudá-la a respeitar esse seu lado interior, de forma a poder suplantá-lo e adotar a nova estratégia de motivação.

Para uma pessoa que vive tomando decisões erradas, isto não chega a ser um problema, uma vez que ela nunca se esforçou para pôr em prática suas decisões. Entretanto, se aprender a se motivar melhor, poderá começar a pôr em prática suas decisões e se meter em confusão. Nesse caso, é imporante melhorar também sua estratégia para tomar decisões (ver o próximo capítulo).

A importância da motivação positiva é amplamente reconhecida, porém a forma utilizada tem sido por tentativa e erro. A PNL oferece uma abordagem sistemática, que pode ser adaptada às necessidades específicas de cada pessoa.

15. Como tomar decisões

Decisões, decisões! Tomamos decisões o tempo todo — algumas mais importantes, outras menos. Que camisa usar, quando cortar o cabelo, que molho colocar na salada, a que noticiário assistir na televisão, que carro comprar. Algumas decisões são difíceis. Outras são tomadas tão rapidamente que nem as consideramos decisões. Isso porque nossa maneira de tomar decisões é tão automática que o processo é realizado fora do nível da consciência — funciona sem a intervenção do pensamento.

Quando estávamos aprendendo os programas do cérebro, participamos de um seminário de Richard Bandler. No final do seminário, Richard nos pediu para descobrir como os outros participantes tomavam decisões.

Formei dupla com uma mulher chamada Holly e lhe perguntei como escolhia o que ia comer num cardápio. É uma situação fácil para identificar a maneira de alguém tomar decisões. Primeiro, Holly olhava o cardápio, que é uma boa maneira de saber que opções o restaurante tem a oferecer. Depois, ela se perguntava: "O que os outros estão comendo?" Outra voz interior dizia então, em tom de chateação: "Ora, pense por si mesma!" E Holly sentia-se mal. As duas vozes interiores continuavam a discutir, fazendo-a sentir-se cada vez pior. Quando se sentia extremamente inquieta, outra voz dizia: "Ora, escolha qualquer coisa. É melhor do que continuar nesta agonia!" Aí, Holly escolhia *qualquer* coisa. Ela literalmente apontava para qualquer comida e pedia!

Mas a agonia de Holly não parava por aí. Suas duas vozes interiores continuavam discutindo: "Acho que escolheu errado", "Bom, pelo menos escolhi sozinha!", e assim por diante.

Quando Holly viu seu programa de decisão colocado no papel, disse: "Que incrível! Tomei *todas* as minhas decisões dessa forma! Foi assim que decidi me casar, ter filhos, onde morar — tudo!"

É fácil perceber o que isso significava para a vida de Holly. Todas as suas decisões, mesmo as menos significativas, eram dolorosas. Observei a expressão sofrida em seu rosto e me dei conta de que ela tinha o mesmo olhar desde o início do seminário, naquela manhã. Era de se esperar.

Mais tarde, descobri outra coisa: Holly fazia terapia havia mais de um ano com um terapeuta que também estava participando do seminário. Durante a terapia, sempre se queixava de estar insatisfeita com tudo na vida. O terapeuta tentava ajudá-la a "examinar seus sentimentos de insatisfação" e a "expressá-los, para expulsá-los de dentro de si", como tantos terapeutas aprenderam a fazer.

Ele deu um sorriso triste quando lhe falei sobre o programa de decisão de Holly, pois percebeu imediatamente que ela poderia continuar a expressar seus sentimentos para o resto da vida, sem tirar disso o menor benefício. Ela precisava de uma nova maneira de tomar decisões.

O programa de Holly a levava a tomar decisões de maneira aleatória. Quando se sentia muito mal, escolhia *qualquer coisa*. Se escolhemos o que comer aleatoriamente, o máximo que pode nos acontecer é uma pequena indigestão. Mas se é assim que escolhemos um parceiro de casamento, as consequências são bem mais sérias. As chances de felicidade são bem menores. As decisões de Holly nada tinham a ver com o que ela gostava ou deixava de gostar, e isso provocava uma imensa insatisfação. Holly nunca levou em consideração a aparência, o gosto, o som ou o sabor de nada.

No exercício, Holly já havia identificado o meu programa de decisão; portanto, ajudei-a a aprendê-lo. É assim que funciona:

LER UMA OPÇÃO DO CARDÁPIO → VER A IMAGEM DA COMIDA → "SABOREAR" A COMIDA → AVALIAR → ESCOLHER A MELHOR OPÇÃO → PEDIR

Holly aprendeu rapidamente este novo programa. Enquanto ela repetia a sequência, fiz que olhasse na direção correta a cada etapa, para ter certeza de que ela estava usando o lado do cérebro adequado àquela proposta (ver Anexo I). Para ajudá-la a generalizar o novo programa de decisão, fiz que repetisse as etapas usando o mesmo programa básico para diferentes tipos de decisão —como a escolha de uma roupa por uma pessoa cega (pelo tato) e a compra de um vestido (pela aparência).

Holly estava aprendendo uma nova forma de tomar decisões, examinando cada opção, avaliando-a e escolhendo a primeira opção que a satis-

A essência da mente

fizesse o suficiente. É um processo simples, mas radicalmente diferente do que ela vinha usando até então. Mais tarde, observei que ela havia aprendido a tomar decisões de maneira rápida e tranquila. Quando Richard Bandler lhe perguntou se queria vir à frente da turma, ela logo disse "sim", sem franzir a testa como costumava fazer.

Existe um bom número de programas eficientes de tomada de decisões, e Holly poderia ter-se beneficiado de qualquer um deles. Holly aprendeu algo muito importante naquele dia, e eu também aprendi algo muito importante com ela. Muitos dos meus professores, dentro e fora da faculdade, diziam que ajudar as pessoas a expressar seus sentimentos era o primeiro passo em direção à cura da maioria dos problemas psicológicos. Tenho certeza de que *às vezes* isso funciona. Para alguém que não sabe expressar seus sentimentos, isso tem um impacto muito positivo. Entretanto, no caso de Holly, o simples ato "não emocional" de aprender uma nova maneira de tomar decisões foi muito mais respeitoso, cuidadoso e eficiente. Nada poderia ter tido um efeito mais curativo e satisfatório para ela do que aprender essa nova habilidade, que será útil a cada dia da sua vida.

Sempre que as pessoas acusam a PNL de ser "fria" e "tecnológica" porque acham que ela "não lida com os sentimentos", penso em Holly e em muitas outras pessoas cuja vida foi profundamente modificada pela PNL e que passaram por uma transformação pessoal que antes lhes parecia inatingível.

CRIATIVIDADE

Ralph só podia pagar uma sessão comigo, portanto senti certa urgência em alcançar o resultado desejado. Muitos clientes apresentam um problema específico, como fobia, problema de peso ou ciúmes. A queixa de Ralph era muito mais geral e vaga, o tipo de situação que alguns chamam de "crise existencial". Segundo explicou: "Estou insatisfeito com o que estou fazendo atualmente, e não sei o que quero da vida. Não estou fazendo nada de concreto agora. Trabalho um pouco com cerâmica, mas não é isso que quero de verdade. Já dei aulas, mas também não é isso que quero. Não me sinto bem dando aulas".

Ralph enumerou várias opções de profissões, explicando por que nenhuma delas lhe servia. Achava que tinha uma alma *hippie* e era contra a maioria das profissões por questões éticas. "Ganhar dinheiro significa fazer algo que não desejo fazer", explicou. "Não desejo uma função rígida. Quero fazer coisas que requerem dinheiro, mas não quero o tipo de emprego necessário para consegui-lo. Sei que deve haver alternativas, mas nunca me disseram quais seriam."

EXAMINAR O PROBLEMA

Ralph achava que seu problema era basicamente uma questão de valores e de manter sua integridade — viver de acordo com o que ele queria ser. No entanto, enquanto ele falava, fiquei observando com muito cuidado as pistas não verbais para entender a estrutura da sua dificuldade. Parecia possível que o problema de Ralph tivesse menos a ver com seus valores do que com um programa mental que o impedia de encontrar uma carreira satisfatória. Observei que, sempre que ele falava sobre um possível emprego, passava pela mesma sequência de movimentos oculares (ver Anexo I), o que indicava a maneira como ele examinava as possibilidades de emprego e como decidia que não gostava delas. O programa mental de Ralph era assim:

VISUALIZAR UMA POSSIBILIDADE LEMBRADA → PENSAR A RESPEITO DESSA OPÇÃO → SENTIR SE GOSTA OU NÃO DESSA OPÇÃO

De certa forma, essa é uma boa sequência de tomada de decisão, mas tem um problema. Como usava imagens *lembradas,* Ralph só podia avaliar ideias ou possibilidades que já tinha observado antes ou que conhecia por intermédio de outras pessoas. Em momento algum ele usava a parte do seu cérebro que, de maneira criativa, visualiza *novas* possibilidades, corrigindo ou reassociando as imagens lembradas.

Fiz um teste para saber se Ralph passava pelo mesmo programa mental quando tomava outras decisões. Na verdade, ele decidia que tipos de vasos de cerâmica fazer ou que tipo de comida escolher num restaurante exatamente da mesma maneira. Tinha facilidade em decidir que vaso fazer *se já tivesse visto um vaso de que gostara e queria fazer.* Ralph só tinha problemas de indecisão se ainda não tivesse visto algo que queria fazer.

Sem dúvida, a dificuldade de decidir o que fazer de sua vida era semelhante, porém em escala maior. Era uma consequência natural de como ele tomava suas decisões. Ele só conseguia pensar nas possibilidades que já tinha visto antes. Como nenhuma das opções conhecidas correspondia aos

A essência da mente

seus valores, Ralph ficava em um beco sem saída. Não tinha como "criar" novas possibilidades mais satisfatórias.

OFERECER UMA SOLUÇÃO

Quando percebi os obstáculos de Ralph, usei os métodos de PNL para ajudá-lo a utilizar suas capacidades criativas para tomar decisões. Como ele era um ceramista, parti da forma dos vasos para ensiná-lo a tomar uma decisão simples. Enquanto o guiava pelo processo, meus gestos indicavam para onde ele devia olhar. Isso o obrigava a usar o lado adequado do cérebro a cada etapa do processo de decisão.

"Imagine que está decidindo que tipo de vaso fazer. Primeiro, veja uma possibilidade." (Ralph automaticamente olhou para a esquerda, como sempre fizera.) "Agora, modifique esta imagem de alguma maneira." Ao dizer isso, gesticulei para a sua *direita*, para que ele olhasse naquela direção e começasse a usar sua capacidade de visualização criativa. "Pouco importa que você goste ou não da nova imagem — simplesmente modifique sua aparência. Pode ser maior, mais largo ou mais curto, ou ter uma forma diferente. Dê um sinal quando tiver modificado o vaso."... Quando ele indicou que havia terminado, eu disse: "Agora, diga a si mesmo algo a respeito desse vaso." ... (Ralph assentiu). "E agora sinta se gosta dessa nova possibilidade."

Direção do olhar:

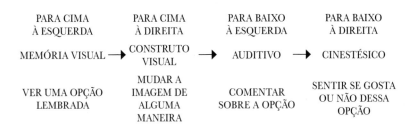

"Agora, veja uma segunda possibilidade — outro vaso que você poderia fazer... Veja-o com uma forma diferente. Mude a imagem da maneira que desejar... Fale consigo a respeito desse vaso... Sinta se gosta ou não dessa nova possibilidade..." Continuei a gesticular para que os olhos de Ralph se movessem na direção adequada para cada tipo de processamento. Depois que ele imaginou cinco vasos diferentes, eu lhe pedi que escolhesse o que mais lhe agradava. "Imagine-se preparando para fazer o vaso que escolheu."

Para ajudá-lo a generalizar essa capacidade, pedi que decidisse o que fazer para o jantar usando o mesmo processo. Depois, lhe pedi que tomasse algumas decisões em várias áreas da sua vida. Após ter ensaiado este novo "programa cerebral" durante uns 15 minutos, resolvi testá-lo: fiz uma pergunta que exigia que ele tomasse uma simples decisão. Observando seus movimentos oculares automáticos, percebi que ele passara a usar o novo programa de maneira espontânea. Vários meses depois, Ralph me escreveu dizendo que estava vivendo em outro estado e satisfeito com o rumo que sua vida havia tomado.

O programa mental que Ralph usava para a tomada de decisões é bem característico. Muitos de nós pensamos apenas nas opções que já conhecemos ou experimentamos, em vez de levar em consideração novas possibilidades, usando a capacidade criativa que todos possuímos. O uso dessa capacidade pode enriquecer nossa vida, como aconteceu com Ralph.

Muita gente acha que a criatividade é um "traço" de personalidade, difícil de ser desenvolvido. Na verdade, é praticamente impossível desenvolver a criatividade se nunca usamos a parte do nosso cérebro que reúne as nossas experiências de uma forma nova. A PNL oferece uma maneira prática e direta de aprendermos a usar automaticamente as partes do nosso cérebro que ainda não usamos por completo.

PERDA DE PESO

Uma vez que a tomada decisões afeta tudo o que fazemos, pode ser um fator importante em vários problemas que, à primeira vista, parecem muito diferentes. Quando Alice me pediu ajuda, não pediu que eu a ajudasse a tomar decisões. Isso nem passava pela sua cabeça. O que a preocupava eram seus 12 quilos a mais. Alice já havia tentado tudo para perder peso, inclusive vários tipos de terapia com diferentes terapeutas. Havia até recorrido a vários terapeutas de PNL, que usaram algumas abordagens básicas que em geral funcionam a resolver problemas de peso.

Quando me contou o seu caso, Alice parecia resignada com seu "destino". "No início eu estava otimista", falou. "Pensei que fosse fácil perder alguns quilos. Mas, depois de consultar tantos terapeutas que supostamente eram excelentes, comecei a duvidar. Talvez fosse melhor deixar para lá essa história de perder peso e me acostumar a ser gorda."

Alice estava desanimada e não esperava resultados. A ideia de trabalhar com um caso "difícil" me empolgava. Rapidamente, comecei a reunir informações. Alice queria perder 12 quilos e manter o peso. *Não voltar a engordar,* eis a questão. Ela já havia conseguido perder alguns quilos, mas sempre os recuperava.

Por já ter trabalhado inúmeras vezes com problemas de peso, sei que o mesmo "problema" pode ter diferentes causas. Algumas pessoas comem demais quando estão mal emocionalmente, porque comer é a maneira mais fácil de se sentirem melhor. A maioria de nós faz isso ocasionalmente. Outras nem comem muito, mas o *tipo* de comida que ingerem as faz engordar. Precisam de uma maneira automática de escolher alimentos que as leve a perder peso (ver capítulo 11). Para outras, o x da questão é a motivação para praticar atividade física.

Alice disse que não comia em excesso pela manhã ou no trabalho, durante o dia. Isso só acontecia em casa e à noite. Então, comecei a fazer perguntas específicas para coletar informações, às quais, em geral, não prestamos atenção. Eu queria descobrir o programa mental que causava o problema.

Descobri que, quando voltava do trabalho, Alice entrava no apartamento em que morava sozinha, olhava à sua volta e, se não encontrasse *nada* para fazer, sentia-se mal. Quando se sentia mal, imediatamente pensava em comida e logo melhorava. Ia direto à geladeira para comer alguma coisa — praticamente qualquer coisa servia —, para continuar se sentindo bem. Entretanto, enquanto comia, começava a pensar que não deveria estar comendo. Isso a fazia sentir-se mal, e então pensava em comida para sentir-se bem de novo. O diagrama do seu programa mental poderia ser o seguinte:

NÃO TER O QUE FAZER → SENTIR-SE MAL → VER COMIDA → SENTIR-SE BEM → COMER

Estava ficando claro por que Alice não conseguia emagrecer. Comer era sua única maneira de lidar com o fato de não ter o que fazer. Não comia de manhã porque tinha de trabalhar. Era enfermeira e tinha muito trabalho no hospital. Como se mantinha ocupada o tempo todo, seu programa mental para o caso de "não ter o que fazer" só era acionado quando ela chegava em casa.

Alice refazia a mesma sequência sempre que chegava em casa e não tinha o que fazer. Mesmo quando queria perder peso, a comida era sua única alternativa para sentir-se bem.

Perguntei-lhe o que acontecia quando chegava em casa e não encontrava o que fazer. "Se encontro algo para fazer, como um vestido por terminar na máquina de costura, termino a tarefa e *não* como."

Não era fácil modificar seu programa de uma maneira satisfatória. Fiquei pensando numa solução que funcionasse no caso de Alice. Sempre que pensamos em mudar o programa mental de uma pessoa, temos muito cuidado para preservar os benefícios do antigo programa, enquanto acrescentamos outros. Eu poderia ter ensinado a Alice um novo programa que a faria sentir-se bem mesmo quando olhava à sua volta e não encontrava nada para fazer, mas isso talvez a transformasse num "vegetal" à noite. Ela chegaria em casa e ficaria sentada, sem fazer nada, apenas sentindo-se bem.

Ao examinar com mais cuidado o programa mental de Alice, percebi que, na verdade, se tratava de um programa de tomada de decisão. Seu objetivo era dar a Alice uma maneira de decidir o que fazer quando não visse nada a ser feito. O problema era que a única alternativa que ela levava em consideração era comer. Se *pensarmos* que temos apenas uma opção, na verdade não temos nenhuma — o que temos é uma ordem. Se temos uma única escolha, é a ela que vamos obedecer.

Alice precisava desesperadamente de uma maneira de gerar outras opções além de comer. Além disso, seu programa de tomada de decisão a fazia sentir-se mal assim que via que não tinha o que fazer. Poucas pessoas conseguem ser criativas quando estão se sentindo mal. Começar com uma sensação ruim fazia que Alice mal conseguisse pensar em outras possibilidades. Eu sabia que precisava lhe oferecer um programa mental que a mantivesse num estado criativo enquanto gerava novas opções.

Eis o novo programa que criei para Alice:

Como fizera com Holly e com Ralph, ensinei a Alice cada uma das etapas desse novo programa, assegurando-me de que ela olhava na direção certa em cada uma delas.

Depois que Alice pensou em cinco coisas diferentes que gostaria de fazer, pedi-lhe que escolhesse a que mais lhe agradava. Já que se tratava de um programa de tomada de decisão para "depois do expediente", pedi-lhe que pensasse em algo que realmente *lhe desse prazer*. Se ela estivesse precisando de um programa de tomada de decisão para o trabalho, teria perguntado o seguinte: "Qual será a coisa mais *eficiente ou útil* a fazer agora?"

Levei perto de duas horas para reunir todas as informações pertinentes e apenas 20 minutos para lhe oferecer um novo programa de decisão e me assegurar de que ele havia se tornado automático.

Às vezes, as pessoas se perguntam: "Não seria necessário *pensar* em agir de maneira diferente?" A maior parte das mudanças obtidas pela PNL resultam numa mudança automática de sentimentos ou ações. Todos demonstramos, repetidas vezes, que somos capazes de agir de maneira automática. Já que Alice podia comer de maneira automática, também poderia usar o seu programa mental de forma automática. Era apenas uma questão de dar ao seu cérebro um novo programa que funcionasse melhor.

Oito meses após essa sessão, Alice me contou que perdera peso sem nenhum esforço e estava conseguindo mantê-lo. Agora que tinha uma maneira de criar e avaliar *várias* possibilidades, comer nem sempre era sua melhor opção. Anos depois, recebi uma carta de Alice, confirmando que ela estava satisfeita por estar mantendo o peso desejado.

Ao perder peso, Alice obteve algo muito mais importante do que um corpo esbelto. Aprendeu uma maneira mais eficiente de tomar decisões.

Sempre que se muda a estratégia de decisão de alguém, é importante levar em consideração todos os possíveis desdobramentos. A nova capacidade de tomar decisões não somente impediu Alice de comer em excesso, mas tornou-a uma pessoa mais criativa. Ela havia pedido ajuda para controlar o peso, não para tornar-se mais criativa. Embora a maioria das pessoas possam ficar satisfeitas com este ganho secundário, toda habilidade tem seu lado negativo, e, já que sou a pessoa responsável pela mudança, preciso levar isso em consideração. Alice estava satisfeita com um emprego em que obedecia a um cronograma estabelecido por outras pessoas. Do momento em que fosse capaz de *gerar* opções, talvez ficasse insatisfeita com o emprego. Essa insatisfação poderia levá-la a abandonar o emprego ou ser despedida. Se ela fosse casada, eu teria de levar em consideração como seu marido viria a se relacionar com uma esposa mais criativa. Será que isso o agradaria ou iria desequilibrar seu relacionamento? Se isso acontecesse, eu seria capaz de ajudá-los? No caso de Alice, parecia claro que as vantagens eram muito maiores do que as possíveis desvantagens.

PONTOS BÁSICOS PARA UMA BOA TOMADA DE DECISÃO
No caso de Holly, foi preciso criar um programa inteiramente novo. Seu antigo programa não continha nenhum passo relevante para a tomada de decisões. No caso de Ralph, mantivemos a base do seu antigo programa, acrescentando uma etapa que lhe permitiu gerar novas ideias e ser criativo.

Não existe um único programa de tomada de decisões que seja "certo" para todos. O importante é se perguntar se a pessoa está tomando decisões satisfatórias e razoavelmente rápidas, sem arrependimentos ou queixas por parte das outras pessoas. Se for o caso, então o programa de tomada de decisões provavelmente é adequado para ela.

Eis alguns elementos que a maioria das pessoas deseja em seu programa de tomada de decisões:

1. **Ter acesso a opções criativas:** Ralph é um exemplo. Ele precisava ter acesso à parte criativa da sua capacidade de visualização para gerar novas possibilidades de escolha. Como no caso de Ralph, é possível incluir este elemento no programa de tomada de decisões.
2. **Usar todos os critérios de uma vez só:** Janice descobriu algo interessante sobre seu programa de tomada de decisões. Ela tinha dificuldade de comprar roupas. Quando entrava numa loja, uma vozinha interior lhe dizia de maneira autoritária: "Você *tem* de comprar algo que esteja em liquidação". Janice olhava as roupas em liquidação, mas sentia-se desconfortável e pensava: "Não quero comprar nada em liquidação". Depois, olhava para os vestidos de preço normal e sentia-se bem. Logo, a voz lhe dizia em tom de sermão: "Você deve comprar algo em liquidação!" e Janice sentia-se mal de novo. Esse conflito interno continuava até que Janice criava em sua mente uma imagem clara e luminosa de si mesma dançando no deserto, sob o sol, usando as roupas que desejava (as que tinham preço normal). Era uma imagem tão clara e atraente que desviava completamente sua atenção da

voz que queria que comprasse roupas em liquidação, e ela acabava comprando as roupas mais caras de que gostava.

Tudo isso era automático para Janice; acontecia de forma inconsciente. Ela riu quando descobriu o que vinha fazendo. "Eu nunca tinha pensado nisso", disse, "mas nunca consegui comprar roupas de inverno. Meu ex-marido as comprava para mim, até que nos divorciamos, há três anos!" Isso fazia sentido, pois roupas de inverno não ficariam bem em alguém dançando sob o sol escaldante do deserto.

Janice precisava encontrar uma maneira de examinar todos os seus critérios ao mesmo tempo. A voz que a incitava a comprar roupas em liquidação provavelmente queria que ela economizasse, e a que queria que comprasse roupas mais caras talvez desejasse um bom nível de qualidade. Em vez de ficar em dúvida entre esses dois valores, Janice poderia ter resolvido o conflito usando o método de integração descrito no capítulo 12. Aí teria *uma única voz* que identificasse todos os seus valores: "Que tipo de roupa satisfaz *ambos* os meus desejos: ter qualidade e um preço acessível?", ou então: "Qual a roupa que oferece a melhor relação preço-qualidade?" Janice poderia então avaliar cada um dos artigos, levando em consideração *os dois* valores ao mesmo tempo. Depois, poderia escolher o que melhor se enquadrasse em seus critérios.

Alguém que está dividido entre valores diferentes, do tipo "Este é mais atraente, mas este aqui é mais prático", certamente se beneficiará de um programa de tomada de decisão que lhe permita levar em consideração *todos* os valores simultaneamente.

3. **Usar todas as modalidades sensoriais:** Beth dizia-se insatisfeita com a maneira como tomava suas decisões. Decidia rapidamente, mas às vezes se arrependia. Por exemplo, quando queria comprar um casaco, experimentava vários modelos até se sentir confortável. Então, imediatamente o comprava. Nunca se olhava no espelho para ver se o modelo lhe caía bem. Comprava baseada apenas na sensação. Entretanto, após comprar o casaco confortável, *via* um casaco bonito na vitrine de uma loja, arrependia-se da escolha e pensava: "Eu deveria ter comprado um casaco tão bonito quanto aquele!"

Beth precisava de um programa de tomada de decisão que automaticamente levasse em conta tanto o *conforto* (sensação) quanto a aparência do casaco, *antes* de comprá-lo.

Dependendo da decisão que se está tomando, um dos sistemas sensoriais pode ser mais importante que os outros. Por exemplo, se estou escolhendo um disco, é natural que eu preste mais atenção ao som do que à fotografia da capa. Entretanto, em muitas decisões, *todos* os sistemas sensoriais são importantes. Se escolhermos uma pessoa com quem sair apenas pela aparência, corremos o risco de escolher uma pessoa atraente, mas que tem uma voz horrível — coisa que só vamos perceber depois de uma noite inteira de conversa. Para esse tipo de decisão, deve-se levar em consideração *todas* as informações — a maneira como a pessoa anda, o som de sua voz, sobre o que conversa, como nos sentimos em sua companhia e se gostamos de ser tocados por ela. Levar em consideração *todos* os sistemas sensoriais antes de decidir pode se tornar parte de nossa maneira automática de tomar decisões.

4. **Consequências futuras:** Muitas pessoas não levam em consideração as consequências de suas decisões a longo prazo. Por exemplo, pessoas com problema de peso geralmente pensam no prazer imediato que a comida lhes dá, sem levar em consideração as futuras consequências desagradáveis de estar acima do peso. Incluir uma experiência de futuro no processo de decisão pode mudar profundamente a maneira como a pessoa toma decisões, como veremos no capítulo 18.

Um exemplo dessa estratégia pode ser visto no excelente vídeo *Making futures real* [Tornando os futuros realidade], com Leslie Cameron-Bandler (ver Anexo II).

Provavelmente, nenhum outro programa mental tem maior impacto em nossa vida do que o de tomada de decisões, porque ele está presente em quase tudo o que fazemos. Sempre que alguém nos relata uma dificuldade, uma das primeiras coisas que nos perguntamos é: "Que tipo de tomada de decisão pode ter provocado esta situação?" Depois, observamos como essa pessoa toma decisões. Se o problema tiver sido causado por uma maneira inadequada de tomar decisões, oferecer um programa melhor resolverá não só aquele problema, como também muitos outros que a pessoa possa ter. Isso é o que chamamos de uso *gerador* da PNL, que oferece maneiras de obter muito mais do que as pessoas saberiam pedir.

16. Como lidar com desastres

Kate estava trabalhando conosco fazia dois anos quando, uma manhã, chegou com os olhos esbugalhados e o rosto branco como cera. Parecia péssima. Encontrou-me na cozinha, onde eu estava preparando o café da manhã para os meus filhos, antes de descer para o escritório. "Você soube o que aconteceu?" Com um tom de profunda ansiedade na voz, contou os detalhes de um acidente acontecido na noite anterior. "Eu vi tudo! Um carro perdeu o controle bem na minha frente. Se eu não tivesse pisado no freio, ele teria vindo direto *em cima de mim*. Duas pessoas morreram e duas estão na UTI."

Kate viu um carro perder o controle a poucos centímetros do seu, bater contra uma camioneta, capotar e cair com as rodas para cima. Ela saiu imediatamente do carro, querendo ajudar e ao mesmo tempo com medo do que iria ver. Apreensiva, levou um cobertor até a camioneta. Viu um homem sentado no chão, bastante machucado, com sangue no rosto e no braço. Nesse momento, o homem caiu para trás, com os olhos revirados. Kate entrou em pânico, achando que ele podia ter morrido. "Não consegui enfrentar a possibilidade que ele tivesse morrido, então me afastei." Kate só esperou para dar seu depoimento à polícia e saiu em estado de choque.

A primeira vez que ouvi sua versão do acidente, pensei: "É compreensível que ela esteja abalada. Viu o acidente fatal e sabe que poderia ter acontecido com ela". Ver algo dessa natureza geralmente faz que as pessoas pensem sobre a própria morte. Porém, nos dias seguintes, Kate sempre tinha algo novo a contar sobre o acidente, com o mesmo tom de ansiedade na voz e a aparência abalada. "Sabe o que descobriram sobre a pessoa que está na UTI?" Parecia não conseguir pensar em outra coisa.

Kate também estava preocupada com a sua reação ao acidente e queria modificá-la. Desde o acidente, ficava nervosa quando entrava num carro. O nervosismo piorava à noite e quando outras pessoas estavam dirigindo.

Ela ficava imaginando acidentes que poderiam acontecer e entrava em pânico. Kate tinha de passar pelo local do acidente todos os dias para voltar para casa, após o trabalho. Mesmo depois de chegar em segurança em casa, repassava os detalhes do acidente, mantendo o estado de ansiedade.

Embora a cena do acidente tivesse sido desagradável, não era isso que incomodava Kate. O que a perturbava profundamente era o fato de ter sido incapaz de ajudar o homem que desmaiara. Queria ter ajudado, mas não conseguira. Foi aí que ela "perdeu o contato com a realidade".

Kate me contou que a sensação de pânico durante o acidente lembrava-lhe a sensação que tinha quando criança, quando a mãe a acordava no meio da noite e a sacudia com violência. Sempre se sentia perdida e mentalmente "ausente" quando a mãe agia assim. Parecia que sua história de maus-tratos na infância tinha causado sua intensa reação ao acidente.

O SURGIMENTO DO PÂNICO

Pedi a Kate que se lembrasse do acidente pouco antes de sentir pânico, para descobrir o que a tinha feito reagir de forma tão intensa. Descobri que, ao ver o homem estirado no chão, ela focalizou a atenção no rosto ensanguentado e fez um *close* dele. Quanto mais via o rosto do homem em *close*, mais sentia-se fora de controle e sem reação. Ao se lembrar do fato, o corpo de Kate ficou rígido e imóvel. Ver o rosto de tão perto provocara o pânico. Quando lhe pedi que "afastasse" a imagem do rosto do rapaz, ela sentiu-se melhor. Seu corpo relaxou e voltou a ter mobilidade.

UMA NOVA AUTOIMAGEM

Ao perceber como Kate criou mentalmente sua sensação de desamparo e descontrole, tive a informação do que precisava para modificar sua reação. O primeiro passo era ajudá-la a criar o que seria, literalmente, uma nova autoimagem: uma outra Kate que se sentia capaz de lidar com o mesmo tipo de situação.

"Pense na Kate que poderia lidar bem com aquela situação. Não é que ela goste de acidentes, mas, se algum acontecer, não é um problema para ela. *Ela tem os recursos necessários para lidar com esse tipo de situação com eficiência.* Você não precisa saber que recursos são esses. Basta olhar para a imagem dessa Kate e saberá que *ela tem muitas escolhas e recursos.* Percebe-se isso pela expressão do seu rosto, pela maneira como ela anda, respira, gesticula, pelo som da sua voz etc."

Kate tentou criar essa imagem, mas pude observar que ela não estava conseguindo. Não parecia nem um pouco satisfeita com essa "Kate mais capaz" que deveria estar vendo. "Você está vendo a Kate que sabe lidar com esse tipo de situação?"

"Eu posso vê-la, mas não é real. Eu não sou ela."

"O que faz que ela não seja real?" Às vezes, quando alguém diz isso é porque está se vendo em preto e branco, e a imagem precisa ser colorida para ser real e convincente. Ou então a pessoa vê sua imagem transparente, e ela precisa ser sólida para ser real. Achei que fosse algo parecido, mas a preocupação de Kate era outra.

"*Aquela* Kate pode lidar com a situação, mas eu não, porque não sei nada sobre primeiros-socorros e não sou capaz de fazer reanimação cardiopulmonar. Portanto, não saberia como agir. Talvez precise fazer um curso de medicina para me sentir melhor."

Kate não precisava entrar em pânico simplesmente por não ser médica. Muitas pessoas têm pouco conhecimento de medicina e, no entanto, sabem agir adequadamente diante de um acidente. Fazem o que deve ser feito, sem entrar em pânico. Kate parecia achar que se tratava de uma situação de exclusão: ou ela era competente do ponto de vista médico, para poder controlar a situação, ou se sentiria totalmente sem controle. A objeção levantada por ela indicou-me o que fazer em seguida.

"Kate, em vez de ver uma pessoa capaz de fazer uma reanimação cardiopulmonar, quero que veja uma Kate que talvez não tenha maiores conhecimentos de medicina do que você, mas que tem a capacidade de lidar com uma situação difícil da melhor maneira possível, com o conhecimento que possui. Talvez esta seja a Kate que, numa emergência, é capaz de decidir imediatamente como ajudar. O pânico é irrelevante, porque ela sabe avaliar com calma e rapidez o que *pode* fazer, sem tentar fazer alguma coisa que não pode. O que aquela Kate sabe não é medicina, mas usar as informações e a capacidade de que dispõe para agir da melhor forma possível. Talvez cometa erros de vez em quando — todo mundo comete —, mas também tem a capacidade de aprender com os seus erros e usar esse conhecimento da próxima vez." Enquanto eu falava, o rosto de Kate foi ficando mais calmo. Ela parecia cada vez mais satisfeita e atraída para a Kate que estava imaginando. Era esta a reação não verbal que eu queria obter.

COMO MUDAR A REAÇÃO AUTOMÁTICA

A essa altura, eu sabia o que causava o pânico de Kate: a memória do *close* do rosto do rapaz. Além disso, eu a tinha ajudado a criar uma imagem de si mesma como alguém capaz. Entretanto, conseguir se ver como alguém capaz ainda não era o bastante. Essa imagem deveria surgir de maneira automática em sua mente, *no momento certo* — sempre que ela pensasse num acidente ou se visse diante de um.

O passo seguinte seria ligar as duas imagens em sua mente, para que, sempre que Kate pensasse no rosto do rapaz acidentado, essa imagem automaticamente se transformasse em outra, em que ela se visse capaz de lidar com a situação. Isso é o que lhe permitiria *sentir-se* imediatamente capaz, quando necessário.

A PNL ensina muitas formas de associar imagens em nossa mente. Mas cada pessoa é única e tem uma maneira melhor de conseguir isso. Eu já sabia que "fazer um *close*" da situação tinha grande impacto sobre Kate, por isso decidi usar esse elemento para associar as duas imagens.

Primeiro, testei minha hipótese, para saber se Kate se sentiria mais atraída por aquela Kate capaz do futuro se trouxesse para mais perto de si a imagem, num *close*. Quando experimentou isso, ela sorriu e disse: "Sim". Depois, pedi-lhe para "apagar a cena", preparando-a para associar as duas imagens.

"Agora veja o rapaz acidentado numa imagem grande e em *close*. Assim que conseguir visualizá-la, veja também uma pequena imagem da Kate que é capaz, ao longe... Agora, traga a imagem da Kate que é capaz para bem perto de você. À medida que se aproxima, ela aumenta de tamanho, enquanto a imagem do homem acidentado diminui rapidamente e se afasta tanto que não é mais possível vê-lo."

Aqui, enfrentamos um pequeno obstáculo. Depois dessa tentativa, Kate franziu levemente a testa. Parou e disse, preocupada por talvez não estar fazendo direito: "Não tenho certeza de estar realmente vendo as duas imagens."

"O que quero que faça agora é simplesmente *fingir* que está fazendo direito. Muitas pessoas nem sempre enxergam *realmente* as imagens em nível consciente, mas agem *como se* fossem reais. Não tenho muita consciência da maioria das minhas imagens interiores, mas, se *finjo* que posso vê-las, funciona tão bem como se realmente as visse. Cotanto que consiga fingir bem, funciona."

Isso pareceu satisfazer Kate. Ela fechou os olhos e trocou as imagens rapidamente, fazendo que uma diminuísse e se afastasse, enquanto a outra aumentava e se aproximava. Desta vez, sua reação não verbal demonstrou que ela estava conseguindo. No início, seu corpo estava imóvel e rígido. Logo depois, ela relaxou e sorriu como quando estava vendo a imagem da Kate capaz.

"Agora, limpe a sua tela interior e repita cinco vezes o que acabamos de fazer. Sempre comece pelo *close* do rosto do rapaz e a imagem da Kate capaz ao longe. A cada vez, aumente a velocidade da troca das imagens..."

OS RESULTADOS

Quando Kate terminou, testei com cuidado para ver se sua nova reação era automática. Primeiro, pedi a ela que imaginasse o rosto do rapaz e observei sua reação. Em vez de sentir pânico, ela se sentiu capaz e diligente. Também descobriu que tinha a mesma capacidade se pensasse em qualquer outro momento do acidente, ou se imaginasse que estava dirigindo um carro.

Entretanto, Kate ainda não estava convencida de que isso realmente mudaria sua reação. Eu também acharia difícil acreditar nessa mudança rápida e radical se já não tivesse usado este método, com sucesso, em muitas outras pessoas. Disse-lhe que voltar dirigindo para casa seria um teste muito melhor, pois ela teria de passar pelo local do acidente. Ela concordou. Este trabalho com Kate levou quase uma hora.

No dia seguinte, Kate veio trabalhar bastante satisfeita. Sentira-se à vontade ao dirigir de volta para casa. Passara pelo local do acidente e nem se preocupara com o fato de estar dirigindo ou com acidentes durante a noite. Um mês depois, assistiu a um acidente de bicicleta. O ciclista fez um corte na cabeça com os óculos de sol e sangrava. Kate reagiu com toda a calma e rapidamente ajudou o rapaz. Dois meses depois, presenciou outro acidente, que envolveu um carro e um ciclista, um homem mais velho cujo rosto estava sangrando. Mais uma vez, Kate agiu de maneira adequada, ajudando o ciclista e o motorista do carro a se acalmarem e a resolverem a situação. Já se passaram três anos desde a nossa sessão, e Kate continua sentindo-se confortável ao dirigir e sabendo como agir em caso de acidente.

O MÉTODO

O procedimento que usei com Kate chama-se *swish* (ver capítulo 17), porque geralmente produz um som sibilante quando a pessoa troca as duas imagens. O método *swish* foi criado por Richard Bandler[1,2]. Há anos fala-se da importância de uma autoimagem positiva para a saúde mental e para a capacidade de lidar com diversas situações e mudanças. Entretanto, ninguém havia, até então, sido capaz de criar uma maneira específica e direta de tornar a autoimagem mais capaz e usar essa capacidade para ajudar alguém a mudar.

QUANDO USAR O *SWISH*

Usamos este método para ajudar pessoas a modificarem um sem-número de comportamentos e reações indesejáveis. Tem sido particularmente útil para modificar hábitos indesejáveis, como comer em excesso, fumar e roer unhas. Pode-se ter uma demonstração do método numa sessão, gravada em vídeo, com uma mulher que tinha um velho hábito de roer unhas[3], e outra, em áudio, com um fumante[4].

CASAIS E FAMÍLIAS

Embora o método *swish* seja individual, já ajudamos várias famílias e casais a construírem o tipo de vida familiar desejado. Todos nós, de vez em quando, reagimos a um amigo ou parente com sentimentos ou ações que sabemos que não são úteis. Mesmo quando um membro da família nos trata sem consideração ou carinho, e mesmo que a situação tenha sido causada por "culpa dele", quando *nós* nos tornamos mais capazes, podemos reagir de maneira mais adequada.

Por exemplo, uma mulher estava ofendida porque a filha dirigia-se a ela num tom de voz "petulante". A atitude da jovem provavelmente era realmente detestável. (Todo mundo tem esse tipo de atitude, de vez em quando.) Entretanto, a mãe reconheceu que, *não* importava o que a filha fizesse, ela, como mãe, queria ser capaz de se sentir bem e obter o que desejava. O método a ajudou a melhorar seu relacionamento com a filha, sem que tivesse de fazer nada para modificar diretamente o comportamento da jovem. Essa sessão está disponível em vídeo[3] e mostra como associar sons ou vozes, em vez de imagens, para obter os mesmos resultados. Quando nossos sentimentos de incapacidade resultam de algo que ouvimos ou dizemos a nós mesmos, esse método é mais eficiente quando usamos sons em vez de imagens.

Às vezes, *vários* integrantes de uma família, ou os dois membros de um casal, querem ter mais opções em suas reações. Um casal que se dava relativamente bem queria melhorar seu relacionamento em questões pendentes há muito tempo. A mulher queixava-se de que o marido, às vezes, "ficava muito distante" e o criticava por isso. Observamos que, do seu ponto de vista, quando ela pensava no marido nessas situações, via-o literalmente se afastando — apesar de ele continuar no mesmo local "na vida real". O marido achava que as críticas da esposa eram "provocadoras". Imaginava suas críticas como um "raio laser" instantâneo que o atingia no peito, tornando-o incapaz de reagir. Ao identificar essas imagens internas e ligá--las a uma autoimagem mais capaz, ambos foram capazes de ter reações completamente diferentes e muito mais carinhosas em situações similares no futuro.

Descobrir imagens internas que criam problemas continua a nos fascinar. Embora pareçam estranhas no início, elas explicam nossos sentimentos e comportamentos. Já pudemos observar esse tipo de imagem (ou som) em nós mesmos, quando *nós* nos sentimos ou agimos de maneira menos capaz. Aprender a descobrir essas experiências e saber associá-las com uma autoimagem mais capaz pode fazer uma enorme diferença em nossa vida.

RECURSOS E REFERÊNCIAS

1. BANDLER, Richard. *Usando sua mente – As coisas que você não sabe que não sabe*. 10. ed. São Paulo: Summus, 1987. (Cap. 9, p. 143-164).
2. ANDREAS, Steve; ANDREAS, Connirae. *Transformando-se – Mais coisas que você não sabe que não sabe*. 3. ed. São Paulo, Summus, 1991. (Cap. 3, p. 55-76).
3. *The swish pattern*. Vídeo (ver Anexo II). Pode ser adquirido em: <https://www.andreasnlp.com/store/nlp-training-videos/swish-pattern-technique/>. A primeira metade deste vídeo está disponível gratuitamente no YouTube: <https://www.youtube.com/watch?v=qPcUfO-GpMQs>.
4. *Introducing NLP*. Áudio. Com Connirae Andreas. 2. ed. Evergreen, CO: NLP Comprehensive, 2004.

Problemas sempre existirão. O problema não é o problema. O problema é como lidamos com ele. É isso que destrói as pessoas, não o problema em si. Quando aprendemos a enfrentar os problemas de outra maneira, lidamos com eles de maneira diferente e eles se tornam diferentes.

Virginia Satir

17. Intimidade, segurança e violência

Mack estava com trinta e poucos anos. Fora um alcoólatra durante quatro anos e há dez estava "a seco". Andava numa grande motocicleta Harley-Davidson, com jaqueta de couro e tudo, sempre agindo de maneira calma e controlada. Uma de suas expressões prediletas era "Estou na minha". Queixava-se de que, frequentemente, sentia-se mal, e queria fazer algo para melhorar. Quando lhe perguntei o que o fazia sentir-se mal, ele respondeu: "Vejo a cara de uma certa pessoa e de repente me sinto mal".

Comecei fazendo-lhe perguntas para descobrir exatamente que imagens ou sons na sua maneira de pensar criavam esses sentimentos ruins. "Como você começa a sentir-se mal?"

"Tem a ver com a última experiência que tive com essa pessoa." Mack fez um gesto para cima e para a esquerda, indicando que há uma imagem lembrada inconsciente à qual a sensação ruim está associada. Como ele não tem consciência da imagem, não tem controle sobre ela. Apenas percebe que de repente se sente mal. Continuei minhas perguntas para trazer essa imagem ao nível consciente.

"E como sabe que é isso que acontece?", perguntei.

"Eu já passei por isso. Olho para a cara da pessoa e penso 'Que merda!'." (Mack diz isso com uma mistura de nojo e raiva.)

"Digamos que essa pessoa entrasse agora nesta sala e você visse o rosto dela. Como obtém a sensação de 'que merda!?"

Mack gesticula para cima e para a esquerda de novo. "Lembro do último incidente com a pessoa. Não gostei do que ela fez, e não gostei do que eu fiz."

"Então é a lembrança que o faz sentir-se mal. Consegue reviver esta lembrança?"

"Posso ver o incidente."

Agora temos por onde começar. Ao modificar sua reação à lembrança do incidente, poderemos modificar sua sensação ruim.

"Mack, vamos fazer uma pequena experiência com sua lembrança. Primeiro, afaste-a de você." (Mack relaxa.) "Isso modifica sua reação à lembrança?"

"Fica bem menos intensa."

"Agora, traga a imagem mais para perto de você."

A cabeça e os ombros de Mack movimentam-se para trás e ele fica mais tenso. "Fica pior."

"Agora, aumente a imagem." (Mais uma vez, a cabeça de Mack vai para trás e ele fica mais tenso.) "Também fica pior, não é?"

"É."

COMO DESCOBRIR O CAMINHO CERTO: A TRIDIMENSIONALIDADE

"A imagem é em duas ou três dimensões?"

"É uma imagem achatada, como se fosse um *slide*."

"Tente torná-la tridimensional."

Anteriormente, o corpo de Mack mostrava mais ou menos a mesma reação de "que merda!". Agora ele tem um tipo de reação diferente. Seu corpo fica mais à vontade, seus ombros relaxam e ele respira com suavidade. "De que maneira ficou diferente?"

A voz de Mack se torna muito suave. "Torna-se *real*. Mais suave, é como se fosse uma pessoa, e não uma imagem."

"E como isso modifica sua reação? Você parece mais suave também."

"A imagem é muito mais suave. Meu sentimento é de 'Ahhh!', em vez de 'Uhg!' É muito diferente. Não existe mais a sensação de violência."

"Imagine que esta pessoa entra na sala agora. Você a vê e então se lembra do que aconteceu antes em três dimensões. Imagine uma cena. Como seria?"

Mack fica pensativo e contemplativo. De novo, seu corpo fica mais relaxado e tranquilo. "É diferente. Muito diferente", disse Mack, suavemente. "Não é como se eu fosse correndo dizer 'Está tudo bem', e também não é como se eu dissesse 'Imbecil, caia fora!' É muito mais suave. Não se trata de uma reação em preto e branco."

"Certo. Quando cria uma imagem tridimensional, *você* também se torna tridimensional. Fica mais suave e com mais profundidade. Tente essa experiência em outra situação em que julgue conveniente ter essa tridimensionalidade."

"Hmmm." Mack fica quieto, pensando, durante cerca de 15 segundos. Então sorri e começa a falar suavemente, em voz baixa. "Eu estava pensando em quando conversava com Amy antes sobre o que ela precisava. Se a imagem não for achatada, fica muito mais fácil ver outras possibilidades."

"Então concorda que se trata de uma mudança útil?"

"Não tenho muita certeza. Se eu agisse assim o tempo todo, não poderia manter as pessoas à distância", disse Mack, fazendo um gesto de "parem" com o braço e a mão esquerda.

"Se não tiver certos recursos para lidar com as pessoas, então terá de mantê-las à distância. Mas se construirmos alguns recursos, poderá permitir que elas se aproximem e saberá lidar com elas. Uma coisa não exclui a outra. Você continuará tendo a opção de manter alguém à distância, quando necessário. Nunca eliminamos qualquer alternativa, apenas acrescentamos outras. E não faremos nenhuma mudança, a não ser que você esteja previamente satisfeito com ela."

"Para mim está bem. Vamos experimentar."

COMO CRIAR UM *SELF* MAIS CRIATIVO E CAPAZ

"Agora, feche os olhos e leve o tempo que for necessário para criar uma imagem da pessoa que você deseja se tornar para lidar com aquela pessoa do seu passado. Darei algumas sugestões e você poderá escolher a que lhe parecer mais adequada. Talvez queira ver o Mack que é capaz de reagir aos outros como pessoas tridimensionais, e que ao mesmo tempo pode conseguir muito mais para si mesmo e para os outros. Talvez prefira vê-lo como alguém que é capaz de reagir a situações positivas e negativas simultaneamente. Este Mack não enxerga as pessoas como boas ou más, mas consegue reconhecer as qualidades positivas e negativas de cada uma delas, com todos os seus matizes."

Mack movimenta a mão esquerda várias vezes, da esquerda para a direita, enquanto movimenta a cabeça. "Como matizes de cor."

"Sim. Isso vai ajudar aquele Mack a ter uma reação mais adequada, tanto quando conhece alguém de quem gosta quanto quando alguém se intromete e ele sente que precisa se manter a uma certa distância... E isso também dará a Mack a capacidade de compreender melhor os outros, de maneira que seja mais fácil lidar com eles... Outra coisa que talvez deseje que ele tenha seja a capacidade de decidir quando quer ficar íntimo de alguém, quando quer se manter distante. Ele pode se tornar íntimo e apreciar essa intimidade (Mack dá um grande sorriso), mas também pode decidir quando não quer nenhuma intimidade (Mack faz que sim com a cabeça), e todos os graus de intimidade que existem entre essas duas possibilidades."

...

Mack abre os olhos. "Está bem. Parece que a única coisa que não tenho neste caso é 'segurança' — algo que me mantenha a salvo." Mack gesticula com ambas as mãos, formando um escudo diante do peito.

"A salvo de quê? Fisicamente seguro?"

"Não, não tenho problema com isso. Você está removendo a segurança que construí para mim —"

"Você continua tendo todos os outros comportamentos que vem usando há tantos anos. Não podemos tirar isso de você, e não é isso que desejo fazer. Estou apenas sugerindo que use suas antigas capacidades de uma nova maneira."

"Não os considero mais comportamentos aceitáveis."

"Tudo bem. Você tem uma ideia do que significa estar a salvo, embora não consiga expressá-la, certo?" Mack concorda. "Feche novamente os olhos e sinta essa sensação. Você sabe inconscientemente o que significa estar seguro e pode deixar que esse conhecimento inconsciente se transfira para dentro da imagem daquele Mack que pode estar a salvo de outras maneiras. Não precisa saber exatamente como ele consegue estar a salvo ou que tipos de opções possui. Precisa apenas ser capaz de reconhecer, ao olhar para ele, que ele tem esse tipo de segurança — está tão a salvo quanto um ser humano pode estar. E acho que ele ficará mais seguro do que o antigo Mack, porque sua segurança é mais concreta e verdadeira... Como é que ele está?"

Mack abre os olhos, olha para cima, pensa um pouco e depois sorri. "Bem". E dá um tapa na coxa, para reforçar a ideia.

"Quando olha para ele, *sabe* que está seguro?"

"Sei, e sei de muitas outras coisas também", diz Mack, balançando a cabeça e sorrindo.

"Você gosta desse Mack?" Mack fez que sim rapidamente. "Examine-o bem, com cuidado. Você concorda em se tornar esse Mack?" Mack olha cuidadosamente para a imagem, enquanto continuo a falar. "Porque se tiver alguma objeção, podemos modificar a imagem. Será o tipo de pessoa capaz de lidar com diferentes situações, alguém que pode aprender com os erros e ir em frente?"...

"Isso mesmo. Está tudo na imagem." E, mais uma vez, bate na coxa, para dar mais ênfase ao que acabou de dizer.

COMO FAZER A LIGAÇÃO ENTRE A NOVA AUTOIMAGEM E O ANTIGO PROBLEMA

Agora que Mack criou uma autoimagem com os recursos que deseja, posso ligar esta "solução" à sua experiência "problemática". Como sei que a *tridimensionalidade* e a *proximidade* das imagens são importantes para Mack, uso esses elementos.

"Quero que feche os olhos de novo e observe bem a imagem, de forma que seu inconsciente possa memorizá-la... Deixe-a de lado por um momento, bem guardada em sua memória... Agora, volte à imagem com a qual começamos, da pessoa com quem teve a má experiência. Veja-a próxima e em duas dimensões... Agora, quero que veja a imagem de si mesmo que acabou de memorizar, longe e em duas dimensões...

"Agora, faça que essas duas imagens troquem rapidamente de lugar. Enquanto a imagem da outra pessoa se afasta, torna-se tridimensional. Ao mesmo tempo, a sua imagem se aproxima e se torna tridimensional." Enquanto Mack faz o que lhe pedi, sua cabeça e seus ombros vão um pouco para trás e ele sorri.

"Muito bem. Agora limpe sua mente e repita a mesma coisa umas cinco vezes. Limpe sua tela mental depois de cada vez e acelere o movimento das imagens." Cada vez que troca as imagens, Mack sorri e respira profundamente.

"E aquela pessoa que o fazia sentir-se mal?"

Enquanto pensa na pessoa, Mack sorri e depois ri. "É, *fazia*!"

Mack reagia bem à imagem que antigamente o fazia sentir-se mal, confirmando que agora tinha uma maneira nova e automática de reagir.

"Agora, pense em outras pessoas com quem tinha dificuldade no passado, para ver se essa nova reação se generalizou."

Ao pensar em outra pessoa, Mack sorri de novo. "Nenhum problema!"

"Agora, imagine que uma dessas pessoas faz algo desagradável no futuro." Mais uma vez, Mack sorri e depois solta uma gargalhada. Toda a sessão levou cerca de 20 minutos.

A EXPERIÊNCIA POSTERIOR DE MACK

Nas semanas posteriores a esta sessão, Mack observou várias mudanças agradáveis. Chegou até a vender sua motocicleta, à qual anteriormente dava muito valor, "porque já não preciso dela". Também se deu conta de que precisava de uma experiência mais completa de segurança pessoal e emocional. Em sua infância, as desavenças sempre resultavam em violência física e no término de um relacionamento; ele não tinha *nenhuma* experiência de uma relação íntima que tivesse sobrevivido a uma desavença mais séria. Como sabia, por outras pessoas, que isso era possível, propositalmente criou alguns desentendimentos em seu casamento para verificar se o amor poderia sobreviver. Isso lhe deu a experiência plena de segurança pessoal de que precisava para completar seu trabalho. Mais tarde, ele nos contou: "Agora estou bem, pois me relaciono de outra maneira". Ficamos felizes por Mack ter encontrado sua própria maneira de dar o próximo passo importante.

Um ano e meio se passou e Mack já trabalhava com aconselhamento de pessoas que têm problemas com drogas e álcool. Numa conversa que tivemos pouco depois disso, ele me contou outro incidente que demonstrou sua nova atitude.

"Aconteceu algo que me mostrou que não sou mais a mesma pessoa. Um rapaz entrou na minha sala, cheio de coca. Estava prestes a perder o controle. O tribunal o tinha condenado a 26 horas de terapia e ao nível educacional II, mas ele ainda não tinha recebido a sentença. Fui eu que li para ele a condenação, e então ele perdeu totalmente o controle. Veio direto em cima de mim, com os punhos fechados.

"Minha primeira reação foi 'Você vai morrer'. Depois, pensei: 'O que quero é ter controle sobre o meu espaço'. Não se tratava mais de uma situação de vida ou morte. Para me proteger, derrubei o rapaz no chão de maneira bastante delicada."

"Esta reação é diferente da que você teria tido antes?", perguntei.

"Claro que sim!", Mack respondeu logo. "Antes eu o teria jogado pela janela! Talvez não tanto, mas com certeza o teria machucado ao jogá-lo no chão. Anos atrás um homem puxou uma faca para mim. Ele realmente *se machucou* quando o joguei no chão."

COMO CRIAR OU ACABAR COM A VIOLÊNCIA

Apresentamos esse exemplo em detalhes devido à sua importância para a compreensão dos problemas que as pessoas geralmente enfrentam com a intimidade, a segurança e a violência. Há muitos anos, governos e líderes sabem que a única maneira de levar seres humanos decentes a matar outros seres humanos é transformar o inimigo num ser desumano. Em tempos de guerra, as campanhas de propaganda sempre mostram o inimigo numa caricatura em duas dimensões, ou como um animal subumano.

O mesmo acontece no nível individual. Quando Mack via a pessoa como uma figura achatada de papelão, ficava fácil lhe "quebrar a cara", como ele dizia. Quando passou a enxergar os outros como seres humanos em três dimensões, sua reação tornou-se mais profunda e humana. A violência tornou-se menos possível, porque ele sentia de maneira diferente e porque tinha outras opções.

Algumas pessoas são violentas porque aprenderam que a violência é uma reação adequada em certas situações. Trata-se de um comportamento aprendido. Entretanto, a maioria das pessoas torna-se violenta quando deixa de ter opções. Pense numa situação em que foi violento, ou sentiu que estava prestes a se tornar violento. Será que a violência foi uma *escolha* dentre várias opções? Ou será que você sentiu que não tinha outra alternativa, frustrado porque nada do que havia tentado até então tinha dado certo?

As pessoas tornam-se violentas quando deixam de ter opções e sentem-se frustradas e impotentes. Quando a sociedade como um todo deixa de ter opções para lidar com a violência, recorre à repressão, ao controle e ao aprisionamento. Isso aumenta o sentimento de impotência do transgressor, o que, por sua vez, gera mais violência. A solução ao problema da violência não é mais violência, e sim ensinar outras maneiras positivas de pensar e se comportar. No nível individual, aprender a enxergar os outros em três dimensões, obter recursos pessoais para se sentir emocionalmente seguro e saber lidar com a intimidade e a distância pode fazer uma grande diferença, como no caso de Mack.

18. Linhas do tempo pessoais

Todo idioma tem uma maneira de expressar o tempo — a percepção do passado, do presente e do futuro. Em algumas culturas, o tempo é percebido como uma série de ciclos: nascimento, morte, renascimento etc. Na língua inglesa, o tempo é percebido como uma "linha", e muitos livros de história apresentam diagramas que colocam os eventos alinhados verticalmente.

Já se sabe, há bastante tempo, que algumas pessoas são mais "voltadas para o passado"; outras "voltadas para o futuro"; e outras "voltadas para o presente". Essas maneiras de se orientar no tempo podem ser a base de habilidades excepcionais, mas também podem criar sérios problemas na vida das pessoas. Por exemplo, existem pessoas que estão sempre preocupadas com o passado. Outras nunca planejam o futuro. E existem aquelas que ficam eternamente fazendo planos e são incapazes de desfrutar o presente. Então, ficamos pensando que seria formidável se descobríssemos como os mapas internos das pessoas as orientam no tempo e se conseguíssemos encontrar uma maneira de *modificar* diretamente essas linhas. Na época, não nos demos conta de *quantas* outras aplicações nossas pesquisas poderiam ter.

A DESCOBERTA DAS LINHAS DO TEMPO PESSOAIS

Uma das nossas descobertas mais interessantes foi a de que cada pessoa tem a sua própria maneira *interna* de codificação do tempo. Inconscientemente, cada pessoa tem uma maneira de reconhecer que algo faz parte do seu passado, presente ou futuro. Mais intrigante ainda foi descobrir que a maneira como codificamos o tempo tem uma grande influência sobre quem somos e sobre a maneira como reagimos — o que normalmente chamamos de "personalidade".

Para Cathy, sobre quem falaremos neste capítulo, a compreensão e a mudança da sua maneira interna de codificar o tempo foi a base de muitas outras mudanças que ela queria para si. A mudança da linha temporal de

Judy ajudou-a a superar o caso extraconjugal do marido. Para Ruth, adquirir uma percepção do futuro lhe permitiu criar objetivos atraentes e sentir-se motivada a trabalhar para conquistá-los. À medida que os exemplos forem dados, será fácil para o leitor descobrir como codifica o tempo e verificar se essa maneira é boa para ele ou se precisa melhorá-la. Mostraremos como a codificação do tempo oferece uma chave para desvendar certos "segredos" da nossa personalidade.

DESCOBRIR COMO CODIFICAMOS O TEMPO
Como estabelecer a diferença entre o passado e o futuro? Não se trata de filosofia, mas de uma questão prática. Quando planejo meu dia ou o que fazer na próxima semana, preciso ter uma forma de saber que ainda não *fiz* as tarefas em que estou pensando. Meu cérebro precisa saber que essas tarefas estão no *futuro,* e não no *passado.* Ocasionalmente, confundimos os códigos temporais. Às vezes, acontece de pensarmos em falar com alguém ou escrever uma carta e mais tarde termos certeza de que já o fizemos. O motivo disso ficará mais claro no decorrer deste capítulo.

Eu gostaria que você interrompesse por uns instantes a leitura e fizesse a seguinte experiência. Pense em quando acordou ontem e em quando acordará amanhã. Pense em ambas as experiências *simultaneamente.* Como consegue saber a diferença entre ambas? Como sabe que uma está no passado e a outra no futuro?

Quase todo mundo imagina ou vivencia esses eventos em dois locais muito diferentes dentro do seu espaço pessoal. Se a pessoa pensa em imagens, uma das imagens pode estar à esquerda e a outra à direita. Uma pode estar mais alta ou mais baixa do que a outra, mais próxima ou mais distante, à sua frente ou às suas costas. Mesmo que conscientemente não veja nada, você consegue sentir que ter acordado ontem e acordar amanhã estão em locais diferentes?...

Agora, tente acrescentar o momento em que acordou há uma semana e o momento em que acordará daqui a uma semana. Agora você está imaginando quatro acontecimentos diferentes, ocorridos em momentos diferentes. Talvez você não consiga lembrar-se com clareza de ter acordado uma semana atrás, mas isso não tem a menor importância. Você sabe que acordou há uma semana, e sabe que provavelmente acordará daqui a uma semana. Tente perceber *em que local* você pensa nesses dois eventos.

A essência da mente

Ao perceber *onde* localiza esses dois eventos, você está começando a entender o que queremos dizer com a expressão "codificação temporal". A localização espacial é uma das maneiras como a mente humana codifica os acontecimentos. Ao imaginar esses eventos em locais diferentes, o cérebro sabe qual deles está no passado, no presente ou no futuro. Em seguida, imagine-se acordando cinco anos atrás e daqui a cinco anos e veja onde estão localizados esses dois acontecimentos.

Às vezes, é muito mais fácil descobrir a codificação temporal com a ajuda de uma pessoa capacitada. Ela poderá observar os indicadores não verbais de localização — por exemplo, para onde você olha e gesticula. Entretanto, podemos aprender muito sozinhos.

Agora que sabe onde estão localizados os acontecimentos de cinco anos atrás, de um ano atrás, de ontem, do momento presente, de amanhã, daqui a um ano e daqui a cinco anos, você está pronto para perceber outras coisas. Deixe que todos os outros acontecimentos do seu passado e do seu futuro "preencham" a sua linha temporal. É muito mais fácil "sentir" que está pensando no passado como um todo — a série de acontecimentos que compõem a sua experiência — do que enxergar conscientemente cada acontecimento. O mesmo ocorre com o futuro. É possível sentir que o futuro inteiro parte numa direção específica, mesmo não sabendo exatamente de que fatos ele se compõe.

Muitas pessoas imaginam o passado à esquerda, o presente em frente e o futuro à direita. Algumas invertem a posição do futuro e do passado. Outras veem o passado num caminho ou "túnel" bem atrás de si e o futuro bem à sua frente. Há inúmeras maneiras de organizar o tempo, e não existe uma maneira *correta*. Enquanto muitas pessoas têm linhas mais ou menos retas, outras veem algo parecido com um túnel, ou um arco, ou até mesmo uma hélice. Embora cada maneira de organizar o tempo tenha suas vantagens e desvantagens, algumas codificações criam mais problemas do que soluções. Em geral, a mudança da codificação temporal pode solucionar dificuldades, facilitar algumas tarefas ou fazer que experiências desejadas tornem-se mais naturais.

Agora está na hora de observar outros aspectos da codificação temporal. Qual o tamanho dos incidentes do passado? Um incidente do passado distante tem o mesmo tamanho de um incidente do passado mais recente? Se não tiver certeza, imagine. O passado é em cores ou em preto e branco?

É uma série de *slides, ou* se trata de um filme? Você se vê no passado ou vê o que via na ocasião? Se pudesse enxergar o passado conscientemente, ele teria uma imagem bem definida ou não? Faça o mesmo em relação ao futuro. Qual o seu tamanho? É em cores? Em *slides ou* em filme? Você se vê? A imagem é bem definida ou não?

Em seguida, preste atenção às diferenças entre o passado e o futuro. Além de terem localizações diferentes, um pode ser mais nítido que o outro. Muitas pessoas veem o futuro de maneira difusa, ou com muitas ramificações. Essas formas indicam incerteza sobre o que irá acontecer.

Agora que conseguiu entender sua linha temporal, será mais fácil acompanhar as experiências que relataremos a seguir e perceber como algumas pessoas mudaram sua codificação temporal. Como a forma de codificar o tempo tem um impacto muito importante sobre a sua personalidade, talvez ache algumas das mudanças aqui descritas interessantes e úteis.

COMO USAR A DESCOBERTA: CONSTRUIR UMA LINHA DO FUTURO

Ruth tinha a tendência de nunca planejar nada. Vivia no presente. Embora desfrutasse a vida, às vezes achava que sua vida não tinha rumo. "Não tenho objetivos, e às vezes acho que deveria ter", disse-nos. "Em geral, gosto da vida, mas ultimamente venho me sentindo deprimida e não sei para onde ir. Parece que não posso esperar nada."

Rapidamente, examinei a linha do tempo de Ruth. Como pressenti, ela tinha uma longa linha do "passado" que partia em linha reta à sua esquerda. O presente estava à sua frente, mas ela quase não possuía um futuro. Quando descreveu seu futuro, Ruth disse: "Parece pequeno e cinza, e termina cerca de 15 centímetros à minha direita. Não há praticamente nada nele".

A falta de futuro literalmente fazia que Ruth não tivesse um rumo, nenhuma forma de planejamento e nenhuma esperança. Enquanto seu presente era prazeroso, isso não importava muito. Mas quando o presente estava deprimente, surgia o problema. A solução evidente era ajudar Ruth a criar um futuro para si.

"Ruth, a maioria das pessoas tem um mapa interno do futuro, assim como você tem um mapa do passado. Claro que seu mapa do futuro deve ser mais flexível ou vago, porque nenhum de nós sabe com certeza o que acontecerá no futuro. Um mapa do futuro lhe dará o que você deseja —

A essência da mente

uma diretriz na vida, alguma esperança. Você deseja saber o que é importante para você e para onde está indo."

Antes de continuar, eu queria descobrir se Ruth tinha alguma objeção a respeito de possuir um futuro, sobretudo porque ela havia dito: "Não posso esperar nada". Descobri que ela tinha uma objeção que não havia percebido conscientemente. Aos 12 anos, perdera a mãe num acidente de automóvel. Ficou arrasada; seu futuro tinha sido destruído. Na época, ela chegou à conclusão de que não podia contar com mais nada. "Ao rever aquela época, me dou conta de que apaguei o meu futuro interno e nunca mais quis criar outro. Passei a viver apenas para o presente. Eu não sabia o que estava fazendo na época — só fiz o melhor que pude."

"E isso faz muito sentido, sobretudo para uma criança de 12 anos, porque você sabia que o presente era algo com que podia contar", concordei, validando o objetivo positivo da decisão que ela havia tomado inconscientemente. "Então, que tipo de futuro você pode criar agora, um futuro com o qual realmente *possa* contar? Que tipo de futuro pode criar que não lhe seja roubado não importa o que venha a acontecer, e que lhe *dará* o rumo que está querendo ter?"

Passei a sugerir como Ruth poderia conseguir isso sem se sentir mais arrasada. "Imagino que você queira saber como viver e planejar o futuro, sem saber exatamente qual ele será. Você pode apenas enxergar um caminho, uma direção, que lhe permita saber que *tem* um futuro, mesmo não sabendo exatamente o que irá acontecer. Você não precisa imaginar nada muito específico na sua linha do futuro, do tipo 'Vou me casar no ano que vem', já que não sabe se isso vai realmente acontecer. Entretanto, você *pode* colocar os seus *valores* no futuro, uma representação dos *tipos de experiências que quer ter para ir em frente na sua vida*. Portanto, pode colocar na sua linha do futuro tudo o que mais desejar. Isso pode incluir ter um relacionamento mais íntimo com as pessoas, ou descobrir como contribuir para o mundo em que vive. Pode incluir ter saúde e bem-estar e muitas, muitas outras coisas. Você pode ter a sensação de que, aconteça o que acontecer, você conseguirá obter o que deseja."

Além de colocar valores em sua linha temporal, Ruth sentiu-se mais segura quando construiu várias bifurcações ou caminhos alternativos em seu futuro. Isso lhe deu uma sensação de que sempre haveria um rumo a tomar, mesmo quando um dos caminhos tivesse sido bloqueado.

Seis meses depois, Ruth estava muito satisfeita com o rumo que sua vida tomara e sentia-se muito melhor no geral. "Ainda tenho dias de desânimo, mas não me sinto mais deprimida como antes." Todos nós temos dias "de desânimo", mas, se conseguirmos vê-los dentro de um contexto de fluxo de eventos futuros que leve a algo positivo, torna-se mais fácil lidar com eles. Ela também decidiu voltar a estudar para ter um diploma técnico numa área que lhe interessava. "Agora estou trabalhando para o futuro. Jamais teria feito isso antes."

COMO DEIXAR O PASSADO NO PASSADO E CRIAR UM FUTURO
Algumas pessoas saem ganhando com uma mudança completa de sua linha temporal. Para Cathy, a mudança da linha temporal foi a chave que lhe possibilitou muitas outras mudanças que ela queria fazer.

Cathy me procurou durante um seminário e me pediu para ajudá-la com sua linha temporal. Como já havia recebido um treinamento básico sobre como funcionavam as linhas do tempo, sabia que a sua estava organizada da maneira *oposta* à convencional.

A maioria das pessoas olha para a esquerda quando visualiza suas lembranças e para a direita quando cria imagens internas de coisas nunca vistas anteriormente. Isso tem a ver com a organização do cérebro (ver Anexo I). Algumas pessoas invertem isso e colocam o passado à direita e o futuro à esquerda. Seja como for, as pessoas tendem a ver seu passado do *mesmo* lado em que veem suas lembranças. Como o futuro é algo que tem de ser criado, a linha temporal do futuro normalmente encontra-se do mesmo lado em que as imagens criadas.

Cathy, entretanto, fazia o oposto. Enxergava seu *passado* do mesmo lado onde *criava* imagens, e seu *futuro* do lado em que colocava suas *lembranças* visuais. Portanto, usava a parte do cérebro encarregada das *lembranças* para imaginar o *futuro,* e a parte do cérebro responsável pela *criação* de imagens para organizar seu *passado.*

Sem saber exatamente o que poderia conseguir, Cathy achou que seria bom que a sua linha temporal fosse como a da maioria das pessoas. Achei que ela tinha razão, já que a maioria das pessoas está satisfeita em ter sua linha do futuro no mesmo lugar em que as imagens são criadas.

Primeiro, eu quis ter certeza de onde se encontrava a linha temporal de Cathy. Realmente, era o oposto da maioria das pessoas. Em seguida, descobri as características de sua linha do tempo atual. Seu passado estava praticamente diante dela, um pouco para a direita, enquanto seu futuro partia para a esquerda. "Não há grande coisa. Realmente não tenho futuro", disse Cathy.

Eu já tinha visto isso antes, portanto não fiquei surpresa. As pessoas que veem o futuro no mesmo local onde estão suas *lembranças* visuais ou não possuem futuro ou ele parece muito *rígido* – como o passado para a maioria das pessoas.

Sempre tenho muito cuidado ao modificar a linha do tempo de alguém, porque a maneira como classificamos nossas lembranças é a base de nossa percepção da realidade. Eu queria preservar qualquer vantagem que Cathy estivesse obtendo de sua maneira de codificar o tempo. "Meu objetivo, por enquanto, é que você realmente observe como é sua linha temporal agora. Se ainda preferir esta forma depois que tivermos experimentado outra, poderá voltar a utilizá-la. Ou poderá escolher alguns contextos em que tenha a linha temporal organizada de uma nova forma, mantendo a maneira antiga para os demais contextos."

Embora as linhas do tempo tenham um impacto bastante abrangente na vida das pessoas, descobrimos, por experiência, que é surpreendentemente fácil modificá-las. Basicamente, basta pedir a alguém que imagine sua linha de outra maneira e observe que modificações ocorrem em sua experiência — sobretudo no que diz respeito aos problemas que enfrenta. Como as habilidades das pessoas são, em geral, consequência da sua linha do tempo, é muito importante preservar as capacidades e vantagens que possuem quando fizerem as mudanças.

Em seguida, pedi a Cathy que tentasse deslocar sua linha do tempo da esquerda para a direita e observasse o que acontecia. No início, ela ficou preocupada, pois achou seu futuro estranho. "É engraçado. Não é mais uma linha — é como se partisse em várias direções." Eu lhe disse que provavelmente era uma excelente escolha. Seu inconsciente havia descoberto uma boa forma de fazê-la perceber que o futuro não é algo fixo, mas está cheio de possibilidades e opções. Na verdade, esta é a maneira como muitas pessoas conseguem organizar seu futuro.

Ao saber que seu futuro "fluido" talvez fosse útil, Cathy ficou aliviada e o examinou com mais cuidado. "De repente meu futuro ficou todo colorido. É muito interessante!"

Essa mudança automática na experiência de Cathy era um bom sinal. Um futuro colorido e brilhante é, literalmente, muito mais atraente e em geral funciona melhor do que um futuro escuro e vago.

Como antes a linha do futuro de Cathy era muito curta, eu quis me certificar de que a nova linha se expandisse satisfatoriamente. "Observe até que ponto seu futuro vai e se está se alargando…"

"Ele se expandiu logo que o coloquei do outro lado. E agora está se expandindo ainda mais", disse Cathy.

"Ótimo. Deixe a linha crescer inconscientemente de forma apropriada e útil."

Pedi a Cathy que verificasse sua linha do passado. Ela disse: "Sinto que ela parece estar se testando. Está ondulando e vai de um lado para o outro, tentando encontrar um lugar onde se fixar".

Nesse ponto, Cathy já gostava muito mais do seu futuro, e seu passado parecia estar oscilando. Sugeri que deixasse seu passado ir mudando de lugar, para saber o que funcionaria melhor.

Até então, Cathy não sentira nenhuma objeção a seu novo arranjo temporal, mas à noite ela percebeu uma. "Fiquei enjoada e senti como se algo estivesse errado em relação ao meu passado. Era como se meu passado quisesse voltar ao local onde estava antes, e perguntei-me qual o objetivo positivo de querer voltar para lá." Buscar o objetivo positivo é um método bastante usado na PNL para lidar com objeções, e Cathy o conhecia de outros seminários (ver capítulo 7, "Intenções positivas").

Essa busca interior revelou a Cathy por que sua linha temporal tinha se organizado de maneira tão pouco comum, com o passado localizado onde a maioria das pessoas têm o futuro. Desde que nascera, Cathy tinha tido sérios problemas de saúde, doenças que os médicos não tinham conseguido diagnosticar — algumas delas graves, inclusive um câncer.

"Sempre foi assim comigo. Eu me via como uma pessoa doente. Qualquer doença ou acidente que tivesse (que eu me lembre, pelo menos) era do lado direito do meu corpo, de forma que era importante manter as doenças e o passado do mesmo lado. Inconscientemente, parecia que se eu colocasse o futuro do mesmo lado que as minhas doenças, isso significaria que eu iria ficar doente no futuro, e eu não queria que isso acontecesse." E Cathy continuou: "Ontem à noite, compreendi que chegara o momento de reconhecer que sou uma pessoa saudável — que todas aquelas doenças são coisa do passado. Assim que me dei conta deste fato, minha nova linha temporal foi para o lugar correto e me senti bem melhor." Agora que tinha cuidado de sua objeção, Cathy estava muito satisfeita com sua nova linha do tempo.

O RESULTADO PARA CATHY

Três meses depois, telefonei a Cathy para saber dos resultados da mudança da sua linha do tempo.

"Estava pensando em lhe escrever uma carta. Foi um dos trabalhos mais incríveis que já fizeram comigo. Atingiu todos os aspectos da minha vida. Foi muito abrangente. Comentei o fato com muitas pessoas, pois fez uma grande diferença na minha vida."

Mais tarde, Cathy me enviou uma carta mais detalhada:

> Desde que comecei a estudar PNL, trabalhei muito com problemas relacionados à saúde, por causa do câncer e de outras doenças que tive na infância. Isso me ajudou, mas parecia que "faltava algo". Eu estava tentando esclarecer algumas questões profissionais que haviam atingido um ponto crucial, e questões pessoais também. Olhando para trás, tenho certeza de que tive todas essas dificuldades porque não conseguia enxergar o futuro. Agora, tudo está muito claro — literalmente. Enxergo caminhos, opções e metas, e tenho conseguido encontrar soluções. O passado parece estar num local bastante distante e adequado.
>
> Houve outras mudanças também. Antes, eu costumava *evitar* aquilo que não queria — o que me fazia muito negativa. Por exemplo, se estava trabalhando num lugar de que não gostava, ficava pensando em sair daquela situação. Agora, passei a pensar no que *quero* fazer. É muito mais positivo. Aconteceu o mesmo com os meus relacionamentos. Antigamente, eu pensava no que evitar. Agora, vou em direção àquilo que quero. Diria que um lado meu parou ou morreu quando tive câncer. Acho que foi aí que meu futuro acabou. O médico me contou sobre o diagnóstico jogando o laudo médico em cima do meu colo, e depois passou a falar sobre um possível tratamento, que entre outras coisas incluía a retirada do lado direito do meu rosto.
>
> Também percebo que a maneira como codifico as coisas em minha mente mudou. Antes, em muitos aspectos, eu vivia no passado. Incidentes de vários anos atrás pareciam ter acontecido ontem. É como se o passado

estivesse bem na minha frente. E as minhas experiências positivas e negativas não estavam separadas.

Já havia tentado modificar minha linha do tempo sozinha, mas ela voltava ao antigo lugar quase imediatamente. Foi então que você surgiu. Agora, tenho um futuro que se abre em diferentes direções, e isso é positivo. A mudança colocou o passado no seu lugar, isto é, no passado. Agora, sinto que minha mente está organizada de uma forma coerente. Minha linha temporal é bem mais longa, e sei a diferença entre passado, presente e futuro.

A mudança da linha do tempo fez uma diferença enorme. Eu já havia superado o trauma do câncer e de outros incidentes. Muitas coisas que ainda faltavam foram resolvidas com esta última modificação.

Fiquei contente com a profundidade das mudanças de Cathy. Eu também estava consciente de que, por já ter conseguido tantas outras mudanças usando os métodos de PNL, ela estava "madura" para esta profunda modificação. Se não tivesse passado por um trabalho anterior, teria sido necessário usar vários outros métodos para ajudá-la a lidar com seu passado traumático *antes* de mudar sua linha do tempo.

Se alguém tivesse provocado uma mudança permanente na linha do tempo de Cathy antes que ela percebesse que agora era uma pessoa saudável, talvez tivesse causado uma nova doença, já que as enfermidades seriam colocadas no seu futuro. É por isso que o trabalho de mudança de linha do tempo deve ser feito com cuidado e sensibilidade. Problemas dessa natureza podem ser percebidos e tratados com cuidado por pessoas bem treinadas em PNL.

LINHAS DO TEMPO INVERTIDAS

Normalmente, quando alguém tem sua linha do tempo invertida em relação às pistas visuais de acesso, como no caso de Cathy, surgem restrições e limitações previsíveis em sua experiência. Por exemplo, o futuro pode parecer pouco desenvolvido ou fixo. Quando isso acontece, fazemos que a pessoa "experimente" deixar que sua linha do tempo mude para a direção oposta e veja como se sente, verificando com cuidado se há objeções. As linhas do tempo invertidas também podem estar relacionadas a problemas de aprendizado, que serão examinados mais adiante neste capítulo. Até agora, só conheci uma pessoa que decidiu manter invertida a sua linha do tempo. Como encontrei uma objeção ecológica para a qual não pude achar uma solução, deixei sua linha do tempo como estava.

COMO TIRAR PROVEITO DA MUDANÇA DA LINHA DO TEMPO

Você talvez esteja se perguntando se uma modificação na sua linha do tempo lhe será útil para obter o que deseja da vida. Algumas pessoas estão muito satisfeitas com a maneira como codificam seu tempo. Outras podem se beneficiar da mudança, seja ela sutil ou importante. A seguir, damos algumas dicas que podem sugerir mudanças adequadas na linha do tempo. A única maneira de se ter certeza de que uma forma de codificar o tempo é melhor do que outra é experimentar.

UMA MUDANÇA NO FUTURO

A seguir, alguns sinais de que você poderá se beneficiar de uma mudança na maneira como codifica o seu futuro:

1. Problemas para planejar o futuro. O planejamento a curto ou a longo prazo é ineficiente? Você sente que é sempre pego de surpresa pelos acontecimentos?
2. Falta de objetivos ou rumos. Acha que vive apenas para o momento? Não sabe direito para onde está indo? Algumas pessoas gostam dessa sensação, enquanto outras querem ter uma percepção maior do futuro.
3. Os outros se queixam da sua falta de planejamento ou de direcionamento e metas? Às vezes, alguém sem futuro não consegue perceber os problemas que isso causa, mas os outros percebem.
4. Sente dificuldade em se motivar? No capítulo 14, "Motivação positiva", descrevemos diversos fatores para se motivar de maneira mais eficiente. Os resultados serão muito melhores se você tiver uma linha do futuro mais atraente.
5. Tem estado deprimido ultimamente? Às vezes, a depressão resulta da falta de um rumo na vida.
6. Tem dificuldade em manter o estilo de vida que sabe ser positivo para você no futuro? Por exemplo, fazer atividade física regularmente, perder peso, parar de fumar etc. As pessoas que sofrem de problemas com drogas e álcool podem tirar proveito de uma linha do futuro mais atraente.

COMO MODIFICAR O FUTURO

Eis o que pode ser feito para modificar a codificação do futuro. Primeiro, é preciso observar como o seu futuro está codificado. Onde ele está localizado? Para a maioria das pessoas, o futuro está em uma linha ou caminho que vai numa direção específica. É uma linha colorida, luminosa, longa? Ou trata-se de uma linha escura, obscura, curta, atrás de você etc.?

Se seu futuro for curto, pequeno ou estiver num local onde não possa ser visto claramente, você não será muito receptivo a suas necessidades e desejos. As pessoas com esse tipo de futuro geralmente têm dificuldade de perder peso, manter hábitos positivos de saúde, planejar ou estabelecer e atingir objetivos.

Se quiser se tornar uma pessoa mais orientada para o futuro, um passo importante é modificar a maneira como pensa nele, como aconteceu com Ruth. Os passos são os seguintes:

1. Em primeiro lugar, diga a si mesmo que é apenas uma experiência. Você está apenas experimentando outra forma de visualizar seu futuro. Se você, ou um lado qualquer seu, tiver alguma objeção à mudança, a linha do tempo será colocada de volta no seu antigo lugar.
2. Agora, tente várias formas de ver o futuro e descubra qual é melhor para você. Se o futuro estiver às suas costas, deixe que a linha se movimente para o lado até ficar à sua frente. Deixe que se movimente um pouco, indo mais para cima e para baixo, até que pareça ter ido para o "lugar certo". Em geral, *quanto maior, mais luminoso e mais frontal for seu futuro, mais orientado para o futuro você será.*

   Preste atenção a qualquer objeção que apareça ao colocar seu futuro num local mais visível. Por exemplo, você consegue ver desastres a serem evitados no futuro? Se for o caso, é importante transformar esses desastres em algo mais positivo, para sentir-se bem ao ver para onde deseja ir, em vez de ver apenas o que deseja *evitar*.

   Está vendo seu futuro luminoso e colorido, para que tenha vontade de ir ao seu encontro? Pessoas que se queixam de um "futuro escuro" literalmente enxergam pouca coisa nele. Quando as pessoas dizem "Meu futuro é brilhante", estão se referindo à sua experiência interna. Se seu futuro for iluminado, ficará muito mais atraente — contanto que você esteja vendo o que *quer*, e não o que não quer.

Se sua linha do futuro for curta, deixe que se expanda, para lhe dar uma sensação de um futuro mais longo. Você talvez queira imaginar ramificações para sentir que tem várias opções. Talez queira imaginar a direção geral para onde está indo e colocar alguma representação de seus valores nessa linha, em vez de incidentes específicos.

Os valores podem ser representados de maneira literal ou simbólica. Se quiser ter mais relacionamentos carinhosos e íntimos no futuro, poderá visualizar as pessoas sendo carinhosas umas com as outras na sua linha do futuro. Ou poderá visualizar uma luz cálida, branca, ou qualquer outra imagem abstrata que signifique um relacionamento íntimo para você.

Se sua linha do tempo for curta, alongue-a, para que possa sentir o impacto do futuro mais profundamente ao olhar para ele. Essa mudança aumenta a motivação para atingir objetivos.

Você talvez queira torná-la mais colorida, mais tridimensional, ou acrescentar pontos de luz. Permita-se fazer várias tentativas até descobrir o que funciona melhor para você.

3. Quando tiver experimentado várias opções, observe que tipo de ajuste prefere. Com a linha do tempo escolhida no lugar certo, imagine viver um dia inteiro com ela. Isso lhe permite ser quem você quer ser? Se for o caso, imagine-se indo dormir e acordando no dia seguinte com essa nova linha do tempo automaticamente no lugar, e observe como ela funciona para você.

Se achar que não gosta desta nova linha do tempo tanto quanto da anterior, deixe-a voltar para o local anterior antes de retomar as atividades normais do dia a dia.

Até então, falamos de criar um futuro para alguém que não o tem bem delineado. Entretanto, algumas pessoas são muito voltadas para o futuro; a excessiva preocupação com o futuro as impede de desfrutar o presente. Se não pudermos desfrutar o futuro que planejamos quando ele finalmente chegar, não há por que planejá-lo! Ainda assim, alguns excelentes planejadores nunca conseguem desfrutar o futuro quando ele se torna presente.

No caso de uma pessoa ser muito voltada para o futuro, pode ser útil ensiná-la a torná-lo menos preocupante, pelo menos em alguns contextos. Isso pode incluir deslocar o futuro para o lado, diminuí-lo, torná-lo menos colorido etc. Também pode ser útil separar o passado do futuro, para que haja mais espaço para o presente. (Ver "Como criar o presente", mais adiante.)

UMA MUDANÇA NO PASSADO

Muitas pessoas tiram grande proveito de mudanças feitas no passado. A seguir estão alguns indícios que lhe permitirão saber se também pode se beneficiar.

1. Você está preocupado com o passado? Passa muito tempo ruminando sobre ele, quando deveria estar fazendo outra coisa?
2. Sente-se sobrecarregado com lembranças desagradáveis?
3. Os outros lhe dizem coisas como: "Já passou. Esqueça."?
4. Você se lembra de pouco ou nada do que aconteceu no passado? Quando alguém lhe pergunta o que aconteceu, é difícil se lembrar?
5. Você vive repetindo o que já fez antes e quer ter mais opções para uma vida mais rica e variada?
6. Repete sempre os mesmos erros, em vez de aprender com eles?

Uma resposta afirmativa a qualquer uma das perguntas anteriores pode indicar que será interessante modificar a maneira como você codifica o seu passado.

COMO MUDAR O PASSADO

Se você estiver preocupado demais com o passado, deve verificar *onde* e *como* imagina o passado. Encontra-se bem à sua frente? É maior, mais colorido e mais luminoso que o futuro? A maioria das pessoas que estão preocupadas com o passado têm-no localizado num ponto tão proeminente que é praticamente a *única coisa que conseguem ver*. Os passos a seguir vão ajudá--lo a descobrir que ajuste na linha temporal do passado funcionaria melhor para você.

1. Primeiro, é importante ter consciência de que as mudanças serão apenas temporárias. Isso lhe permitirá experimentar livremente várias maneiras de organizar o tempo. Sempre é possível deixar a linha do tempo exatamente como estava antes, caso não goste de nenhuma das novas escolhas.

A essência da mente

2. Se o seu passado estiver bem à sua frente, tente colocá-lo do lado esquerdo ou direito. Qual dos dois lados lhe parece mais confortável? Para a maioria das pessoas, o lado esquerdo é melhor. Entretanto, para outras, é melhor visualizá-lo do lado direito. Isso tem a ver com a maneira como o nosso cérebro está organizado (ver Anexo I).
3. Observe a sensação de afastar seu passado bem para o lado, em vez de tê-lo bem à sua frente. Se a linha do passado for muito longa, talvez seja interessante encurtá-la um pouco. Fica melhor assim? Imagine-se passando um dia inteiro com o passado neste local diferente. Agora fica mais fácil observar o que está no presente e quais são suas metas para o futuro? Caso lhe pareça útil, você poderá deslocar seu futuro ao mesmo tempo, colocando-o bem à sua frente.
4. Talvez seja interessante pensar em sua linha temporal do passado como flexível — quase como se tivesse dobradiças —, de maneira a poder movimentá-la para o lado ou para trás quando estiver fazendo algo em que o passado seja irrelevante, e mais à sua frente quando quiser lembrar coisas do passado facilmente.
5. O último passo é decidir se essa nova localização do passado é melhor para você. Não *existe uma localização "correta" para a linha do tempo*, e *todas* as possibilidades têm suas vantagens e desvantagens. *Cada pessoa pode descobrir sua localização ideal* e aprender a adaptá-la às diferentes circunstâncias.

Se tiver alguma relutância em experimentar uma nova localização, simplesmente faça sua linha temporal voltar ao local anterior. Se for o caso, talvez seja interessante procurar um profissional que saiba lidar com mudanças de linhas do tempo para ajudá-lo a lidar com as objeções e explorar outros ajustes que satisfaçam a todos os seus objetivos. *Se não tiver certeza de que gosta mais da nova localização, coloque a linha do tempo de volta onde estava antes.*

Se decidir adotar um novo ajuste de linha do tempo, faça que seu inconsciente perceba que sua linha do tempo pode continuar a se ajustar e a se adaptar por si mesma, de maneira a funcionar ainda melhor no decorrer do dia. Você pode até dizer o seguinte para si mesmo: "Se houver um lado meu que descubra alguma objeção a este novo ajuste, por favor dê um sinal bem forte que me permita saber que outro ajuste será necessário".

6. Pergunte-se: "Há momentos em que desejo a minha antiga linha do tempo de volta?" Talvez haja ocasiões em que você queira lembrar os velhos tempos com antigos colegas de escola. Ao se perguntar: "Quando o antigo ajuste será melhor para mim?", você poderá guardá-lo para os contextos nos quais será mais útil.

DIFICULDADE DE SE LEMBRAR DO PASSADO?
1. Algumas pessoas têm dificuldade de se lembrar do passado, ou não percebem que o passado é um recurso positivo que podem utilizar com facilidade. Para saber se uma mudança na linha do tempo vale a pena, siga os passos de 1 a 6 acima, substituindo os passos 2 e 3 pelos seguintes:
2. Provavelmente, seu passado está localizado num lugar onde é muito difícil ou impossível que você o veja. Pode estar atrás de você, distante demais ou tão espalhado que é facilmente esquecido. Por exemplo, o dia de ontem pode estar a 3 metros de distância e a semana passada a um quarteirão de distância etc.
3. Tente levar seu passado para um local onde possa vê-lo mais facilmente. Traga-o mais para a frente, mais para perto, aumente seu tamanho etc. Se não quiser experimentar essa opção, deixe sua linha do tempo em paz e espere até achar um profissional que possa ajudá-lo. Algumas pessoas têm o passado às suas costas, pois os acontecimentos desagradáveis aconteceram no passado e elas se sentem melhor se não precisam olhar ou pensar no que aconteceu. Se for este o caso, é necessário descobrir uma maneira de lidar com essas lembranças desagradáveis (ver capítulo 6) *antes* de colocar o passado num local mais visível. Quando transformamos essas experiências desagradáveis em recursos, ficará mais fácil ter acesso ao passado inteiro.

Se for confortável mudar sua linha do tempo, coloque-a num lugar onde possa vê-la. Se estava atrás de você, deixe que se movimente lentamente como um braço, até que se torne visível. Talvez você queira deixá-la de lado — fora da sua visão frontal, porém num local onde possa vê-la com facilidade. Se seu passado estava tão espalhado que você não conseguia vê-lo, pode concentrá-lo mais. Mantendo a sequência, permita que todas as suas experiências se reúnam. Entretanto, se o seu passado estava amontoado, espalhe-o um pouco. Você também poderá experimentar com outros tipos de mudanças.

Depois, siga os passos 4 e 5 da sequência anterior. É provável que você queira manter a antiga configuração do seu passado em algumas situações, ou quando estiver exercendo alguma atividade específica. Experimente as configurações antigas e as novas nos principais contextos da sua vida — trabalho, lazer, relacionamentos íntimos, esportes etc. — para descobrir qual delas funciona melhor. Lembre-se de que, se mudar de opinião, poderá colocar sua linha do tempo onde estava antes.

COMO CONSTRUIR UM PRESENTE MELHOR

Adam vivia pensando no passado ou no futuro, mas nunca conseguia desfrutar o *presente*. Era uma pessoa muito inteligente e capaz, e queria manter essas qualidades, mas achava que sua vida ganharia outra dimensão se pudesse desfrutar melhor o presente.

Ao examinar a linha do tempo de Adam, observamos que seu passado e seu futuro estavam dispostos num 'V', como para a maioria das pessoas. Entretanto, no lugar de seu passado partir da esquerda e seu futuro da direita, como no caso da maioria das pessoas, seu passado e seu futuro se juntavam-se num ponto bem à sua frente. O passado ligava-se diretamente ao futuro; portanto, basicamente ele não tinha presente.

Pedi a Adam que deslocasse as duas linhas de forma que passado e futuro ficassem separados pelo seu corpo, dando mais espaço para o presente. Quando ele fez isso, seu corpo ganhou maior mobilidade e sua pele tornou-se um pouco mais corada.

"Interessante", ele disse. "Tenho mais consciência do meu corpo quando minha linha do tempo está assim."

"É porque você tem mais espaço para *si mesmo* no *presente*. Não existe apenas passado e futuro." Adam gostou desse novo ajuste, e me certifiquei de que ele ainda tinha um bom acesso ao passado e ao futuro, para que pudesse processar informações tão facilmente quando antes.

Antes dessa modificação, Adam não conseguia desfrutar o presente — estava sempre pensando no que *havia acontecido* ou no que *iria acontecer*. A separação entre as linhas do passado e do futuro nos dá mais possibilidade de desfrutar o presente. Também pode ser útil imaginar a linha do tempo como algo flexível, para que, quando queira prestar mais atenção ao presente, possa colocar o passado e o futuro para trás, fora do caminho.

COMO SE PREPARAR PARA CONSEGUIR O QUE QUER

A motivação positiva tem muitos aspectos, alguns dos quais foram descritos no capítulo 14. Um deles é a localização da linha do tempo pessoal. Algumas pessoas têm a linha do passado bem atrás de si, e o futuro bem à sua frente. Se a sua não for organizada dessa maneira, talvez você queira pelo menos tentar para ver como se sente: pode resultar numa forte motivação positiva, por que estamos bem mais voltados para o futuro imediato. Estamos bem dentro da nossa linha do tempo, indo em direção ao futuro. Se o futuro está diante de nós, ele é grande, luminoso e atraente, e isso pode ser *muito* motivador. É um ajuste extremamente útil quando queremos nos concentrar em conseguir algo AGORA. Se este arranjo lhe parece pouco usual, sugerimos que o experimente. Em certas situações, ele poderá contribuir para sua capacidade se motivar e se concentrar mais, deixando de lado as distrações?

Como com qualquer outra coisa, podem surgir problemas com este ajuste. Ele pode motivar a pessoa a comer um pedaço de bolo, a beber uma cervejinha ou a ingerir uma droga qualquer em busca do prazer imediato. Se o passado estiver *sempre* atrás e o futuro *sempre* à frente, talvez seja muito mais difícil evitar repetir os erros do passado. Afinal, os atos passados estão *atrás,* onde não se pode vê-los. Além disso, o futuro remoto pode estar muito além do futuro imediato, onde também não é possível vê-lo. No caso desse tipo de ajuste de linha do tempo, tanto os erros do passado como as consequências a longo prazo são, às vezes, ignorados.

Uma maneira de eliminar esse problema é tornar o futuro distante maior, mais luminoso e mais colorido que o futuro imediato. Com a atenção voltada para os acontecimentos mais distantes, quando a pessoa pensar no pedaço de bolo, na cerveja ou nas drogas, estará mais consciente das futuras consequências. Perceber o possível excesso de peso, a ressaca da bebida ou crise de abstinência da droga a motivará mais facilmente a recusar oportunidades de estragar sua vida. Ela ficará mais motivada para atividades que tornarão sua vida melhor.

Quando o futuro estiver à frente e o passado atrás, sugerimos que se tente alguma variação da linha do tempo em 'V' descrita anteriormente. Desloque o passado para a sua esquerda e o futuro para a sua direita, em ângulo, de modo a poder olhar para os dois ao mesmo tempo. Algumas pessoas acham o inverso deste ajuste mais adequado. Se achar difícil movimentar sua linha do tempo, deixe-a no lugar e mova o seu *corpo* até que a linha do tempo vá da esquerda para a direita. Observe quando e onde isso pode ser útil. Esse ajuste lhe permitirá ter uma série de informações imediatamente à sua disposição. É de grande utilidade quando se deseja planejar, tomar decisões e manter uma atitude consistente durante certo período.

O ideal é notar *quando* e *onde* diferentes ajustes de linha do tempo são úteis e desenvolver a flexibilidade para adaptar nossa percepção de tempo a essas diferentes situações.

A CONFUSÃO ENTRE PASSADO E FUTURO

Ray, um advogado que estava participando de um dos nossos seminários, pediu que o ajudássemos a mudar sua linha do tempo. "Meu passado e meu futuro partem diretamente à minha frente, praticamente na mesma linha durante cerca de seis semanas, e depois cada um vai para um lado, como num Y. Eu queria que me ajudassem a separar melhor o passado do futuro. Às vezes, fico confuso sobre o que aconteceu. Também gostaria de ser mais motivado."

Percebemos que a atual linha do tempo de Ray trazia-lhe uma vantagem importante que precisávamos preservar. "Quero ver os erros que cometi, para não repeti-los", ele nos disse. Tendo o passado recente bem à sua frente, Ray conseguia observar facilmente os erros cometidos no passado. Ele codificava essas experiências, escurecendo-as, e literalmente jogava-as em sua linha do futuro. Era fácil fazer isso, pois sua linha do futuro imediato estava logo à direita de sua linha do passado.

Trabalhando com Ray, logo encontramos uma maneira de separar mais claramente seu passado de seu futuro, preservando sua maneira de observar e evitar erros cometidos no passado. Na verdade, o novo ajuste lhe permitiu atingir seu objetivo de maneira mais eficiente.

"Ray, sua linha do tempo é em forma de Y. Tente trazer a parte superior do Y mais para perto de você até formar um V, com o passado partindo do seu ombro esquerdo e o futuro, do direito..." (Ray concordou.) "Agora, assinale de alguma maneira os erros cometidos no passado, talvez colocando uma borda brilhante ao redor de cada um deles, para que sejam identificados como oportunidades de aprender." Depois, sugeri que transformasse o erro que queria evitar num filme do que ele *gostaria de fazer* no lugar do erro e colocasse esse filme na sua linha do futuro, no lugar dos erros a serem evitados.

"Posso fazer isso", disse Ray após refletir por um instante, "mas as minhas linhas parecem querer voltar a se reunir."

"Tudo bem. Em vez de movimentar o que deseja diretamente do passado para o futuro, tente algo diferente. Observe o erro cometido no passado, crie um filme do que deseja fazer no lugar daquele erro, traga-o por sua linha do passado, *passando pelo seu corpo* e indo em direção ao futuro. Então, deixe que se instale onde for adequado. Cada vez que fizer isso, seu futuro lhe parecerá melhor do que antes, porque você está projetando algo que *quer,* em vez de algo que deseja evitar."

Quando Ray fez isso, sua linha do tempo se estabilizou no novo ajuste em V e ele ficou satisfeito com o resultado. Sugeri que ele se permitisse classificar outras "oportunidades de aprendizado" do passado e repetisse a sequência de forma que seu futuro ficasse cheio de coisas a serem *feitas*, em vez de coisas a serem evitadas. Para a maioria das pessoas, é *muito* mais fácil se motivar pensando no que quer *fazer* do que naquilo que não quer.

O passado e o futuro de Judy também se sobrepunham, mas por um período maior. Seu passado e seu futuro iam direto em frente por seis meses antes de se dividirem. Judy queixava-se de que, quando fazia uma mudança (por exemplo, mudava de casa ou arranjava um novo emprego), só tinha a sensação de algo novo depois de decorridos seis meses. Judy tinha acabado de passar por uma crise no casamento, pois o marido tivera um caso extraconjugal. Embora ele tivesse se arrependido e ela o tivesse perdoado, ainda estava chateada e deprimida. "É sempre assim. Mesmo quando está tudo resolvido fico deprimida por uns seis meses, e depois fica tudo bem." Ela ficou empolgada quando soube como estava organizada sua linha do tempo, pois encontrou a explicação para algo que a intrigava havia anos. Depois que separou seu futuro e seu passado imediatos, Judy passou a sentir-se melhor imediatamente depois que resolvia um problema. 'Não precisava mais esperar seis meses. Agora, conseguia perceber que o passado estava realmente no passado.

PROBLEMAS DE APRENDIZADO

Uma linha do tempo mal organizada, invertida ou inexistente pode provocar problemas de aprendizado. Por exemplo, Michele, que recebera um diagnóstico de dislexia, tinha dificuldade de se lembrar das coisas. Quando ia ao cinema, não conseguia saber qual era o início, o meio e o fim do filme.

Ler era quase impossível, pois ao começar o segundo parágrafo ela já não conseguia se lembrar do anterior. Michele tinha sofrido vários ferimentos na cabeça na infância e na adolescência, e todos achavam que sua dislexia fora causada por uma lesão cerebral. Como não podia trabalhar em nada que exigisse memória, tornou-se massagista profissional.

Felizmente, Michele procurou um profissional em PNL que sabia trabalhar com linhas do tempo. Depois de descobrir que ela não possuía uma linha do tempo, ele a ajudou a criar uma, com o passado, o presente e o futuro indo de um lado para o outro, em forma de U.

Criar uma linha do tempo fez uma grande diferença para Michele. Ela logo conseguiu ler um parágrafo e lembrar-se dele, algo de que era incapaz anteriormente. O terapeuta também observou que Michele tinha uma série de lembranças traumáticas entre os 5 e os 13 anos de idade, e usou outros métodos de PNL para ajudá-la a lidar com esses problemas (ver capítulo 6, "Fobias, traumas e maus-tratos"). Michele percebeu que sua dislexia desaparecera em quase todos os contextos. A única coisa que ainda não conseguia fazer era datilografar, porque havia aprendido a fazê-lo quando era disléxica. Após ter criado para si uma linha do tempo, precisou reaprender a datilografar de maneira "correta". Ela o fez sem problemas, e agora está trabalhando com programação visual. Passou a ter uma vida tão diferente depois de ter obtido uma linha do tempo que decidiu voltar à faculdade, para fazer engenharia — algo que jamais teria tentado quando tinha "problemas de aprendizado".

Telefonei a Michele para saber como ela estava indo e para conhecer mais detalhes sobre a maneira como ela organizava seu tempo anteriormente. Seu relato confirmou o que o profissional de PNL havia me contado e me deu novas informações. Em vez da sequência de eventos que a maioria de nós possui, Michele descreveu sua antiga percepção do tempo como um "amontoado de algas marinhas". "É como se houvesse montes de algas diante de mim, vindo do fundo do mar. As algas têm uma espécie de bolsa na parte superior, não têm? Nelas estavam meu passado, meu presente e meu futuro."

"Mas eles estavam organizados, com o passado em algumas dessas bolsas e o futuro em outras?", perguntei.

"Não era nada organizado. Estavam todas misturadas. Era difícil lembrar qualquer coisa, porque nada estava classificado. Eu tinha de ficar procurando as lembranças. Nunca conseguia lembrar o que havia dito às pessoas, ou o que havia feito no dia anterior. Está tudo diferente agora. Consigo me lembrar das coisas. Outra coisa que mudou é que consigo escutar melhor as pessoas e entendê-las melhor também. Consigo ler e escrever, e entender os filmes a que assisto."

Na conversa com Michele, descobri que seu futuro ia para a esquerda, enquanto o passado ia para a direita. Como esse ajuste é o contrário da maneira como a maioria das pessoas organizam o tempo, eu queria verificar se isso era bom para ela. "Como você decidiu colocar o futuro à sua *esquerda* e o passado à sua *direita?*", perguntei.

"Quando fiz a mudança, foi como se eu levantasse e colocasse as algas em uma linha. E foi assim que a linha se organizou — o passado à direita e o futuro à esquerda."

"Quer saber se existe uma linha do tempo ainda melhor para você?", perguntei.

"Claro", ela respondeu.

Como eu não podia testar as pistas visuais de acesso por telefone, para descobrir se Michele as tinha invertidas, decidi pedir a ela que simplesmente experimentasse uma linha do tempo oposta e observasse qual das duas funcionava melhor. Dei-lhe instruções cuidadosas para experimentar o futuro à direita e o passado à esquerda. "Apenas observe como se sente", falei.

"Meu futuro ficou mais brilhante. É como se tivesse uma luz branca. Gosto mais, e meu passado me parece menos sobrecarregado. Também ficou um pouco menor do que era antes."

"Agora, imagine passar a próxima semana com esta linha do tempo, enquanto verifica algumas coisas. Tem alguma objeção a isso? Gostaria de modificar sua linha do tempo, para melhorá-la ainda mais? Existem situações em que sua antiga linha do tempo funcionaria melhor?"

"Não. Já obtive a resposta a esta última pergunta", Michele respondeu rapidamente. Ela também observou um lugar na sua linha do passado onde havia um problema que queria resolver.

"Meu cérebro gosta mais desta linha do tempo", prosseguiu. "Quando ganhei uma linha do tempo, senti como se tivesse criado um cérebro. Agora, parece que tenho mais acesso a ele. Isso faz uma grande diferença. Meu cérebro inteiro parece mais ligado agora... Sinto uma mudança no meu corpo também. Os meus lados direito e esquerdo também parecem mais ligados. É como se eles estivessem recebendo as informações de uma maneira mais adequada. Sinto que meu cérebro é todo branco por dentro."

Fiz mais alguns testes, para ter certeza de que a nova linha do tempo era ecológica para Michele, e dei-lhe meu número de telefone, para o caso de ela precisar fazer alguma modificação posterior.

Quando falei com Michele algum tempo depois, ela me contou que havia feito algumas modificações em sua linha do tempo. O fato de preencher o espaço ocupado por sua antiga linha do tempo com luz branca lhe deu a segurança de que sua linha do tempo não voltaria para aquele local. Sabendo disso, ela permitiu que sua linha do tempo se tornasse muito mais flexível e experimentou um arranjo de trás para a frente, de que gostou ainda mais.

A experiência de Michele demonstra como às vezes é útil fazer uma *série* de modificações na linha do tempo. O ideal é ter flexibilidade para utilizar várias combinações de linhas do tempo para as diferentes situações do dia a dia.

Rex também havia sido diagnosticado com dislexia quando jovem. Embora tivesse conseguido sucesso em vários aspectos da sua vida, ainda não conseguia distinguir a esquerda da direita e não sabia para que lado abrir uma torneira. Depois de observar que sua linha do tempo era invertida, pedi-lhe que experimentasse a disposição mais comum. Alguns meses depois, Rex disse: "Gosto muito mais do meu futuro expandido, depois da inversão que fizemos! Posso distinguir a esquerda da direita e automaticamente sei para que lado girar uma torneira".

A CHAVE DA ORIGINALIDADE

Desde a descoberta das codificações de tempo, ficamos fascinados com a maneira como nossas linhas do tempo influenciam nossa personalidade. No início, perguntamo-nos se as pessoas não estariam "inventando toda essa história". Entretanto, logo ficou claro que, quando alguém experimenta a organização temporal de outra pessoa, literalmente fica muito diferente. O mundo lhe parece diferente, e a pessoa reage de outra maneira. Sem dúvida, as codificações temporais são verdadeiras e têm um grande impacto do ponto de vista subjetivo. Vamos dar alguns outros exemplos sobre esse campo fascinante.

Mark, um terapeuta, tomou conhecimento das linhas do tempo em nosso livro *Transformando-se – Mais coisas que você não sabe que não sabe*. Então decidiu trabalhar com as linhas do tempo de todos os seus clientes naquela semana. Afirmou que, dos cerca de 30 clientes, conseguiu ajudar quase todos — com exceção de dois — a fazerem mudanças importantes a partir de ajustes na linha do tempo. Alguns desses casos são especialmente interessantes.

Uma mulher queixava-se de depressão. Sentia que algo a segurava e a puxava para baixo, o que a impedia de progredir na vida. Seu futuro partia em linha reta à sua frente, e seu passado estava diretamente às suas costas. O que era estranho era que a linha do passado seguia por cerca de 30 centímetros e depois baixava e *enterrava-se no chão*. Ao levantar o passado, para evitar que ele a "puxasse" para baixo, ela sentiu-se muito melhor, como se agora pudesse seguir em frente. Por estar enterrado, seu passado literalmente a "puxava para trás". Ainda nos parece estranho que uma simples mudança na maneira de pensar de uma pessoa possa fazer uma diferença tão grande, mas ficamos convencidos diante de tantos exemplos.

Um homem já tinha procurado vários terapeutas conhecidos. Embora fosse uma pessoa normalmente inteligente e competente, seus problemas de personalidade não tinham sido resolvidos. Sua linha do passado era longa e colorida, e ficava bem visível à sua esquerda. Seu futuro, porém, consistia numa série de pequenos *slides* do tamanho de um selo, distantes aproximadamente 45 centímetros uns dos outros. Como seu futuro era tão pouco atraente, não lhe chamava a atenção. Transformar seu futuro num filme maior, com os acontecimentos interligados, provocou grandes mudanças em sua vida.

O VALOR DAS LINHAS DO TEMPO INCOMUNS

Já dissemos que não existe uma linha do tempo ideal. Algumas linhas incomuns funcionam muito bem e são a base de habilidades e capacidades excepcionais. Por exemplo, a linha do futuro de Tom estava bem à sua frente. Perguntamos-lhe se ele estava sempre pensando no futuro imediato, pois achávamos que isso era tudo que ele conseguia enxergar. Ele respondeu: "Não, meu futuro é uma série de *slides* transparentes e coloridos. Se quiser pensar em alguma coisa que vai acontecer no futuro mais remoto, apenas aumento os *slides* que estão mais perto de mim, o que me permite ver o futuro através deles com mais facilidade". A imagem de seu futuro imediato literalmente coloria seu futuro mais distante. Essa continuidade lhe dava uma capacidade excepcional de planejar de maneira sequencial.

A linha do tempo de outro homem partia verticalmente do chão até o teto. Quando lhe pedi que experimentasse uma linha do tempo *horizontal*, como a da maioria das pessoas, ele não gostou muito da ideia. Embora não soubesse bem por que, preferia sua linha do tempo vertical.

Se sua linha do tempo é diferente, pergunte-se: "Quais são as vantagens desta organização temporal?" Se todo mundo possuísse o mesmo tipo de linha do tempo, tenderíamos a ter qualidades e fraquezas semelhantes. A infinita variedade de codificações de tempo explica a diversidade de talentos e a originalidade pessoal.

Apesar de estarmos trabalhando com linhas do tempo desde que começamos a explorar esse tema, no início de 1984, continuamos descobrindo novas maneiras interessantes de organizar o tempo. Convidamos nossos leitores a se juntarem a nós nessa descoberta. Àqueles que desejem aprender mais sobre linhas do tempo, recomendamos a leitura dos dois primeiros capítulos do nosso livro *Transformando-se – Mais coisas que você não sabe que não sabe*.

RECURSOS E REFERÊNCIAS

1. *Changing timelines*. Vídeo. 77 min. Com Connirae Andreas. Pode ser adquirido em: <https://www.andreasnlp.com/store/nlp-training-videos/changing-timelines/>.
2. *Parental timeline reimprinting*, uma demonstração em vídeo de um método relacionado que é parte do processo de Core Transformation [Transformação essencial], pode ser adquirido em: <https://www.andreasnlp.com/store/nlp-training-videos/parental-timeline-reimprinting/>. 43 min. Com Connirae Andreas.

19. Como usar a capacidade natural de cura do corpo

Algumas semanas depois do nascimento do meu primeiro filho, descobri um caroço dolorido no meu seio esquerdo. No início, achei que iria desaparecer sozinho e não tomei nenhuma providência. O caroço continuou piorando, a pele ao seu redor ficou avermelhada, e comecei a ter febre alta. Finalmente, aceitei o fato de que precisava de ajuda médica. Meu médico logo diagnosticou os sintomas como resultantes de infecção no seio e me receitou antibióticos. Em 24 horas, a febre desapareceu, e o caroço sumiu alguns dias depois.

Nos anos seguintes, esse incidente repetiu-se inúmeras vezes. Amamentei nosso primeiro filho durante 16 meses, e nesse período muitas vezes descobri o caroço no seio, seguido de uma vermelhidão na pele, febre alta e ingestão de antibióticos. Não gostava de usar antibióticos, pois sempre que possível prefiro evitar remédios. Mas nesse caso me pareciam necessários. Sempre que tinha a infecção, passava pela mesma sequência. Assim que percebia os primeiros sinais, ia imediatamente para a cama com uma bolsa de água quente, "esperando" que dessa vez meu corpo se curasse sozinho, para que não precisasse usar antibióticos.

Tentei usar o "pensamento positivo" para incentivar meu corpo a se curar sozinho. O que acontecia, porém, é que os sintomas só pioravam. Eu sempre me segurava, na expectativa de que a febre desaparecesse sozinha, e me agarrava à bolsa de água quente e bebia líquidos quentes. Quando a febre se mantinha em torno dos 40 graus por muito tempo, eu ficava preocupada e procurava o médico, para que ele me receitasse antibióticos, o que sempre dava certo. Naquela época, soube que uma parente minha também tinha tido várias infecções no seio. Ao que parece, vários fatores psicológicos fazem que algumas mulheres tenham tendência a esse tipo de infecção. Mas eu queria ficar mais saudável e melhorar por mim mesma. Cada vez que tomava antibióticos durante dez dias, a digestão do bebê piorava e suas fraldas tinham um aspecto estranho. Deduzi que os antibióticos que ele ingeria através do meu leite causavam um efeito mais forte no seu pequeno organismo do que no meu. Depois das recentes pesquisas sobre o uso excessivo de antibióticos, percebi que as frequentes doses de antibióticos também não eram boas para a saúde do bebê a longo prazo.

Quando nasceu nosso segundo filho, passei pela mesma experiência. Na verdade, passei a tomar antibióticos com mais frequência ainda. Quando olhei minha agenda, percebi que naqueles primeiros meses tinha passado mais dias tomando antibióticos do que sem tomar. Em minha luta para descobrir uma forma de me curar das infecções do seio sem remédios, usei quase todas as técnicas de PNL que conhecia. Enquanto ficava acamada, tentei muitos dos métodos descritos neste livro e vários outros, sem sucesso.

UMA NOVA DESCOBERTA

Um dia, finalmente, enquanto ficava na cama, como sempre "esperando" me recuperar, senti algo diferente. Minha experiência daquele dia me levou a desenvolver um método que, desde então, tem ajudado muitas pessoas a recuperar rapidamente a saúde.

Em primeiro lugar, perguntei-me: "Como penso a respeito do que vai me acontecer?" Eu sabia que *esperava* me recuperar sem remédios, mas o que eu realmente imaginava quando pensava em ficar boa? Observei que me via na cama, com aspecto de doente. Essa imagem era um instantâneo de mim mesma em preto e branco, mas a foto tinha ficado um pouco mais cinza. Eu via essa imagem à minha esquerda. "É claro que assim não poderia me curar", pensei. Embora estivesse *esperando* melhorar, inconscientemente ainda me via *doente*.

Depois, perguntei a mim mesma: "Como tenho certeza de que vou ficar boa, automaticamente? Quando sei que vou me curar sem fazer nada de excepcional?" Primeiro, pensei nas ocasiões em que me cortava ou me arranhava. Quando me corto, sei que minha pele vai se recuperar automaticamente nos próximos dias. Uma gripe ou um resfriado se parece mais com uma infecção do seio, porque afeta meu corpo mais do que um corte ou arranhão. Mas sei que, quando estou gripada, só preciso descansar e meu corpo ficará bom por si mesmo.

COMO USAR A CAPACIDADE DE AUTOCURA DO MEU CORPO

Quando notei a maneira como pensava em me curar de uma gripe, vi a mim mesma num filme curto, à minha direita. Primeiro eu me via deitada na cama, e depois ficando cada vez melhor e mais saudável. O filme parecia uma sequência fotográfica muito rápida: eu me via deitada e logo em seguida estava de pé e bem de saúde.

Fiquei curiosa em saber o que aconteceria se começasse a pensar em minhas infecções no seio como se fossem uma "gripe". Nessa época, já trabalhávamos com outros métodos de PNL que incluíam "codificações cerebrais" para crenças (ver capítulo 2). Peguei o *slide* onde me via doente, com a infecção no seio, coloquei-o no local onde ficava o filme no qual eu automaticamente me curava da gripe e criei um filme igual, onde automaticamente me curava da infecção no seio. Tornei-o *exatamente* igual: mesmo tamanho, mesma cor, mesma velocidade de movimento e mesmo local. Assim que terminei, meu corpo ficou diferente. Eu ainda não me sentia bem, mas sabia que logo *estaria* bem.

Para "fixar" bem a mudança, criei um outro exemplo de ter me curado automaticamente de uma infecção no seio e o coloquei no meu passado. Imaginei esse filme exatamente igual a outras experiências do meu passado e o coloquei na minha linha do passado. Agora, já me sentia *bem* melhor. Tinha quase certeza de que ia me curar sem remédios. Mesmo sabendo que tinha criado essa experiência, meu corpo a sentiu como algo *real*. "Como já fiz isso antes, sem dúvida serei capaz de fazê-lo novamente."

Continuei a descansar e a colocar a bolsa de água quente, observando o que acontecia. Minha temperatura voltou ao normal, sem atingir a marca dos 40 graus a que sempre chegava antes. O caroço e a vermelhidão desapareceram pouco a pouco nos dois dias seguintes. Estava empolgada por não ter precisado tomar antibióticos!

Nunca mais precisei tomar antibióticos para infecções no seio, nem durante todo o ano em que amamentei meu segundo filho, nem nos 15 meses em que amamentei meu terceiro filho. O padrão das minhas infeções no seio tinha sido tão frequente, tão claro e tão repetitivo, que não havia dúvida de que algo havia mudado. Era como se meu corpo agora soubesse reverter as infecções no seio imediatamente, quase antes mesmo que começassem. A partir daquele momento, poucas vezes cheguei a sentir os sintomas prévios da infecção. Durante os dois anos e meio em que amamentei, senti esses sintomas apenas duas vezes, e eles desapareceram sem que eu chegasse a ter febre alta. Uma vez, tive febre alta quando estava de férias. Cheguei a comprar os antibióticos, caso precisasse tomá-los. Entretanto, a febre baixou. Foi bem diferente das vezes anteriores. As frequentes infecções no seio tinham desaparecido.

UM MÉTODO PARA RECUPERAR A SAÚDE

Como esse método havia sido tão bom para mim, começamos a ensiná-lo a outras pessoas. Queríamos descobrir se ele funcionaria com outras pessoas — talvez com outros tipos de problemas físicos. Como o método é muito rápido, nada havia a perder, sobretudo porque o oferecíamos como um *complemento* ao tratamento médico normal, e não como substituto. Desde então, muitas pessoas descobriram sua utilidade no tratamento de uma variedade de problemas recalcitrantes. A seguir, citaremos vários exemplos.*

ERIC E A ARTRITE

Eric sofria de artrite. Sentia dores constantes nas articulações, sobretudo nos dedos das mãos. Quando se apresentou como voluntário em um dos nossos seminários, já havia reduzido bastante sua atividade física por causa da dor que sentia.

Quando lhe pedi que pensasse numa doença semelhante à artrite, mas da qual ele soubesse que podia curar-se automaticamente, ele pensou numa ocasião em que tinha torcido o pulso. Ao imaginar o deslocamento do pulso sendo curado, ele via a área pulsando com sangue, que trazia nutrientes curativos. A área curativa era mais colorida, maior e mais luminosa do que a área adjacente. Então, ensinei-lhe como recodificar a artrite exatamente da mesma forma como ele havia codificado a cura do pulso deslocado. Eric criou uma imagem idêntica da sua artrite, com todas as articulações afetadas pulsando etc. Assim que fez isso, percebi que suas mãos pareciam mais rosadas.

Após ter completado o processo, Eric disse: "Gostaria de dizer o que está acontecendo. Cada uma das articulações, uma por vez, ficou muito quente e teve uma descarga extremamente dolorosa antes que a dor desaparecesse. É

---

* O método apresentado neste capítulo não deve ser considerado um tratamento para qualquer tipo de doença ou problema físico específico, e sim como uma técnica abrangente para melhorar a saúde em relação à doença em geral. Incluímos exemplos que ilustram a experiência e relatos de pessoas que usaram o método.

bom que isso não aconteça com todas as articulações ao mesmo tempo, ou a dor seria demais para mim". O processo continuou na semana seguinte, em que cada uma das articulações tinha uma explosão de dor intensa, que em seguida desaparecia por completo. Após a explosão, a articulação ficava boa — o que contrastava com a dor crônica que Eric sentia antes.

Os sintomas da artrite de Eric haviam desaparecido completamente quando ele perdeu a esposa num acidente de carro. Logo após a morte da esposa, os sintomas reapareceram. Duas semanas depois, Eric participou de um dos nossos seminários, onde aprendeu o método de superação do luto (ver capítulo 10). Após ter solucionado a sua dor, ele se livrou de todos os sintomas.

A DOR (NAS COSTAS) CRÔNICA DE APRIL

April me procurou durante um congresso nacional sobre saúde e bem-estar, onde eu estava apresentando este método, e pediu-me ajuda.

"Passei todo o final de semana querendo vir e ao mesmo tempo querendo evitar falar com você", ela disse, "porque já tive esperanças antes e as perdi. Não quero me decepcionar novamente. Há muitas coisas envolvidas neste processo. Sinto esta dor crônica há anos, fiz sete operações e sofri quatro abortos por causa dela."

Eu não soube dos detalhes da vida de April nessa oportunidade, pois só podia conversar com ela durante 15 minutos e tinha de ser rápida. "Percebo o quanto é importante para você não criar nenhuma expectativa", assegurei-lhe. "E na verdade isso não é necessário para que o método funcione. Pouco importa o que pensa ou espera em nível consciente. Podemos mudar a maneira como seu cérebro pensa sobre isso, codificando-o para a cura automática. Se der certo, deu; se não der, não deu. É assim que funciona. Se for isso que puder curar a sua dor nas costas, é isso que irá acontecer. Não é necessário criar uma expectativa para que a cura aconteça. Portanto, sugiro que não alimente nenhuma expectativa." Os ombros de April ficaram mais relaxados e ela demonstrou alívio por não ter de criar esperanças.

Eu precisava fazer várias adaptações no método para que funcionasse para April. No início, ela não conseguiu descobrir nada que lhe parecesse capaz de curá-la. Um corte ou uma bolha pareciam-lhe simples demais comparados ao que estava errado com o seu corpo. "Já passei por operações e senti dores de cima a baixo na espinha e no estômago. Sofri muito", ela explicou.

Pedi a April que escolhesse um pequeno segmento do seu corpo que desejasse que se curasse por si só. Esse pequeno segmento era algo mais parecido com um corte. Funcionou: ela escolheu o local onde sofrera a maior parte das operações e fomos em frente. Descobrimos como tornar a imagem inconsciente daquela parte das costas de April exatamente igual à maneira como ela sentia a cura de um corte. Ela acrescentou à imagem uma luz branca brilhante e a tornou tridimensional. Quando conseguiu fazer isso com um segmento do corpo, pedi a April que estendesse essa codificação a todas as outras áreas do seu corpo que precisassem ser curadas. "Como você tem uma série de cortes em locais diferentes, cada um deles deverá curar-se sozinho." April sentiu-se muito melhor, mas algo ainda parecia estar faltando, pois não sentia exatamente a mesma coisa em relação às costas e ao estômago que em relação a um corte. O que finalmente funcionou foi trazer a imagem da cura automática do corte para a região do seu estômago e depois "ampliá-la" por todo o estômago e por toda a área das costas. Ao fazer isso, April sentiu um arrepio e seu rosto ficou rubro. Sem dúvida, seu corpo estava passando por uma importante transformação. Quando ela olhou para mim, pude ver que estava muito emocionada com a experiência.

Quando pedi a April que criasse uma experiência de *ter-se curado* antes de algo parecido no passado, ela me disse que não poderia fazê-lo por causa da tristeza de ter sofrido abortos. Como eu tinha pouco tempo, sugeri que ela assistisse ao vídeo *Resolving grief* [Como superar a dor da perda] (ver Anexo II), usasse o método de superação do luto e fizesse a última etapa sozinha. Pedi-lhe que entrasse em contato comigo se precisasse de ajuda para finalizar o processo.

Quando conversei com April cerca de dez dias depois, ela me disse que ia me mandar uma carta contando o que havia acontecido. Parecia empolgada. "Estou tão contente!", disse. "Quando você fez o processo comigo, assim que senti o arrepio, a dor desapareceu. Depois, assisti ao vídeo sobre o luto, o que me ajudou a superar minhas perdas. Depois, enquanto estava contando a meu pai a respeito do processo de cura, senti o arrepio de novo e a dor desapareceu. Sei que estou ficando curada."

Dediquei algum tempo a reunir informações sobre April. Ela tinha um problema congênito de dores nas costas, diagnosticado aos 21 anos. Depois de sentir dores crônicas, fez um mielograma. Também sofria de uma doença degenerativa do disco e de um tipo de deformidade espinal. Ao longo dos anos, havia sofrido sete operações nas costas. Fizera laminectomias, uma fusão espinal, e um estimulador dorsal havia sido implantado em suas costas. A primeira cirurgia, feita em 1971, provocou uma ferida que ficou aberta durante um ano e meio. "Quando a ferida finalmente cicatrizou, ainda sentia dores. Não senti nenhum alívio. Tinha até mais dores do que antes, por causa da operação e do tecido em cicatrização. Depois, experimentei vários métodos para me livrar da dor." Um deles foi a implantação do estimulador dorsal na coluna, feita no Hospital Johns Hopkins. O estimulador deveria bloquear suas dores constantes, mas não funcionou. Ao contrário, causou mais problemas, incluindo choques elétricos desconfortáveis, problemas de bexiga e dores nos músculos vaginais. O estimulador era ligado e desligado a partir de uma fonte externa, e, já que causava tantos problemas, April simplesmente deixou de usá-lo.

"Depois, experimentei tomar remédios durante dois ou três anos e fiquei viciada. Voltei à clínica do Hospital Johns Hopkins, onde fiz sessões de *biofeedback*, exercícios e participei de um programa para me livrar da dependência dos remédios. Um ano depois, comecei a ter problemas no estômago e soube que ele tinha sido corroído pelos remédios que eu havia tomado para eliminar a dor. Metade do meu estômago teve de ser retirado em outra operação. Sofri uma série de abortos, e soube que haviam sido causados pelos problemas das costas. Finalmente, consegui levar uma gestação a termo e tive um filho saudável, e um segundo logo depois.

"Durante vários anos não senti dores crônicas — a não ser ocasionalmente, quando fazia algum esforço físico. Depois, passei a sentir novamente dores crônicas. Pensei em tentar uma nova abordagem. O encontro com você aconteceu num momento muito propício. O que fizemos juntas está dando certo. Foi um alívio emocional e muito confortador. Notei uma diferença imediata no nível da dor, que desapareceu completamente quando senti o arrepio no corpo. O melhor no trabalho que fizemos é que sinto que estou controlando o processo, pois agora tenho instrumentos para isso."

O CÂNCER DE PELE DE PETER
Quando Peter veio ao seminário onde eu ensinava essa técnica de autocura, tinha câncer de pele no nariz, diagnosticado cerca de dois meses antes. O câncer tinha aproximadamente 2,5 centímetros de diâmetro e continuava a

crescer. Peter havia tido dois cânceres de pele, o primeiro deles em 1983, de forma que a experiência lhe era familiar. Quando teve o primeiro câncer, pensou que era apenas uma mancha estranha na pele. Como coçava, aumentava de tamanho e "parecia formigar por dentro", Peter procurou um médico, que diagnosticou o câncer. O médico lhe indicou duas opções: a cirurgia ou o uso de um creme de cortisona. Primeiro Peter deveria experimentar o creme de cortisona. Se não desse resultado, precisaria fazer a cirurgia. Em seis meses, com o uso do creme, o ponto canceroso desapareceu. Peter usou o mesmo método com uma segunda mancha cancerosa.

Quando teve um terceiro câncer, desta vez no nariz, Peter sentiu a mesma sensação repulsiva que tinha tido com os outros e decidiu usar o remédio para eliminá-lo. Neste caso, porém, não precisou colocar remédio. Enquanto eu fazia a demonstração do padrão de autocura com outra pessoa, Peter seguiu as instruções e não pensou mais no assunto. "Não criei nenhuma expectativa", disse-me depois. Duas semanas após o seminário, a mulher de Peter foi a primeira a notar que o câncer da pele havia mudado. "Ela virou meu rosto de lado e disse: 'Está quase caindo!'", comentou Peter. "Eu disse: 'Deixe como está', e duas noites depois ele caiu sozinho!"

Perguntei a Peter como ele tinha visualizado o câncer durante o seminário. "Imaginei que ele era muito quente. Pensei que havia um esparadrapo por cima, mantendo o calor no local."

A AIDS DE TED

Ted, que participou de um dos nossos seminários, tinha sido diagnosticado como tendo complexo relacionado a Aids (ACR). Não considerou essa notícia como uma sentença de morte e começou a procurar formas de melhorar sua saúde e sua vida em geral. Com uma enorme motivação para superar a Aids, ele usou todos os métodos que pudessem ajudá-lo no processo de recuperação. Utilizou os métodos deste e de outros livros para diminuir o estresse na sua vida e criar um estado de integridade e bem-estar. Sua abordagem fazia sentido para nós, e incentivamos seus esforços.

Quando trabalhamos com alguém que se encontra na situação de Ted, prometemos apenas melhorar a qualidade da sua vida, e não prolongá-la. Entretanto, existem muitos casos de pessoas que conseguiram, de alguma forma, se livrar de doenças "terminais", e é provável que mudanças psicológicas tenham bastante influência sobre isso. O ótimo livro de Bernie Sie-

A essência da mente

gel, *Amor, medicina e milagres*[1], traz uma série impressionante de exemplos bem-sucedidos, assim como resumos de indícios científicos sobre algumas das ligações psicofisiológicas que tornam esse fato possível.

Se a pessoa estiver completamente saudável — sem problemas de Aids ou qualquer outra doença séria —, consegue lidar com o fato de estar tenso, nervoso ou "desequilibrado" de várias maneiras. Porém, se quiser se recuperar de uma doença séria, precisa antes colocar a vida pessoal em ordem, para que o corpo tenha o máximo de recursos à disposição para a cura. Ted usou muitos métodos de PNL para chegar a esse ponto.

Além disso, ele usou o método descrito neste capítulo para codificar a Aids como se fosse uma gripe. Queria que seu corpo reagisse à Aids como algo de que pudesse curar-se rapidamente. Nenhum de nós sabia se isso seria ou não possível, mas ele nada tinha a perder.

Cerca de um ano depois, Ted fez outro teste para detecção do vírus da Aids. O resultado foi positivo para o anticorpo e negativo para a presença do vírus! O laboratório não conseguia detectar o vírus em seu sangue. A interpretação de Ted para tal fato foi que seu corpo adquirira imunidade à Aids. Ele possuía anticorpos para o vírus da Aids (já que o resultado foi positivo ao teste de anticorpos), como uma pessoa que tivesse acabado de ter uma gripe ainda possuiria anticorpos. Mas o vírus tinha desaparecido. "Meus médicos nem acreditaram, e pediram que eu fizesse os testes em outro laboratório", nos escreveu Ted. "Os resultados foram idênticos, mas ainda assim os médicos não acharam possível. Tornei-me alvo de intensa curiosidade médica."

Um artigo publicado recentemente na revista *Science*[2] relata pesquisas que demonstram que Ted não está sozinho. Quatro dos mil casos de um estudo a longo prazo, realizado no Hospital Johns Hopkins, demonstram o mesmo padrão que sugere claramente a eliminação do vírus.

Não sabemos ao certo o que aconteceu com Ted do ponto de vista fisiológico e não temos certeza de que essas mudanças estejam relacionadas ao trabalho de PNL que ele fez. Mas Ted está visivelmente saudável e assintomático até agora. (Ver *post scriptum* na p. 281).

AUTOCURA PARA TODOS

Todo mundo passa por períodos na vida em que gostaria de se curar mais rapidamente de um ferimento ou de uma doença. É possível usar a própria capacidade de cura através do método descrito neste capítulo.

Sem dúvida, este método *não* vai estimular *todos* os tipos de cura. Mas o tempo requerido é muito curto, e o método não pressupõe a adoção de crenças ou estilos de vida exóticos. Como não há nada a perder e muito a ganhar, achamos que não custa nada tentar. Caso a pessoa não consiga seguir as instruções sozinha, talvez seja interessante pedir ajuda a alguém treinado neste método de PNL.

Com frequência, as pessoas inicialmente não se interessam por este processo, pois *partem do princípio* de que sua doença não tem cura. Alguém que tem uma doença que considere incurável pode aplicar este processo. Já que não acredita que a doença ou ferimento possa curar-se por si mesmo, a mudança da maneira de pensar pode causar uma grande diferença. Um participante de um dos nossos seminários disse-me: "Eu não poderia usar este processo no caso da minha artrite, pois ela não pode ser curada". Então, percebeu que estivera *pensando* na artrite como algo que só poderia piorar, e ficou muito interessado em descobrir o que aconteceria se usasse este processo para mudar sua maneira inconsciente de pensar.

Várias pessoas contaram que obtiveram bons resultados com este processo. Já demos vários exemplos de como ele ajudou pessoas a usarem a capacidade de cura do corpo. Os exemplos ficam mais numerosos a cada ano. Claro, quanto mais séria a doença, maior o benefício que se pode obter.

O USO DE RECURSOS MÉDICOS

Deve-se sempre procurar o tratamento médico adequado em caso de qualquer problema físico. Quando fico doente, faço questão de receber *todas* as informações possíveis sobre o que está acontecendo comigo. Em alguns casos, uma solução médica simples pode ser mais vantajosa do que uma mudança mental. Mas em certos casos, a medicina tem pouco a oferecer, a não ser remédios perigosos e procedimentos cirúrgicos, com poucas garantias de sucesso. Nesses casos, não há nada a perder em tentar outras abordagens, desde que não se excluam soluções médicas. Usei esta abordagem com a infecção que tive no seio, sabendo que, se não tivesse nenhum resultado após um certo tempo, voltaria a tomar os antibióticos. Mesmo quando alguém decide usar um tratamento médico "tradicional", como a cirurgia, por exemplo, este método pode contribuir para que a recuperação seja mais rápida.

O livro *Amor, medicina e milagres*, de Bernie Siegel, dá muitas dicas sobre como formar uma parceria respeitosa e benéfica com o médico. Sempre faço uma série de perguntas, para aprender com o meu médico. "O que se sabe sobre essa doença?", "Até que ponto os exames são confiáveis?", "Que tipos de tratamentos são recomendáveis?", "Quais os pontos positivos e negativos do tratamento?" são perguntas que costumo fazer. Se o problema é grave, talvez até decida pedir a opinião de outro médico.

Vejo meu médico como um consultor que tem bastante conhecimento e prática com doenças físicas. Também lembro sempre que meu corpo me pertence, e que o conhecimento médico muda. Parte do que é aceito como verdade atualmente será um dia considerado ultrapassado por novos e melhores conhecimentos. Em 1956, Steve soube que tinha hemorragia de úlcera péptica. *Tudo* que lhe recomendaram na época é considerado atualmente passível de *piorar* a sua úlcera! Descobriu-se recentemente que as úlceras são causadas por uma bactéria e podem muitas vezes ser tratadas com antibióticos. Os médicos estão fazendo o melhor que podem com o conhecimento que possuem atualmente. Nós também podemos tomar a melhor decisão possível a partir dessa informação e daquilo que sabemos sobre o nosso corpo e a nosso respeito. Temos mais respeito pelos médicos quando não esperamos deles onipotência. Sempre que tomei decisões que divergiam da opinião do meu médico, estava pronta para assumir inteiramente a responsabilidade pelos meus atos. Os dois livros de Norman Cousins[3,4] fornecem um excelente modelo de participação inteligente em seu próprio tratamento e cura.

ESBOÇO DE AUTOCURA

Este método mostra um processo que indicará ao cérebro como "codificar" um ferimento ou doença para que se cure automaticamente. Mesmo sem a garantia de que este método produziria a cura automática, muitas pessoas relataram progressos fenomenais em direção à saúde. Ainda não entendemos muito bem o mecanismo fisiológico pelo qual este processo estimula uma reação de cura. Parece que a cura se faz através de mensagens inconscientes às quais o corpo reage 24 horas por dia. Não se trata de "sugestões subliminares" genéricas ou de qualquer outro método de mudança de massa, mas de mensagens especificamente adaptadas à maneira como *nosso* cérebro funciona. Elas parecem ser o elemento-chave que permite a algumas pessoas se recuperar de doenças "sem esperança", enquanto outras pessoas portadoras da mesma doença não conseguem os mesmos resultados.

Etapa 1. Identifique o que deseja curar automaticamente. Pode ser uma doença ou um ferimento.

Etapa 2. Crie um indício que lhe permita saber que a cura está sendo realizada ou já se realizou. Pergunte-se: "Depois que isso estiver curado, de que maneira minha experiência será diferente?", "Quais são os sinais de que a cura está sendo efetuada?", "O que estará ou parecerá diferente depois que a cura tiver sido feita?"

Etapa 3. Encontre uma experiência pessoal de cura automática. Pense numa doença ou num ferimento semelhante ao que esteja sentindo, da qual tenha certeza de que seu corpo saberá curar-se *automaticamente*. Escolha algo que certamente vai se curar, não importa o que você faça. Alguns exemplos comuns são cortes, arranhões, bolhas, entorses, um resfriado ou uma gripe. Todos nós já tivemos algum desses problemas, e sabemos que são curados automaticamente. Pense em algo que você considere semelhante ao que deseja curar.

Etapa 4. Pense na experiência de autocura automática como se estivesse acontecendo AGORA. Se tivesse um corte (ou qualquer coisa que tenha escolhido na etapa 3) *neste exato momento,* você saberia que iria curar-se automaticamente, não é? Observe como pensa no corte, *se o tivesse agora, sabendo que ele vai se curar sozinho.*

Etapa 5. Identifique as diferenças de codificação entre a sua experiência de autocura (da etapa 4) e sua doença ou ferimento (da etapa 1). Como você vê cada uma dessas diferenças e de que maneira elas são diferentes?

Comece observando *onde* as vê. Quando pensa na sua doença que não está curada, o que vê em sua mente, e onde a vê? Está bem na sua frente? Está dentro do seu corpo? Ou fora dele e para um lado?

Faça essas mesmas perguntas sobre a experiência de autocura automática (da etapa 4). Quando pensa em como seria se tivesse um corte agora (ou qualquer outra coisa que tenha escolhido), onde você o vê? A maioria das pessoas vê cada uma dessas experiências em locais diferentes.

Você vê uma dessas duas experiências no seu corpo, enquanto a outra encontra-se à sua frente, perdida no espaço? Por exemplo, talvez você veja

A essência da mente

um corte sendo curado *bem na sua mão*, enquanto vê o ferimento que ainda não curou como se fosse uma *foto sua bem à sua frente*.

Verifique se há outras diferenças de codificação. Observe se uma das imagens é em cores e a outra em preto e branco. Uma delas é um *slide* e a outra, um filme? Uma delas é maior ou está mais próxima do que a outra? Você estará verificando como sua mente identifica uma das imagens como algo que vai se curar automaticamente, enquanto a outra não.

Na experiência de autocura, há alguma forma em que a parte que está ficando boa *parece diferente da área circundante?* Para muita gente, a área que está sendo curada é maior, mais larga, mais colorida, pulsa, brilha — está de alguma forma *marcada para ficar boa*. É importante observar isso, porque esta é a forma como o cérebro sabe que esta área do corpo precisa de atenção especial.

Talvez seja interessante escrever como você imagina sua experiência de cura automática, para se lembrar depois.

Etapa 6. Transforme sua experiência de "não cura" em algo semelhante à sua experiência de autocura. Agora você deverá recodificar sua doença ou ferimento da mesma forma como seu cérebro já codifica coisas para a autocura automática. Isso significa que a experiência de "não cura" deve ficar *igual à* experiência de cura automática. O ferimento ou doença deverá ser imaginado com os códigos que seu cérebro reconhece como sinais de que algo vai se curar por si só. Use a informação obtida na etapa 5 para fazer isso.

Se a imagem de não cura foi um *slide* de *doença*, ou um filme de *estar piorando*, deixe que esta imagem se transforme numa imagem de *estar melhorando*, como a da experiência de autocura automática.

Depois, leve sua experiência de "não cura" para o local da sua experiência de cura automática. Eis como fazê-lo.

Se você vê sua experiência de cura automática no seu corpo, no local adequado, então veja sua experiência de "não cura" no seu corpo, em qualquer local que seja adequado. Em outras palavras, se você vê um corte na mão se curando e quiser que sua coluna fique curada, imagine sua coluna ficando boa, como se pudesse vê-la onde está, às suas costas.

Entretanto, se vê o corte se fechando numa imagem de si mesmo à sua frente, então veja sua coluna se curando numa imagem semelhante, no mesmo local. Algumas pessoas veem as duas coisas — a cura sendo operada *em* seu corpo *e* numa imagem à sua frente. Agora transforme a imagem na da experiência de autocura, com todos os detalhes. Se a experiência de cura tem um brilho ao seu redor ou é colorida, faça que sua experiência de não cura seja igual. Ao fazer isso, a sua mente/corpo passará a reagir ao seu ferimento/doença como se fosse algo marcado para se curar automaticamente.

Etapa 7. Teste para ter certeza de que seu ferimento ou doença está codificado para a autocura automática. Examine mais uma vez a experiência de autocura automática e a maneira como enxerga agora a doença/ferimento. São semelhantes? Se não forem, observe o que está diferente e transforme a doença/enfermidade em algo idêntico à autocura automática.

Quando a experiência de não cura é codificada para a cura, muitas pessoas observam mudanças significativas e imediatas na maneira como se sentem sobre o ferimento/doença. É um sinal de que a mudança foi bem-sucedida do ponto de vista fisiológico. A imagem da doença ou ferimento parece tão real e atraente quanto a da autocura automática? Se não, verifique as diferenças e torne as duas experiências iguais.

Embora a maioria das pessoas descubra que a maneira como *veem o* ferimento faz uma grande diferença, é bom verificar o que você está *ouvindo* interiormente, ou dizendo a si mesmo. Se houver uma voz ou um som que acompanha a experiência de autocura, certifique-se de criar uma voz semelhante, vinda do mesmo local, para a doença/ferimento que deseja curar.

Etapa 8. Localize a linha do tempo. Crie um outro exemplo de cura automática e coloque-o na linha do passado. Você encontrará as informações sobre como descobrir sua linha do tempo no capítulo anterior. Um especialista em PNL pode ajudá-lo a identificar a sua linha do tempo em alguns minutos.

Encontre mais um exemplo no qual seu corpo *já tenha se recuperado deste tipo de ferimento ou doença* e coloque-o no seu passado. Certifique-se de que esta lembrança "inventada" fique igual às suas lembranças do passado, de forma a parecer subjetivamente real para você. Como a maioria das nossas crenças sobre o que é real e possível baseiam-se no que achamos que aconteceu conosco no passado, esta etapa aumenta significativamente o poder e o impacto do método.

Para muitas pessoas, estes oito passos bastam para que a cura aconteça por si só. Estas etapas reorientam o corpo para a cura tanto no nível consciente como no inconsciente. No entanto, às vezes etapas extras são necessárias. Não há nada a perder e sim muito a ganhar em se acrescentar essas etapas extras. Depois de descrevê-las, darei alguns exemplos, para mostrar sua importância.

Etapa 9. Crie uma ecologia pessoal: examine possíveis objeções internas à cura. Feche os olhos e olhe para dentro de si. Pergunte a si mesmo: "Existe algum lado meu que seja contra a *minha cura automática?*"

Se a resposta for "não", pode parar por aqui.

Se a resposta for "sim", os métodos descritos no capítulo 7 podem ajudá-lo a satisfazer objeções internas enquanto permite que seu corpo se cure. Aprender a ler de maneira carinhosa e correta nossos sinais internos é uma habilidade de imenso valor em qualquer área de nossa vida.

Geralmente, as objeções surgem porque algum lado seu reconhece que se você ficasse bom perderia algo importante. Uma doença pode estar lhe trazendo algum benefício. Algumas teorias psicológicas referem-se a isso como "ganho secundário". É uma forma indireta de falar de algo que tem grande valor e vale a pena ser mantido. Uma enfermidade ou ferimento pode trazer benefícios: amor e atenção dos outros, tirar férias do trabalho ou de outras responsabilidades, ou qualquer outro objetivo valioso. Quando isso acontece, é importante identificar outras formas de atingir esses objetivos positivos para que se possa abandonar a doença ou o ferimento.

Verifique cuidadosamente se existem objeções nos seguintes casos: 1) trata-se de doença grave; 2) você acabou de ter uma doença longa e precisou fazer várias adaptações em sua vida; ou 3) a sua doença afeta a vida das pessoas próximas a você.

Etapa 10. Entre em contato com a sabedoria interior para ajudar a cura. Pergunte ao seu inconsciente: "Há algo que eu possa fazer para ajudar a minha cura automática?" Espere que surjam imagens, sensações ou pensamentos. É impressionante quantos conselhos maravilhosos podemos dar a nós mesmos se pararmos para perguntar e escutar a resposta. Às vezes, trata-se do mesmo conselho que recebemos de outras pessoas. Ainda assim, quando o recebemos de nós mesmos, confiamos mais e *desejamos* segui-lo.

Sobretudo, examine *estilos de vida que ajudem a cura*. Quando os hábitos pessoais estão em ordem, o corpo tem uma chance melhor de se curar. Pergunte: "O meu ser interior tem alguma sugestão sobre a maneira como me alimento, descanso, faço atividade física, sobre meus hábitos de trabalho e outros?" Às vezes, os procedimentos sugeridos para outra pessoa não lhe servirão, mesmo que a doença seja a mesma. Nosso ser interior, menos consciente, sabe disso mesmo antes que a nossa mente consciente o perceba.

Para qualquer doença mais grave, é útil seguir esta etapa diária ou semanalmente, até que a cura se complete. Alguns dias você talvez não receba nenhum conselho, ou apenas: "Continue a fazer o que já está fazendo". Haverá dias em que obterá informações importantes do seu ser interior.

Esta etapa lhe oferece uma maneira suave de se certificar de que seus hábitos pessoais estão ajudando a cura. Se a pessoa está seguindo uma dieta ruim, não está dormindo bem ou está trabalhando em excesso, a autocura será muito mais difícil. Quando nos cortamos, mantemos o ferimento limpo e colocamos um esparadrapo para protegê-lo. Da mesma forma, o cuidado com a saúde ajuda a curar mais rapidamente um ferimento e uma doença. Às vezes, este método cria motivação para hábitos pessoais que ajudam o processo de cura. Passamos a cuidar mais das nossas necessidades pessoais, agora que sabemos que nosso corpo está voltado para a cura.

Você também pode descobrir maneiras melhores de reagir às dificuldades da vida e evitar a estafa. Por exemplo, cinco minutos de relaxamento várias vezes ao dia pode facilitar a cura. Mesmo quando as circunstâncias são difíceis, modificar a maneira como *reagimos* às situações pode reduzir significativamente o estresse. Muitos dos métodos expostos neste livro serão úteis para isso.

A DOENÇA PODE SATISFAZER DESEJOS E NECESSIDADES PESSOAIS

Quando pedi a Earl que tornasse sua doença igual à sua autocura automática, ele franziu as sobrancelhas e disse: "Quando tento fazer isso, meu corpo fica todo tenso e ouço um sonoro não". Quando examinamos a objeção de Earl, ele descobriu que ficar doente era a única maneira que ele conhecia de satisfazer alguns dos seus desejos e necessidades. Quando criança, ele tinha sido educado para ser uma boa pessoa. Aprendera que era importante "ajudar os outros". Por isso, nunca se sentia bem em dizer não aos outros, ou em fazer algo apenas para si. Earl começou a ficar doente

A essência da mente

com frequência, e através desse processo aprendeu que a doença era uma maneira eficiente de dizer não. Viu-se envolvido num conflito entre querer satisfazer suas próprias necessidades e agradar aos outros. Primeiro, usei o método de resolução de conflitos, apresentado no capítulo 12. Depois, o processo de remodelagem em seis etapas para ajudá-lo a criar outras opções para satisfazer suas necessidades sem precisar ficar doente.

Sally, participante de um dos nossos seminários, viveu doente grande parte da sua vida. Achava que tinha um "problema de saúde" contra o qual nada podia fazer. Quando um lado interno seu se opôs à sua cura, ela entendeu que a doença era uma maneira de seu corpo lhe dizer para ir mais devagar. Sally sentia necessidade de ser muito ativa e ocupada todo o tempo, e adorava "acabar logo o que tinha a fazer". Portanto, não prestava atenção aos sinais do seu corpo quando estava cansada. Era como se seu corpo soubesse que ela não descansaria enquanto não ficasse doente. Logo que percebeu a necessidade de obedecer a esses "sinais de advertência" do corpo, Sally deixou de ficar doente com frequência.

O "DESEJO DE MORTE"

Alguns especialistas em enfermidade e cura falam de um "desejo de morte". É a ideia de que algumas pessoas *querem* morrer, e esse "desejo" cria doenças terminais. Essa teoria não é muito útil para encontrar soluções para os problemas das pessoas. Mesmo quando têm algum lado que "deseja morrer", a morte não é o objetivo final. Na verdade, essas pessoas desejam morrer porque estão cansadas de lutar. A morte lhes parece a única coisa capaz de pôr fim ao sofrimento. Na realidade, desejam uma vida melhor, mas desistiram de lutar por ela.

Carol disse-me que tinha passado por uma série de cirurgias. Teve várias doenças e passou grande parte da vida em hospitais. Sua pele era pálida e ela parecia muito doente. Utilizando o processo de remodelagem em seis etapas com Carol (capítulo 7), aprendemos que um lado seu queria realmente morrer. Perguntei a esse seu lado qual seria o objetivo positivo desse desejo. Seu lado respondeu: "Quero que ela descanse". A morte era a única maneira que esse lado conhecia de obter paz. A remodelagem em seis etapas me permitiu ajudá-la a encontrar outras opções para obter paz, sem que precisasse morrer.

FICAR DOENTE PARA MANTER UM BOM RELACIONAMENTO

Às vezes, a doença desempenha uma função positiva em nossos relacionamentos. As crianças podem aprender que a doença é uma maneira segura de obter amor e carinho dos pais. Amor e carinho são muito importantes, sobretudo para crianças pequenas, e a maioria das pessoas fará o possível para obtê-los.

Isso não significa deixar de dar amor e carinho quando a criança estiver doente. Entretanto, no caso de uma criança que sempre fica doente, é bom ter certeza de que está lhe oferecendo mais amor e carinho quando ela está bem de saúde. Cuide para que essa criança tenha um bom relacionamento com você quando ambos estão bem de saúde. E para que as outras crianças da família que estão saudáveis recebam cuidados suficientes.

Ocasionalmente, as crianças recebem a mensagem "Você deve ficar doente para receber amor" observando as outras pessoas. O adulto que conseguir observar que, em experiências passadas, usou a doença para obter amor e atenção, aprende algo primordial. Descobrir o objetivo positivo é o primeiro passo para conseguir mais opções. Nunca dizemos às pessoas que desistam desse método, mas as ajudamos a encontrar maneiras mais satisfatórias de obter amor e carinho.

É fácil ver esses exemplos como negativos. Algumas pessoas acham que não deveriam buscar amor e atenção dessa maneira e tentam eliminar esse comportamento. Outras julgam um insulto alguém pensar que estão obtendo amor e atenção dessa forma e negam essa atitude. É importante perceber que esses lados nossos são, na verdade, muito positivos e úteis. Ter maneiras de sentir amor e de cuidar de si mesmo são coisas que todo mundo deseja. É apenas uma questão de encontrar maneiras *melhores* de ter acesso a essas experiências importantes.

OBJEÇÕES QUE SURGIRÃO MAIS TARDE

Mesmo que verifiquemos cuidadosamente as objeções, é possível que elas só apareçam mais tarde. Duas semanas depois de trabalhar com Jennie, ela me telefonou para dizer que tinha piorado. Depois do trabalho que fizemos juntas, ela havia parado de tomar Tylenol. Achava que não precisava mais do remédio, mas continuara a sentir dor. Finalmente, voltou à ingestão intensiva de Tylenol (um comprimido de quatro em quatro horas) para combater a dor, e ainda assim não conseguia levantar os objetos como antes. Seus sintomas tinham realmente piorado.

Eu disse a Jennie: "Quando isso acontece, normalmente é porque um lado nosso se opõe à melhora. Como você teve essa reação tão forte, trata-se de um lado muito forte seu que também pode curá-la, mas ainda não é o momento adequado".

Fiz mais algumas perguntas para descobrir que objeções ela poderia ter contra ficar curada. A informação logo veio. "Sempre achei que não era capaz. Não sou tão capaz quanto minha irmã. Minha mãe sempre me dizia isso quando eu era pequena, e é verdade. Minha irmã é 18 meses mais velha do que eu, e sempre fez tudo antes de mim. Atualmente, minha irmã sofre de artrite, está muito deformada e sente muitas dores. Eu tenho esclerose múltipla, mas meus sintomas não são tão fortes quanto os dela. Então pensei: 'Não mereço estar melhor do que ela'. Pode parecer estranho, mas eu me sentia culpada por não sentir mais dor do que ela. Nunca contei isso a ninguém, porque não conseguia aceitar o fato. Assim, um ano depois, também fiquei com artrite."

Era uma crença muito forte. Quando lhe perguntei com sabia *agora* que não era capaz, Jennie disse: "Ouço vozes dizendo: 'Você não é capaz'".

"No caso de uma criança, esta crença que você criou faz sentido. Na verdade, é uma prova da sua inteligência ter conseguido notar que sua irmã — 18 meses mais velha — fazia mais coisas do que você. Claro que, para uma criança pequena, é difícil perceber que isso acontecia porque ela era mais velha. Agora, quero que volte àquele momento, levando consigo esta compreensão. Agora que tem outra visão, como ficam as coisas?"

"Ainda estou ouvindo: 'Você não é capaz'."

"Então quero que volte àquele momento e tenha uma experiência diferente. Você foi a segunda filha, e sua mãe não soube fazê-la entender a sensação de estar atrasada em relação à sua irmã mais velha de uma maneira *positiva*."

"Não há nenhuma dúvida sobre isso!", disse Jennie.

"Quero que viva a experiência de crescer sendo a irmã mais velha. Você vai ter a oportunidade de entender o ponto de vista de uma filha mais velha, pois será 18 meses mais velha do que sua irmã. Pode regredir até o momento em que nasceu. Quando está com 18 meses, nasce outro bebê: sua irmã mais nova. Preste atenção em como é crescer dessa maneira, sempre sendo capaz de fazer as coisas antes de sua irmã. Você vai poder andar, falar, correr e todo o resto antes dela. Você conseguirá observar algumas dessas experiências de forma consciente, e seu inconsciente vai dar muita riqueza e profundidade às experiências que você não consegue perceber conscientemente."

"Não consigo", respondeu Jennie. "Fico confusa."

"Qual seria a objeção neste caso?"

"É como se eu perdesse minha identidade. Eu perderia a possibilidade de entender as coisas."

Isso era um sinal de que Jennie conseguiria adotar um ponto de vista inteiramente novo e útil se passasse pelo processo, mas eu precisava encontrar uma maneira de guiá-la com segurança. "Está bem. Isso é importante. Você pode pegar sua maneira atual de entender as coisas e colocá-la num lugar protegido e seguro. Depois poderá recuperá-la quando tivermos feito a experiência."

"Está bem", Jennie concordou.

"Agora você pode ser um bebê que está crescendo, como eu disse antes. Observe os diferentes pontos de vista e crenças sobre si mesma enquanto cresce dessa forma."

"Não consigo fazer isso direito. Eu me vejo no corpo da minha irmã mais velha, e ela está no meu corpo. Não consigo fazer isso sendo eu mesma."

Percebi que a experiência de Jennie seria muito mais forte se conseguisse realizá-la sendo *ela mesma*. Então parei para pensar como isso seria possível. "Em vez de fazer o que lhe sugeri, deixe que sua irmã tenha a idade real dela e, em vez de tomar o seu lugar, imagine-se 18 meses mais velha. Você nasceu antes dela." Esta simples mudança permitiu-lhe seguir as instruções. Uma parte importante na PNL é saber *adaptar* um processo às necessidades individuais, para que cada pessoa possa segui-lo de maneira fácil e segura.

Jennie terminou o trabalho com um conjunto de crenças e perspectivas bem diferente. "Sei que posso fazer as coisas. Sinto que posso", disse.

"E você pode descobrir o que era importante para você em seu antigo ponto de vista e acrescentar isso à sua nova perspectiva, porque existem algumas percepções importantes que os segundos filhos aprendem. E pode mantê-las de forma a aumentar e fortalecer a percepção da sua própria capacidade... Agora, pense em si mesma. Acha que é tão capaz quanto qualquer outra pessoa?"

"Acho", disse Jennie calmamente.

A essência da mente

"Acha que merece ter coisas?" Perguntei isso porque Jennie havia dito que não *merecia* ter mais do que a irmã.

"Não sei. Não sei ainda se mereço ter coisas."

Expliquei a Jennie que no nosso mundo é muito difícil estabelecer quem merece o quê. Pessoalmente, acho isso impossível. Muitas pessoas trabalham muito e são pessoas de bem, porém vivem em países do terceiro mundo, onde não recebem uma remuneração adequada. Outras possuem muitas coisas, porém, de acordo com os meus valores, não as "merecem", ou então não as utilizam de maneira adequada. Para mim, ficar imaginando quem merece o que é irrelevante. Como meus objetivos e resultados também incluem outras pessoas, quanto mais atinjo meus objetivos, mais pessoas serão beneficiadas. Por exemplo, quero usar cada vez melhor a PNL. Quanto mais perto chego desse meu objetivo, mais outras pessoas também sairão beneficiadas. Portanto, não se trata de quanto eu mereço, e sim de encontrar formas de obter cada vez mais aquilo que desejo, para me beneficiar mais e beneficiar as pessoas que estão ao meu redor.

Isso fez sentido para Jennie. Ela estava preparada para eliminar a palavra "merecer" do seu vocabulário.

Testei mais uma vez para me certificar de que ela se sentia bem como pessoa, para que quisesse ficar boa. Esse aspecto parecia ter sido resolvido.

"Tem alguma outra objeção?", perguntei. "Verifique."

Jennie verificou. "Se eu ficar boa, vou ter de desistir de algumas coisas. Uso uma bengala que me diz que sou deficiente, mas há dias em que me sinto melhor. Lembro que um dia me senti bastante bem e saí do meu carro sem ajuda. Alguém disse: 'Você nem parece estar doente'. E pensei: 'É melhor eu parecer pior'. Racionalmente sei que não preciso parecer pior, mas foi o que pensei na hora."

Jennie reconheceu que esse tipo de pensamento era um tanto estranho. Ainda assim, muitas pessoas tomam a mesma decisão pelas mesmas razões. Às vezes, nós nos apegamos aos sintomas ou sensações desagradáveis porque um lado nosso pensa que vamos perder alguma coisa se melhorarmos. Felizmente, Jennie teve a sabedoria de perceber essas "loucas" preocupações e pudemos lidar com elas.

Enquanto falava, Jennie começou a enxergar sua experiência de maneira diferente. Trazer à tona antigas crenças nos permite reexaminá-las. Às vezes, nós nos damos conta de que essas crenças não nos servem mais.

Outras vezes, é necessário maior esforço para mudar uma crença, como no caso de outra objeção de Jennie.

"E não quero perder dinheiro. Recebo uma ajuda do governo para criar meu filho. Se ficar boa, talvez perca essa ajuda anual. Gosto da segurança de receber essa ajuda, que é muito importante para meu filho."

"Quanto está recebendo?"

"Duzentos dólares por mês."

"Você os perderia se ficasse boa?"

"Talvez sim."

"Então são duzentos dólares por mês. Seria bom pedir ao seu lado que deseja a segurança dessa ajuda para pensar se não seria possível deixar de recebê-la, ou se realmente não seria mais seguro gozar de saúde. Pois, na verdade, você só deixaria de receber esse dinheiro quando fosse capaz de ganhar mais dinheiro e estivesse segura de ser capaz de ganhar esse dinheiro por si mesma."

"É, até que faz sentido."

"Será que faz sentido também para aquele seu lado? Será que ele aceita essa ideia?" Eu queria ter certeza de que estava satisfazendo sua lógica *emocional*, não apenas seu pensamento consciente.

"Faz, sim." O tom de voz de Jennie me fez perceber que ela concordava inteiramente.

"Ainda tem outra objeção?"

"Bem, também recebo uma aposentadoria por invalidez de 12 mil dólares por ano, por conta da esclerose múltipla. Quando comecei a receber essa aposentadoria, disseram-me que ainda não tinha sintomas suficientes para me qualificar para ela, mas, como o curso da doença é conhecido, a previdência resolveu me dar a pensão assim mesmo. Portanto, isso contribuiu para que eu desenvolvesse artrite. Tendo mais sintomas da doença, faria jus à pensão. Eu também tinha um emprego que detestava, e é bom receber uma pensão e não ter de trabalhar. É bom ter esse dinheiro. Se eu estivesse bem de saúde, não sei se deveria continuar recebendo a pensão."

"Você perderia o direito à aposentadoria?"

"Na verdade, não. É até mesmo ridículo, pois não o perderia. Do momento em que a pessoa está qualificada a receber o benefício, ele é para a vida toda. Mas, se eu ganhar dinheiro, a pensão será reduzida em um terço do meu rendimento anual. Se eu ganhar 9 mil dólares, perderei 3 mil dólares da pensão."

"Então, de qualquer jeito, você continuará a receber dois terços do que ganha." Voltei a atenção de Jennie para o que ela iria *ganhar,* e não para o que ela iria perder.

"Isso mesmo."

"Nesse caso, certifique-se de que aquele seu lado entende que, se ficar boa, poderá ganhar ainda *mais* dinheiro. Se já é bom receber uma pensão por invalidez, será ainda melhor ganhar mais dinheiro, não acha?" Eu colocava cada uma dessas sugestões com bom humor e esperava a sua reação, para saber se ela a aceitava bem. Esperava uma reação *plena,* que me indicasse que eu estava satisfazendo a sua lógica emocional. Geralmente, é bastante fácil "convencer" a mente consciente de alguém, quando na maior parte dos casos não é ela que precisa ser convencida.

"Tem razão!", disse Jennie, rindo.

"Sugiro que pense no que fazer com sua pensão. Você tem muitas opções. Não sei no seu caso, mas se estivesse no seu lugar, acho que começaria a pensar no que gostaria de fazer para ganhar dinheiro e como poderia adquirir o conhecimento necessário para tal. Sugiro que se dê bastante tempo *depois* de ficar boa para pensar em todas as possibilidades. Como foi inválida durante tanto tempo, acho que é justo levar o tempo que for necessário para saber que recuperou realmente a saúde. Você pode pensar em alguma coisa que seja boa para você. Se eu fosse você, pensaria em fazer várias coisas. Talvez ficasse com a aposentadoria e, quando tivesse mais dinheiro do que o necessário, o usasse para ajudar alguém que precisasse tornar-se mais autossuficiente. Ou quem sabe chegaria à conclusão de que não precisava mais desse dinheiro, por já estar numa situação financeira muito melhor, e o devolveria.

"E agora que tem uma visão melhor de quem realmente é, seria capaz de encontrar uma maneira mais satisfatória de ganhar a vida do que antes?"

"Com certeza!"

Jennie gostou da ideia de ter opções — e também de ter tempo para fazer essas escolhas. Não estava sendo obrigada a fazer nada.

"Alguma outra objeção?"

"É meio bobo, mas sempre quis ganhar do meu ex-marido. Por ser deficiente, eu ganhei. Ganhei ajuda para o meu filho. Foi uma luta judicial longa e me custou muito dinheiro, mas ganhei."

"Então, pergunte a esse seu lado que quer ganhar: 'Como poderei ganhar *mais ainda* quando estiver totalmente curada?' 'O que *ainda mais importante* irei ganhar quando estiver melhor?' Assim, nesse caso, estará ganhando algo muito mais importante do que o que ganhou até agora."

"É verdade." Apesar de não poder ver seu rosto, pois falávamos ao telefone, a voz de Jennie estava alegre.

"E aquele seu lado gosta da ideia?"

"Gosta."

"Pergunte a si mesma: 'Há qualquer outra objeção à minha cura automática?'"

"Sinto uma paz interior. Estou bem."

"Ótimo. E você demonstrou que tem um lado que sabe influenciar sua saúde rapidamente. Se pode piorar rapidamente, também pode melhorar rapidamente. Esse seu lado sem dúvida sabe como fazê-lo."

Jennie riu.

"Não sei se vimos *todas* as objeções ou se outras aparecerão com o tempo. Se for o caso, seu inconsciente talvez deseje ter uma maneira melhor de assinalá-las a você e de receber atenção, em vez de simplesmente piorar sua condição. Seu inconsciente talvez selecione uma pequena articulação, onde lhe dará uma leve pontada — o suficiente para chamar sua atenção, para que você pare para examinar que objeção seria aquela e descubra uma maneira de satisfazê-la."

Nas semanas seguintes, Jennie percebeu outra objeção. Sua doença tinha possibilitado que ela escapasse ao controle do ex-marido. Ela ficou contente em perceber isso, pois reconheceu que era um padrão familiar. Seu filho de 10 anos já estava usando a doença como uma forma de escapar ao controle. Ao observar este padrão, Jennie pôde ensinar ao filho outras formas de controlar sua vida.

Jennie não está esperando uma cura completa e imediata, mas se considera no caminho certo para atingir um bem-estar físico e emocional.

Mesmo que grande parte do trabalho que fizemos juntas possa parecer uma simples conversa, ele demonstra que o uso cuidadoso da linguagem pode tornar possíveis as mudanças de crenças.

OUTROS SINAIS

Se o processo de cura ocorrer de maneira fácil e constante durante um certo período, talvez seja útil identificar uma série de sinais que nos indicarão que a cura está se processando. Não se deve *presumir* que uma doença grave levará necessariamente mais tempo para ser eliminada. Sugiro que se dê ao corpo o tempo necessário para se curar de maneira constante e profunda. Não é necessário forçar nem segurar o processo de cura. *A sabedoria interior conhecerá o tempo necessário para que o processo de cura seja pleno e profundo.*

OBSERVAR OS RESULTADOS E AGIR DE ACORDO COM ELES
Agora que a doença foi codificada para se curar automaticamente e todas as objeções foram levadas em consideração, pode-se deixar o corpo fazer o que sabe. Os resultados podem ser imediatos ou não.

De vez em quando (raramente), os sintomas podem piorar assim que o método é usado. Se for o caso, sugerimos que se considere a possibilidade de ajuda médica. Quando apliquei este método à infecção que tive no seio, fiquei em repouso, observando cuidadosamente a reação do meu corpo. Eu tinha em casa uma receita de antibióticos, pronta para ser usada caso a febre subisse demais. Sabia que podia contar com esse recurso sobressalente. Mas, como a febre subiu pouco e logo voltou ao normal, não precisei recorrer à ajuda médica.

Se a doença estava estável e de repente piorou após o uso deste método, talvez se trate de uma objeção à cura que não foi tratada adequadamente na etapa 9, como no caso de Jennie. Mas também pode ser o curso normal da doença. Por exemplo, a gripe costuma piorar antes de melhorar.

Às vezes, não há mudança aparente durante um certo tempo. O corpo pode estar se curando de forma adequada, e precisa apenas de um pouco mais de tempo para que a cura possa ser notada. Algumas pessoas e algumas doenças foram rapidamente curadas com este método, enquanto outras levam mais tempo. É importante deixar o corpo curar-se da maneira que for a mais adequada para você. Às vezes, é útil perguntar-se: "Qual será o primeiro sinal de que estou me curando?" para estabelecer um sinal a ser observado.

É também possível que alguma etapa do processo precise ser refeita mais profundamente para se chegar à mudança psicológica que produz a cura. Você pode testar isso verificando novamente *como imagina sua doença ou ferimento agora*. Imagina-a da mesma forma que imagina a experiência de cura automática? Você tem a mesma sensação positiva em relação à doença? Deve-se confirmar a existência de uma *cura automática* anterior.

Outra possibilidade é a de que este método não seja o ideal para uma doença específica. Atualmente, não temos ideia do que podemos conseguir ao mudarmos nossa maneira de pensar. Novas pesquisas nesta área surgem a cada ano e descobrimos que isto é cada vez mais possível. Entretanto, algumas doenças jamais poderão ser curadas. Por exemplo, se uma perna foi amputada, não vou acreditar que este método fará crescer uma nova perna! Recomendamos que as pessoas estejam receptivas à cura, sem insistir nela.

No caso de uma melhora súbita, a pessoa deve se parabenizar pela capacidade natural de se curar e pela sabedoria do seu corpo. É um momento de *continuar* com os hábitos que darão um suporte à cura contínua e prevenir a volta do ferimento ou da doença.

COMO USAR AS INFORMAÇÕES DADAS PELO MÉDICO

Os médicos recebem orientação profissional para alertar os pacientes sobre todas as coisas ruins que podem lhes acontecer e sobre a evolução provável da doença. Entretanto, é importante observar a diferença entre informação e opinião. Se o médico disser: "Quatro entre cinco pessoas que sofrem dessa doença morrem em dois meses", trata-se de uma estatística, simples informação. Porém, se o médico lhe disser: "Você morrerá dentro de dois meses" trata-se de uma *opinião*. Não há por que não acreditar na possibilidade de ser a quinta pessoa, que viverá mais tempo ou ficará boa! Se seu médico lhe disser que você não ficará bom ou que tem apenas seis meses de vida, é bom desconfiar.

Mesmo a *forma* como o médico apresenta a informação pode fazer uma grande diferença. Se o médico disser, "Quando *você* tomar este medicamento, *você* provavelmente sentirá enjoos depois de dez minutos", estará falando sobre incidentes desagradáveis como se eles fossem acontecer com você. Quando ouvimos algo dessa natureza, nossa tendência é visualizar, sentir isso acontecendo conosco (às vezes, até o cheiro), para que possamos entender direito o que o médico está dizendo. Quando imaginamos isso acontecendo conosco, torna-se muito mais provável que aconteça. Os médicos que participaram dos nossos seminários passaram a falar sobre "efeitos colaterais" como algo que pode acontecer "a alguém", e não como algo que irá acontecer com *você*.

AFIRMAÇÕES

Muita gente acha que devemos repetir afirmações positivas para melhorar a saúde. Mas afirmações do tipo "Tudo está ficando cada vez melhor" não terão um efeito muito positivo, pois trata-se de uma sobreposição que não modifica a experiência subjacente. Essas afirmações não atingem a base da experiência. Encobrir uma experiência desagradável com outra positiva pode intensificar a primeira.

Com a PNL, entretanto, *transformamos* diretamente a experiência negativa em algo positivo. Às vezes, descobrir os objetivos positivos da experiência negativa facilita ainda mais o processo. Quando fazemos esta *transformação em algo mais positivo*, ela funciona. Não há mais necessidade de repetir constantemente as afirmações positivas.

Além do mais, a maioria das "afirmações" é muito genérica. Para que as sugestões se tornem úteis, precisam estar ligadas especificamente à nossa experiência, como nos exemplos a seguir:

"Sabendo que a leve sensação de formigamento que está sentindo faz parte do processo normal de cura, você se sentirá cada vez mais confortável e à vontade. É um sinal de que seu corpo está levando adiante um processo que lhe permitirá ter uma saúde melhor."

"O inchaço e a palpitação significam que seu corpo está enviando sangue para o corte, levando consigo nutrientes curativos e eliminando o tecido afetado e os detritos, para que possa se curar mais rapidamente."

"A febre alta é a maneira que seu corpo tem de fazer os ajustes necessários para lutar contra a infecção e curar esta doença."

"Ao dar ao meu corpo o tempo necessário para que fique bom, estou me possibilitando atingir outros objetivos e metas. Descansar bastante agora vai me ajudar a ter mais energia mais tarde."

Muitas pessoas sentem os sintomas da doença e começam a se preocupar com consequências desastrosas, o que causa tensão muscular e todos os outros elementos do estresse. Ao ligar os sintomas e sensações específicos a um objetivo positivo, a pessoa pode relaxar e dar o máximo de oportunidades para que a cura natural aconteça.

Qualquer autossugestão pode se adaptar às preferências pessoais. Existem certas palavras às quais reagimos de forma positiva, e outras às quais reagimos com desagrado ou descrença. As autossugestões podem ser modificadas cuidadosamente, para aumentar ao máximo o seu impacto positivo.

O tom de voz é ainda mais importante do que as palavras. Imaginemos a frase "Estou ficando mais saudável" dita num tom de voz alto e esganiçado e observemos o impacto que ela tem! O tom e a cadência da voz precisam ser convincentes.

AUTOCURA E CIRURGIA

Quando a cirurgia parece ser a solução adequada, o método de autocura pode ajudar a pessoa a se preparar para ela e recuperar-se com mais rapidez. Algumas pessoas morrem de medo de uma cirurgia porque pensam nela como um "ataque" cruel ao corpo. Ao transformar essa imagem em algo mais positivo — como um conserto necessário de algo que está avariado —, podemos direcionar todas as nossas reações para um resultado positivo.

Também podemos usar afirmações positivas para acelerar a recuperação de cirurgias ou qualquer outro tipo de cura. Uma amiga nossa, que tinha uma histerectomia marcada, perguntou-nos o que podia fazer para se recuperar mais rapidamente da cirurgia. Sugeri que ela pensasse em imagens de cura e repetisse afirmações que pressupusessem a cura.

Estudos demonstraram que as pessoas reagem ao que ouvem sob anestesia, mesmo que aparentemente inconscientes. Então, sugeri também a essa amiga que pedisse a alguém na sala de operação que se certificasse de que o cirurgião, o anestesista e outros médicos dissessem apenas coisas positivas sobre ela ou para ela durante a operação. Disse-lhe que os anestesistas com formação em PNL usavam esse método, fazendo afirmações positivas enquanto seus pacientes estavam sob o efeito da anestesia. Segundo eles, os outros membros do hospital passaram a comentar que "aqueles" pacientes eram diferentes — sofriam menos reações adversas e se recuperavam mais rapidamente.

Nossa amiga foi um passo além e marcou uma entrevista com seu anestesista, pedindo-lhe que fizesse sugestões de cura enquanto ela estivesse sendo operada. Ele ficou interessado em experimentar e aceitou seu pedido. Nossa amiga recuperou-se da histerectomia num tempo recorde, surpreendendo os médicos tanto pela velocidade da sua recuperação como pela ausência completa de dor.

SE A AUTOCURA FUNCIONA, ISSO QUER DIZER QUE SOU CULPADO POR TER FICADO DOENTE? DEVO ME SENTIR CULPADO?

As pessoas em geral confundem *causa* com *cura*. Acham erroneamente que, se podemos nos curar modificando nossa maneira de pensar, é porque *causamos* a doença. Não é bem assim. Se uma criança cai de uma árvore e quebra a perna, não consertamos a fratura colocando a criança de volta na árvore. Sem dúvida, seria inútil. O médico pode decidir engessar a perna fraturada, o que não tem nenhuma relação com a causa da fratura. A capacidade de curar uma doença com a mente não significa que nós a *causamos*, da mesma forma que o gesso não provocou a fratura.

A culpa *não* ajuda a cura. Fazer o necessário para ajudar a cura e observar a reação do corpo geralmente ajuda a recuperação. O método descrito neste capítulo nos dá algo novo e poderoso a ser usado para acelerar o processo de cura, qualquer que tenha sido a sua causa.

A maior parte das doenças tem múltiplas causas. Uma pessoa pode ter herdado uma "predisposição" genética para a doença. Fatores ambientais, como poluentes, aditivos ou ferimentos e doenças anteriores, podem ter contribuído para a doença, assim como o estresse resultante de uma vida difícil. Se codificarmos nossas doenças para piorar, em vez de melhorar, também podemos estar contribuindo para que elas piorem.

COMO APRENDER AS TÉCNICAS DE CURA

O importante é fazer tudo para que a doença seja codificada de forma que o corpo se cure automaticamente sem intervenção. Se eu tomar a *minha* maneira de pensar na cura e oferecê-la a outra pessoa, essa fantasia orientada pode não ser atraente para ela. Mas, se descubro como *aquela* pessoa pensa sobre a cura, o resultado será *positivo* para ela. Quando seu cérebro tiver codificado que a cura vai acontecer, o impacto continuará. Não será necessário fazer afirmações positivas ou meditar, pois trata-se de uma maneira normal de pensar.

Recentemente, participei de um seminário dado por um autor bastante conhecido, que incentiva as pessoas a curarem sua vida, para que o corpo possa se curar. Era um excelente conselho e muito motivador. Eu estava numa sala cheia de pessoas que tinham doenças graves de todo o tipo. Todas escutavam com muita atenção, esperando descobrir algo que pudessem usar para a cura. Uma pessoa se levantou e disse: "Foi muito útil ouvir falar sobre amar a si mesmo e abandonar velhos ressentimentos. Mas eu realmente preciso saber *como* fazer isso". O autor nada tinha a oferecer. Continuou a ler cartas de pessoas que diziam: "Aprendi a amar a mim mesmo e aos outros e agora estou melhor".

Nenhum dos presentes àquele seminário descobriu "como" fazer. Nada de específico lhes foi ensinado sobre *como* aprender a amar a si mesmos, ou aos outros. É por isso que a PNL oferece algo novo: métodos específicos para levar à prática conselhos positivos como esse. Este livro oferece muitas *maneiras* de fazer isso melhor.

A PESQUISA REVELA QUE A MENTE INFLUENCIA O CORPO

De alguns anos para cá, estudiosos do novo campo da psiconeuroimunologia fizeram várias descobertas que começaram a esclarecer como nosso pensamento influencia nossa saúde e nosso bem-estar. Já citamos algumas dessas pesquisas no final do capítulo 4. Antigamente, a medicina acreditava que mente e corpo eram separados, mas hoje se sabe que nosso sistema nervoso central (sede do pensamento, da memória e das emoções) se comunica diretamente e de forma rotineira com nosso sistema imunológico e endócrino através de um grupo de neurotransmissores e bioquímicos. Esses pesquisadores estão começando a estudar cuidadosamente de que maneira nosso estado de espírito influencia nosso estado de saúde no nível molecular. Um artigo recente[5] resume algumas das descobertas desses pesquisadores.

Já em 1964, um estudo demonstrou a ligação entre o conflito emocional e o desenvolvimento da artrite reumatoide. Mulheres emocionalmente saudáveis ficavam livres da doença mesmo quando havia uma predisposição genética para ela.

Mais recentemente, outros pesquisadores identificaram fios nervosos que partem do nosso sistema nervoso central para dois órgãos essenciais do nosso sistema imunológico — o timo e o baço. Outra pesquisa revela que algumas células cerebrais se comunicam diretamente com as células do sistema imunológico através de neuropeptídios, e que outras células cerebrais reagem ao estado de sistema imunológico.

Outro estudo mediu o impacto do estresse sobre o sistema imunológico dos estudantes de medicina. Pouco antes e durante a semana de exames acadêmicos, os estudantes passavam por uma diminuição significativa no funcionamento do seu sistema imunológico.

Cada dia se tornam mais conhecidos os mecanismos fisiológicos que ligam nossos pensamentos e emoções à nossa condição física. Enquanto a pesquisa a respeito dos mecanismos fisiológicos da ligação mente/espírito continua a se desenvolver, o campo da PNL caminha rapidamente, tentando identificar que tipo de *pensamento subjetivo* tem uma influência positiva sobre nosso corpo.

A PESQUISA CORROBORA A SABEDORIA INTERNA

Em outro estudo, Robert Ader demonstrou que o sistema imunológico pode agir como um órgão sensorial inconsciente, reunindo informações que ajudam nosso corpo a se autorregular. Ratos com o sistema imunológico superativado recebiam água com açúcar misturada a um produto químico desagradável, que causava náusea, mas também suprimia o sistema imunológico. A maioria dos ratos não tomaria a água por causa da náusea que ela causava. Esses ratos, porém, continuaram a beber a água. Segundo Ader: "Os animais sabem o que é bom para eles... Os sinais gerados pelo sistema imunológico estão sendo lidos pelo sistema nervoso central"[6].

Esse tipo de pesquisa está começando a lançar as bases para o que muitos já sentiram com os métodos descritos neste capítulo. Temos maneiras de saber o que é bom para nós, a partir de informações de nossos sistemas sensoriais menos conscientes, como, por exemplo, o sistema imunológico. Temos acesso a essa sabedoria quando nos voltamos para dentro de nós e prestamos mais atenção às mensagens sutis que nosso corpo não deixa de nos enviar.

Enquanto essas pesquisas nos dão a base científica para entender como nosso pensamento afeta nossa saúde, o método de cura automática nos oferece uma maneira específica de usar nossos pensamentos para influenciar nossa saúde de maneira positiva.

Um *Post Scriptum* (1992):

Ted (o homem que tinha Aids, p. 259), esteve em contato conosco. Ele desenvolveu Aids terminal e veio a falecer no fim de 1991. É impossível determinar se o trabalho de mudança psicológica que ele fez estendeu sua vida. Os amigos que o acompanharam em seus últimos dias disseram que ele estava em paz com relação a morrer e que sua a graça e dignidade os comovera profundamente.

Recebemos outros informes periodicamente de pessoas que experimentaram resultados deste processo. Um homem que tinha uma pneumonia severa que se alastrava por nove meses e que não respondia a nenhum antibiótico ou outros tratamentos, depois de utilizar este processo, nos disse que ficou bem em três dias.

Uma mulher que sofrera um acidente de carro começou a experimentar dor na lombar, nos quadris e na perna, e começou a usar muleta. Seu médico disse a ela que precisaria uma cirurgia para evitar perder completamente o movimento das pernas. Ela ficou feliz com o resultado obtido com o processo descrito neste capítulo, já que sua dor sumiu, e ela rapidamente recuperou o funcionamento total das suas pernas. Quando fez os exames recomendados pelo médico (uma eletromiografia e o exame de condução nervosa), estes confirmaram que não precisaria da cirurgia.

REFERÊNCIAS

1. SIEGEL, Bernie. *Amor, medicina e milagres.* 33 ed. Rio de Janeiro: Best Seller, 1989.
2. BARNES, Deborah M. "Losing Aids Antibodies". *Science,* 10 jun. 1988, p. 1407.
3. COUSINS, Norman. *Anatomy of an illness.* Nova York: W. W Norton & Company, 1985.
4. Idem, *The healing heart.* Nova York: W. W. Norton & Company, 1981.
5. HALL, Stephen S. "A molecular code links emotions, mind and health", *Smithsonian,* jul. 1989, p. 62-71.
6. Os padrões de linguagem "conversacional" que ajudaram Jennie se ensinam em detalhes no áudio de 4h 26 min *Advaced language patterns* [Padrões avançados de linguagem], de Connirae Andreas.

20. Saber o que se quer

Os capítulos anteriores deste livro estão cheios de exemplos de pessoas que conseguiram obter o que queriam com a PNL. *Saber o que se quer é* muito importante. Mais importante ainda é querer algo que vale a pena ter, de forma que a pessoa fique satisfeita quando conseguir o que quer. As perguntas abaixo podem ajudar você a desenvolver objetivos ou "metas" pessoais que valha a pena conquistar e que estejam de acordo com a pessoa que você deseja ser.

Etapa 1. Escolha um objetivo.
Em primeiro lugar, é importante perguntar: *"O que quero?"* Escolha um objetivo ou desejo. Se pensar em vários objetivos, veja se são parecidos de alguma forma. Por exemplo, se quer ser capaz de se motivar para limpar a casa, preparar seus relatórios a tempo ou terminar um trabalho qualquer, todos esses objetivos estão relacionados à *motivação*. Se pensar em vários objetivos diferentes, escolha um primeiro para começar.

A PNL descobriu que a *maneira* como se pensa sobre o objetivo faz uma enorme diferença. Pode-se pensar no mesmo objetivo de uma maneira que torna mais fácil atingi-lo ou de uma maneira que o torna praticamente impossível. As próximas perguntas lhe permitirão verificar se você está pensando no seu objetivo de uma maneira que torne mais fácil atingi-lo.

Avaliação A. *Certifique-se de que seu objetivo está colocado em termos do que você QUER, e não do que não quer.* Por exemplo, se meu objetivo for "Quero que meu filho deixe de choramingar", ou "Quero parar de me sentir mal quando meus planos não dão certo", ou "Não quero comer tanto entre as refeições", estou pensando no que *não* quero.

É possível, porém, pensar naquilo que se *quer*. "Quero que meu filho peça as coisas num tom de voz agradável." "Quando meus planos não dão certo, quero sentir-me desafiada — como se me estivesse sendo dada uma oportunidade." "Quero comer apenas frutas entre as refeições e fazer uma refeição completa, balanceada, três vezes ao dia."

Quando as pessoas pensam naquilo que *não* querem, ou no que querem evitar, geralmente criam essa situação em sua vida, porque sua mente se volta para o que elas não desejam. Pensar no que se *quer* é uma mudança simples que pode fazer uma imensa diferença.

Avaliação B. *Certifique-se de que seu objetivo está colocado de tal maneira que possa obtê-lo independentemente da atitude das outras pessoas.* Se seus objetivos exigem que outras pessoas se modifiquem, mesmo que essas mudanças sejam bem-vindas, isso coloca você numa posição vulnerável e impotente. Você não será capaz de conseguir o que quer a não ser que as *outras* pessoas modifiquem seu comportamento. Todos queremos coisas de outras pessoas, mas é importante que sejamos capazes de atingir nossos objetivos básicos por nós mesmos, independentemente do que os outros façam.

Isso pode parecer impossível no início, mas pode nos dar maior capacidade e poder. Vejamos alguns exemplos. Digamos que meu objetivo seja: "Quero que meu marido pare de me criticar". Como isso pressupõe que meu marido mude, trata-se de algo que está fora do meu controle. Se esse for meu objetivo principal, estarei numa posição vulnerável.

"O que posso fazer/ ter/ vivenciar que me dará o que quero, qualquer que seja a atitude do meu marido?" Talvez eu queira ter amor-próprio mesmo quando meu marido me critica. Talvez eu queira me sentir capaz quando meu marido me critica, e ser capaz de examinar com que elementos da sua crítica eu concordo e de que elementos discordo (ver capítulo 5). Isso me coloca numa posição mais poderosa, porque posso conseguir o que quero mesmo que meu marido continue a me criticar.

Vejamos outro exemplo. Digamos que meu problema seja: "Minha namorada acabou o namoro e quero que ela volte para mim". Como não tenho controle sobre seu comportamento, posso me perguntar: "O que eu conseguiria se ela voltasse?" Talvez meu relacionamento com ela tenha sido o melhor que já tive. Ela fez florescer meu senso de humor, eu gostava da ligação afetuosa que tinha com ela e me sentia mais valorizado.

Agora tenho uma lista de objetivos que estão sob o meu controle. Posso encontrar outras formas de desenvolver meu senso de humor. Posso desenvolver relacionamentos afetuosos com outras pessoas e descobrir meios de me sentir valorizado. Posso conseguir tudo isso mesmo que minha namorada não volte para mim.

Etapa 2. Como saber que o objetivo foi atingido.
"Como saberei que atingi meu objetivo?" Algumas pessoas não conseguem saber se atingiram ou não seus objetivos. Isso significa que nunca ficam satisfeitas quando conseguem algo. Além disso, não têm como avaliar se seu comportamento cotidiano as está levando mais perto ou mais longe do seu objetivo. Por exemplo, meu objetivo pode ser: "Quero ter mais sucesso". Se eu não tiver indicações do que significa "ter sucesso", posso lutar para ter sucesso a vida inteira sem jamais sentir que o consegui. Ter sucesso pode ser conseguir que alguém sorria, obter um emprego ou qualquer outra coisa específica.

Avaliação. *As evidências obtidas estão intimamente relacionadas com o objetivo?* Verifique se as evidências lhe dão informações realistas e positivas de que você está perto de atingir seu objetivo. Digamos que meu objetivo seja ser uma professora eficiente e que a evidência neste caso fosse eu me sentir bem no final do dia. Sentir-se bem no final do dia é ótimo, mas não necessariamente tem a ver com o fato de eu ser uma boa professora. Uma demonstração melhor seria observar se meus alunos têm um melhor desempenho do que no início do ano letivo.

Vamos a outro exemplo. Digamos que meu objetivo seja ser uma boa mãe e que eu sinta que consegui isso quando meus filhos me dizem que estou me saindo bem. Não se trata de uma boa indicação. Se quero que meus filhos digam que sou uma ótima mãe, talvez tenha de ser muito permissiva, sem tomar as medidas que seriam boas para eles a longo prazo. Mais uma vez, a melhor indicação é observar o progresso e o desenvolvimento dos meus filhos.

Etapa 3. Selecione onde, quando e com quem deseja atingir o objetivo.
É muito importante saber quando você quer e quando não quer atingir seu objetivo. Por exemplo, se seu objetivo for "sentir-se confiante", você quer sentir confiança *o tempo todo*? Quer sentir-se confiante quando estiver pilotando um avião, mesmo sem nunca ter pilotado antes? Talvez seja melhor não ter muita confiança em andar numa corda bamba a quatro metros do solo, a não ser que saiba realmente fazê-lo. Onde, quando e com quem você quer se sentir confiante? Talvez deseje sentir-se confiante apenas quando

tiver a capacidade e o treinamento necessários. Quando *não* tiver essa capacidade, talvez prefira ter uma sensação *diferente,* como, por exemplo, "cuidado", "curiosidade" ou "saber que posso usar meus erros para aperfeiçoar meus conhecimentos".

Será muito mais fácil atingir seu objetivo se tiver o cuidado de decidir quando e onde ele é adequado. Quando alguém tenta sentir-se confiante sem possuir a capacidade necessária, em geral não consegue atingir o objetivo.

Avaliação. Seja específico. "*O que vejo, ouço e sinto que me faz saber que chegou o momento de atingir meu objetivo?*" Por exemplo, "Quando vejo meu marido fazendo X, quero sentir compaixão".

Etapa 4. Verifique os obstáculos.
"*O que me impede de já ter atingido o meu objetivo?*" Talvez nada o impeça. Se for esse o caso, você pode ir direto à etapa 5. Entretanto, às vezes outro objetivo entra em conflito com o objetivo que se quer atingir. Quando isso acontece, é importante descobrir um jeito de atingir *ambos* os objetivos. Em geral, dois objetivos que parecem em conflito podem, na verdade, ser complementares. Se não puder ser assim, é possível programá-los para que não entrem em conflito. Nos capítulos 7 e 12 apresentamos métodos que podem ajudar a resolver o conflito.

Etapa 5. Descubra os recursos existentes.
"*Que recursos eu já possuo que poderão me ajudar a atingir meu objetivo?*" Se o seu objetivo é ter amor-próprio, saber quando já possui esse sentimento pode lhe dar muitas informações de como atingir esse objetivo. Se sua meta for falar em público, que partes desse objetivo você já realiza? Provavelmente, já consegue falar, ficar de pé e olhar o público etc. Saber quanto se é capaz proporciona um sentimento real de realização e uma base sólida para aprender as habilidades adicionais necessárias.

Etapa 6. Recursos extras.
"*Que outros recursos ou capacidades são necessários para atingir o objetivo desejado?*" Saber que etapas você já pode realizar faz que possa se concentrar mais facilmente naquelas que deve aprender. Talvez você precise se sentir confiante quando está sendo observado falando em público. Talvez

seja necessário manter um esboço do que planeja dizer ou encontrar formas de reagir ao público de maneira mais calorosa.

Etapa 7. Crie um plano.
"Como vou atingir meu objetivo?" "Qual será meu primeiro passo?" Alguns objetivos simples podem ser atingidos imediatamente, mas em geral será necessário uma série de passos e algum tempo para atingir nossos objetivos.

Avaliação A. Certifique-se de que o primeiro passo é específico e factível. Se o seu objetivo for "Quero pesar 55 kg", pergunte-se: "Qual será o meu primeiro passo para atingir esse peso? O que posso fazer agora que me levará em direção ao meu objetivo e como poderei saber que estou no caminho certo?" Chamamos a isso "segmentação". Se o seu objetivo lhe parece grande demais, a "segmentação" é o primeiro passo para torná-lo possível ou fácil de ser atingido.

Avaliação B. Talvez você descubra que este processo de autoquestionamento o ajuda a especificar o que é necessário para atingir um objetivo importante. Parte do plano pode ser usar alguns dos métodos indicados neste livro. Entretanto, se você seguiu todos os passos indicados e ainda assim não conseguiu estabelecer como atingir o objetivo desejado, a próxima seção lhe poderá ser útil.

O QUE VOCÊ REALMENTE DESEJA?

Às vezes, sonhamos com metas que são praticamente impossíveis. Por exemplo, algumas pessoas têm como objetivo nunca cometerem erros. Outras gostariam que todo mundo as elogiasse ou as amasse. Outras ainda acham que têm de ser as melhores num esporte ou as mais ricas do mundo.

Mesmo que seja possível atingir esses objetivos, o esforço e o sacrifício exigidos talvez não valham a pena. Muitas pessoas descobrem, ao atingir esse tipo de objetivo, que *ainda* não estão satisfeitas — o objetivo desejado não era *realmente* aquilo que queriam. Saber o que *realmente* queremos pode nos ajudar a ter mais flexibilidade para atingir nossos objetivos mais facilmente.

Se começarmos escolhendo "metas pouco realistas", como as citadas, é necessário não somente abandoná-las. É necessário descobrir o "objetivo dentro do objetivo". Podemos nos fazer a pergunta mais importante: *"O que este objetivo vai me dar?"* Isso nos fará estabelecer metas mais básicas, úteis e possíveis.

Por exemplo, o objetivo de Frank era ser aceito pelas pessoas. Ele sentia um forte desejo de ser aceito e não tinha obtido sucesso. A maioria de nós quer se relacionar bem com os outros. Frank, porém, queria ser aceito *para* sentir-se bem consigo mesmo. Ele estava voltado para o objetivo de "obter aceitação". O objetivo dentro desse objetivo era "sentir-se bem consigo mesmo". Frank não tinha se dado conta de que sentir-se bem consigo mesmo é um objetivo em si. Na verdade, é muito *mais fácil* sermos aceitos se *começarmos* por nos sentirmos bem conosco. Quando mudamos o objetivo "ser aceito pelos outros" por "ter mais amor-próprio", passamos a ter uma meta mais factível e mais válida.

Algumas pessoas famosas — estrelas de cinema etc. — esforçam-se (às vezes até se comprometendo) muito para atingir a fama porque acham que isto lhes dará o que querem. Entretanto, as estrelas de cinema dão a impressão de serem as pessoas mais infelizes em nossa cultura. A fama não lhes dá o que elas *realmente* querem. Quando as pessoas são levadas a ganhar muito dinheiro, poder e fama, em geral é porque *acreditam* que, se conseguirem obter o que desejam, se sentirão mais valorizadas, ou amadas, ou alguma outra coisa muito básica. Quando identificamos este objetivo básico, sempre é possível encontrar maneiras mais diretas de obtê-lo — sem precisarmos nos esforçar para atingir outro objetivo que não seja realmente importante.

Se o seu objetivo é conseguir um certo emprego, este pode ser um caminho para você atingir outros objetivos pessoais. Talvez deseje este emprego porque acha que o trabalho é agradável, ou talvez seja uma maneira de fazer algo importante. Este trabalho pode lhe proporcionar independência financeira ou permitir-lhe a convivência com um certo tipo de pessoas. Neste caso, o "objetivo do objetivo" seria aprender mais, ou ser criativo. Muitos tipos *diferentes* de trabalho proporcionam prazer, realização, independência financeira, aprendizagem, criatividade ou qualquer que seja o seu "objetivo".

Digamos, por exemplo, que você queira ser uma estrela do basquete, mas só tenha 1,50 m de altura. Trata-se de um obstáculo prático para obter sucesso nesse esporte. Entretanto, se você se perguntar: "O que significa para mim ser jogador de basquete?", talvez se dê conta de que o que realmente deseja é um emprego onde os outros o respeitem e no qual possa ganhar bem. Existem literalmente milhares de profissões que podem proporcionar dinheiro e respeito sem que seja necessário medir dois metros de altura. Quando enxergamos o que *realmente* queremos, abrimos um leque maior de possibilidades de sucesso.

Pode ser ainda mais útil dar um passo adiante. Se queremos dinheiro e respeito, podemos também nos perguntar: "O que há de positivo para mim em ganhar dinheiro e respeito?" "O que *realmente* desejo obter através do dinheiro e do respeito?" A maioria das pessoas quer dinheiro suficiente para levar uma vida confortável. A maioria de nós também deseja ser respeitada. Entretanto, quando objetivos como dinheiro e sucesso consomem a vida de alguém, é geralmente porque a pessoa pensa que o sucesso e o dinheiro são meios de obter algo mais essencial. Se nos perguntarmos "O que isto fará por mim?", com frequência vamos descobrir que se trata de algo como ser amado, sentir-se valorizado, seguro, ou de uma questão de sobrevivência. Objetivos e metas essenciais são suficientemente importantes para serem perseguidos de maneira mais direta.

Há ocasiões em que é preciso perguntar "E o que meu objetivo faria por mim?" repetidas vezes antes de chegar ao objetivo principal. Por exemplo, encontrar um emprego pode ser uma maneira de ter sucesso. Ter sucesso pode ser uma maneira de ser respeitado. Se formos mais a fundo, o "objetivo" de ser respeitado pode ser sentir-se bem como pessoa.

Conseguir um emprego pode ser uma maneira de evitar responsabilidades. "Quero apenas cumprir ordens." O objetivo positivo, neste caso, ou seja, o "objetivo dentro do objetivo", pode ser "sentir-se seguro". "Quando não tenho de tomar nenhuma decisão, sinto-me seguro."

Quando conhecemos o objetivo central do sentimento de segurança, ou de se sentir bem consigo mesmo, temos muito mais flexibilidade para alcançar o objetivo. Pode ser que só nos sentiremos realmente seguros se tomarmos algumas decisões. Talvez possamos nos sentir bem com mais facilidade *sem* tentar obter primeiro o respeito das pessoas. Quando sabemos o que *realmente* queremos, há muito mais probabilidade de o conseguirmos. Escolha um objetivo e pergunte-se: "*O que obterei de positivo se conseguir atingir meu objetivo?*" Reflita bastante para chegar ao núcleo do que é realmente importante para você.

SESSÕES PARTICULARES E SEMINÁRIOS

Se mesmo depois de examinar o que realmente deseja ainda não conseguir chegar a uma conclusão, talvez seja interessante consultar um especialista em PNL, que o ajudará a descobrir o que deseja e como obtê-lo. Às vezes, é muito mais fácil atingir nossos objetivos ou metas pessoais com a ajuda de alguém com experiência nesses métodos. Alguns de nossos leitores nos escreveram para contar as mudanças valiosas que fizeram sozinhos, mas outras pessoas acham mais fácil alcançar resultados quando são orientadas. Isso pode ser feito durante um seminário, ou em sessões particulares. Cada pessoa reage de uma maneira, e uma das qualidades da PNL é ser sensível a essas diferenças e saber lidar com elas. Existem muitas sutilezas no uso da PNL, e muitas as adaptações que um especialista pode fazer para que o método usado seja adequado a uma determinada pessoa.

Caso o leitor esteja considerando a hipótese de procurar um seminário ou sessões particulares, gostaríamos de sugerir algumas diretrizes que lhe permitirão aproveitar ao máximo o investimento de tempo e dinheiro. Atualmente, o campo de PNL não tem padrões universais ou procedimentos de licenciamento, e a qualidade varia bastante de pessoa a pessoa. Eis algumas indicações que você deve observar antes de fazer um investimento:

TRABALHO COM O CLIENTE

1. **O terapeuta passa muito tempo perguntando sobre o que aconteceu de errado no passado?** Embora pareça útil, isso raramente trará soluções. O que possibilitará uma solução é descobrir como você ou outras pessoas *resolvem* dificuldades semelhantes. Um terapeuta eficiente passará muito tempo reunindo informações sobre seus objetivos positivos e suas capacidades e recursos pessoais.

2. **Você está indo em direção ao seu objetivo?** Alguns objetivos normalmente são atingidos numa única sessão pela maioria dos praticantes de PNL, enquanto outros levam mais tempo. Mesmo com objetivos que exijam mais tempo, os clientes geralmente sentem um certo movimento em direção ao objetivo em duas ou três sessões. Se não for o caso, talvez valha a pena procurar outro terapeuta. Mesmo que você esteja trabalhando com uma pessoa capacitada, talvez ela esteja esquecendo alguma coisa ou não tenha experiência suficiente com o objetivo que você deseja atingir. Perceber um movimento em direção ao objetivo é o critério mais importante a ser observado.

3. **Seu terapeuta o rotula dizendo o que há de errado com você, em vez de aproveitar seu tempo para ajudá-lo a obter o que deseja?**

Este é um sinal de que procurar outra pessoa pode ser a melhor solução. Rótulos diagnósticos não são soluções; em geral não fornecem nenhuma informação a você — ou a seu terapeuta — que possa ajudá-lo a conseguir o que quer.
4. **Faça uma distinção entre sentir-se bem ou compreendido pelo terapeuta e obter as mudanças desejadas.** O ideal é encontrar ambos em um terapeuta. Entretanto, algumas pessoas, mesmo sendo carinhosas e maravilhosas, não têm a capacidade necessária para ajudá-lo a obter os resultados desejados. Se o seu terapeuta for maravilhoso, mas você não estiver obtendo o resultado desejado, sugerimos que procure outra pessoa.

SEMINÁRIOS

Se estiver interessado num seminário ou grupo de trabalho, eis algumas recomendações:

1. **Informe-se sobre a experiência anterior do responsável.** Isso pode ser feito participando de uma demonstração gratuita ou através de uma gravação de vídeo ou de áudio. Confie mais no seu julgamento em primeira mão do que em citações em folhetos, depoimentos, certificados ou diplomas.
2. **Resultados constantes.** O profissional tem um bom histórico de repetir seminários depois de um certo período? Aqueles que possuem integridade e capacidade (e não apenas rapidez e carisma) conseguem obter melhores resultados.
3. **Informação *versus* demonstrações.** Em um bom seminário, você encontrará *demonstrações* dos métodos que estão sendo ensinados, e não somente teoria sobre os métodos ou resultados obtidos.
4. **Exercícios.** Após a demonstração, o orientador dá exercícios cuidadosamente planejados que lhe permitam *colocar em prática* as novas capacidades? São a observação e a *prática* que transformarão essas novas habilidades em algo que faz parte do seu ser.
5. **Confirmação.** Você sabe perceber quando o que aprendeu está dando resultados? Um bom orientador lhe mostrará que sinais não verbais você deve observar.
6. **Integridade pessoal.** O orientador age de forma coerente com o que está sendo ensinado? Eis algumas das qualidades que devemos *observar* nele:

a) Um orientador eficiente parte do pressuposto de que qualquer pessoa pode aprender — é apenas uma questão de encontrar a maneira adequada. Se um orientador age como um "guru" que quer apenas impressionar, cuidado! Geralmente, os participantes aprendem menos com esse tipo de treinamento (mesmo que, às vezes, fiquem mais impressionados).
b) Um bom orientador respeita e responde às perguntas e objeções dos participantes.
c) Um bom orientador cumprirá as promessas feitas aos participantes.
d) Um orientador eficiente admite seus erros facilmente e aceita de bom grado sugestões para melhorar o treinamento.

7. **Capacidade.** Pode ser difícil observar essa característica sem conhecer melhor a PNL, mas ela é muito importante. Alguns pontos a serem verificados: O orientador é capaz de *demonstrar* resultados? Você consegue *observar* mudanças não verbais no cliente que está passando pela demonstração? Você consegue perceber que está fazendo progressos ou o orientador fica repetindo que "seu inconsciente está aprendendo", ou "Você está confuso agora, mas dentro de seis meses notará a diferença"? Insista em obter resultados perceptíveis.

8. **Senso de humor.** O melhor auxiliar do aprendizado é o senso de humor — do tipo contagiante, que ri *com* os outros ou sobre a condição humana, e não à custa dos outros. Se conhecer um orientador que, além das outras qualidades enumeradas, tenha senso de humor, você provavelmente ficará satisfeito.

Essas recomendações sobre os seminários são um resumo do artigo "A consumer's guide for a good training" [Guia do consumidor para um bom treinamento], que está disponível gratuitamente em nosso site[1].

REFERÊNCIAS

1. ANDREAS, Steve; ANDREAS, Connirae. *A consumer's guide to good training.* Disponível em: <https://steveandreas.com/a-consumers-guide-to-good-training/>.

Posfácio

Neste livro, apresentamos vários exemplos de mudança pessoal rápida, demonstrando o que é possível fazer com o conhecimento dos métodos da PNL. Também descrevemos alguns dos métodos usados para reunir informações e fazer mudanças, e alguns dos julgamentos que nos guiaram na utilização deste método. Esperamos ter sido capazes de dar algumas indicações da amplitude e da profundidade da PNL. Ao contrário de algumas "novas abordagens" que não passam de "estratagemas", ou de um pacote de truques, a PNL oferece um conjunto sistemático de conceitos e métodos para entender e modificar a experiência humana. É o início de uma verdadeira ciência da mente.

Podemos lidar com a maior parte dos problemas descritos neste livro rapidamente, como afirmamos, desde que possamos identificar como funciona o problema. Entretanto, identificar a estrutura de uma dificuldade leva algum tempo. Além do mais, para se obter um único resultado, às vezes é necessário um certo número dos tipos de mudanças ilustradas nos casos apresentados.

Um "único" problema, como estar acima do peso, por exemplo, pode incluir um ou todos os pontos seguintes: uma melhor autoimagem, a estratégia alimentar das pessoas naturalmente esbeltas, aprender maneiras eficazes de motivação e decisão, eliminar uma reação fóbica aos maus-tratos na infância ou adquirir habilidades sociais e de enfrentamento. Em geral, uma única intervenção bem-sucedida do tipo demonstrado solucionará apenas parte do problema.

Além de saber o *que* fazer, a *maneira* como isso é feito é igualmente importante. As instruções dadas não podem ser lidas num tom de voz monocórdio. Nossos gestos, a congruência, o tom de voz, a cadência, entre outros elementos, são componentes essenciais para que as palavras possam criar uma experiência impulsionadora, que leve à mudança. Um pintor pode ter uma magnífica imagem mental e saber exatamente que cores serão necessárias para o efeito desejado, mas também precisa ser capaz de colocar a imagem na tela.

Da mesma maneira, o violino é um instrumento muito simples, mas é necessário ter muita prática e grande habilidade para conseguir um som claro e suave. Quem estiver interessado em trabalhar com a PNL precisa entender que é tão difícil aprender isso num livro quanto aprender violino sem professor. Em ambos os casos, a prática direta e uma boa orientação por parte de alguém mais capacitado faz uma grande diferença. Um bom professor de violino pode demonstrar em segundos como ajustar a posição do instrumento para melhorar o som, algo que alguém levaria anos para descobrir sozinho. Assim como uma partitura musical, os casos descritos são apenas indicações ou resumos do que se pode conseguir. Para se obter um bom resultado, é preciso muita prática e capacidade, que não podem ser transmitidas apenas por palavras.

Também observamos que geralmente obtemos resultados mais rápidos com pessoas que frequentaram alguns dos nossos seminários. Essas pessoas têm uma experiência básica, que podemos usar rapidamente para ajudá-las a atingir seus objetivos, e possuem menos crenças limitantes para atrapalhá--las. À medida que aprendem mais sobre o funcionamento do seu cérebro, obtêm mais habilidades mentais e dispõem de mais recursos para resolver problemas e fazer as mudanças desejadas.

Algumas vezes, nada do que fazemos dá certo. Isso acontece em qualquer ramo do conhecimento, inclusive aqueles com muito mais tempo de existência do que a PNL. Quando os métodos existentes não funcionam, isso indica onde é necessário criar novas compreensões e novas intervenções. Usamos essas ocasiões para estimular o desenvolvimento de novos métodos. Hoje, já estamos conseguindo coisas que não eram possíveis há um ano. E quando este livro chegar às mãos do leitor, muitas outras coisas serão possíveis.

Para finalizar, gostaríamos de ressaltar algo que os casos aqui apresentados demonstram fartamente. As pessoas tornam-se mais capazes e mais humanas quando *acrescentam* percepções, reações, comportamentos e maneiras de pensar alternativos, e não quando os subtraem ou inibem.

Durante milhares de anos, a sociedade usou a repressão, a punição, o aprisionamento e outras formas de coerção para impedir comportamentos indesejáveis, reduzindo as opções disponíveis. A coerção sempre significou um fracasso na tentativa de ensinar melhores alternativas às pessoas. Às vezes, esse fracasso é um sinal de que alguns dos objetivos da sociedade são inadequados ao ser humano e deveriam ser mudados. Entretanto, se os objetivos da sociedade são adequados, alguma coisa está faltando no campo educacional e social se as pessoas precisam ser coagidas a agir adequadamente. Se aprendermos alternativas eficientes (e a pensar em outras possibilidades quando achamos que todas as disponíveis se esgotaram), poderemos ter uma vida mais agradável e plena. Quando as pessoas têm escolhas, não precisam ser controladas, porque têm maneiras eficientes de conseguir o que desejam sem precisar controlar ou ferir outras pessoas.

Todos os métodos aqui demonstrados *acrescentam* algo às nossas capacidades e habilidades internas. Essa consciência expandida de nós mesmos também nos torna mais sensíveis, capazes, compreensivos e criativos no nosso relacionamento com os outros.

Muitos estudiosos declaram que usamos apenas uma pequena percentagem do nosso cérebro, algo entre 5% e 15%. Embora as pessoas não usem grande parte do seu cérebro, este não é o problema principal. O problema principal é *como* usamos esta pequena fração do nosso cérebro. A mente ainda é uma fronteira desconhecida, cheia de recursos valiosos pouco usados até agora. A PNL pode nos ajudar a usar melhor a nossa mente e obter o que desejamos da vida.

Algumas das pessoas que usam a PNL já dispõem de muitas capacidades e têm uma consciência positiva do seu valor. Usam a PNL para obter mais ainda. Outras tiveram experiências dolorosas e usam a PNL para colocar sua vida num caminho mais positivo. Uma mulher nos escreveu cerca de um ano depois de ter participado de um de nossos seminários:

> Quando participei do seminário, tinha pouca esperança na vida. Não conseguia mais enfrentar o sofrimento e queria desistir. Passei por várias transformações importantes e rápidas, e pude finalmente construir uma base com minhas próprias forças. Fui a todos os seminários de PNL neste último ano e cresci tanto que às vezes chego a me sentir sobrecarregada. Observei muitas mudanças profundas nos meus clientes e hoje sei que posso fazer uma diferença neste mundo. O trabalho que vocês fazem mudou minha vida e me deu muitas coisas. Muito obrigada e sejam abençoados por terem transformado minha vida.

Também nos sentimos abençoados pela PNL e por sermos capazes de transmitir essa bênção a outras pessoas. A PNL nos abriu portas que nem sabíamos que existiam. E quando encontramos uma situação com a qual ainda não sabemos lidar, o conhecimento e a capacidade oferecidos pela PNL nos dão uma base firme para encontrar novas soluções.

Esperamos que este livro tenha aberto novas portas na mente do leitor, mostrando o que é possível obter da vida e como obtê-lo. A você, nossos melhores desejos em sua jornada.

Anexo I
Pistas visuais de acesso

A maioria das pessoas reúne todo o processo de informação interna e o denomina de "pensamento". Richard Bandler e John Grinder observaram que pode ser muito útil dividir o pensamento em diferentes modalidades sensoriais dentro das quais ele ocorre. Enquanto processamos a informação internamente, podemos fazê-lo de maneira visual (visão), auditiva (audição), cinestésica (tato), olfativa (olfato) ou gustativa (paladar). Ao ler a palavra "circo", você pode saber o que significa através de imagens de picadeiros, elefantes ou trapezistas; pode ouvir a música típica da banda; pode sentir os bancos rígidos da plateia ou a criança no seu colo, ou a empolgação de estar no circo; ou ainda sentir o cheiro ou o gosto da pipoca ou do algodão-doce. O significado de uma palavra pode ser percebido através de um ou de uma combinação desses cinco canais sensoriais.

Bandler e Grinder observaram que, dependendo do tipo de pensamento que estão tendo, as pessoas movimentam os olhos em direções sistemáticas. Esses movimentos são chamados pistas visuais de acesso. O diagrama a seguir indica o tipo de processamento que a maioria das pessoas faz quando movimenta os olhos numa direção específica. Uma pequena porcentagem de pessoas (cerca de 5%) é "invertida", isto é, movimenta os olhos como uma imagem refletida no espelho.

É mais fácil usar o diagrama se o sobrepusermos ao rosto da pessoa, de modo que, ao vê-la olhando numa direção específica, possamos visualizar a identificação da pista visual de acesso.

- » V^L **Visual lembrado:** ver as imagens de coisas já vistas anteriormente. Perguntas que podem eliciar esse processo: "Qual a cor dos olhos da sua mãe?" "Que tipo de casaco você está usando?"
- » V^C **Visual construído:** ver imagens de coisas nunca vistas antes, ou vê-las de outro ponto de vista. Perguntas para eliciar o processo: "Pode imaginar um hipopótamo de cor laranja e bolinhas roxas?"
- » A^L **Auditivo lembrado:** lembrar sons já ouvidos antes. Perguntas para eliciar o processo: "Qual é o som do seu despertador?"
- » A^C **Auditivo construído:** ouvir sons nunca ouvidos antes. Perguntas para eliciar o processo: "Como seria o som de palmas transformando-se em canto de pássaros?" "Como seria o som da sua voz se fosse uma oitava abaixo?"
- » A^D **Auditivo digital:** Falar consigo mesmo. Perguntas para eliciar o processo: "Pode dizer a si mesmo algo que frequentemente diz para si mesmo?" "Recite, em pensamento, as primeiras estrofes do Hino Nacional."
- » **C Cinestésico:** Sentir emoções, sensações táteis (tato) ou proprioceptivas (musculares). Perguntas para eliciar o processo: "Como é a sensação de estar feliz?" "Como é tocar numa casca de árvore?" "Como é a sensação de correr?"

Anexo II
Aprendendo e aplicando a PNL —
Mais recursos

Se quiser ter uma experiência mais completa de alguns dos métodos usados neste livro e conhecer os importantes avanços no campo da PNL desde que *A essência da mente* foi publicado pela primeira vez, a seguir estão algumas excelentes opções.

LIVROS SOBRE PNL

Core transformation – Reaching the wellspring within, de Connirae Andreas e Tamara Andreas. [Ed. bras.: *Transformação essencial – Atingindo a nascente interior*. 2. ed. São Paulo: Summus, 1996.] Este livro irá guiá-lo por dez passos simples, por meio dos quais suas limitações se tornam a porta de entrada para transformar poderosamente os estados do ser.

Transforming negative self-talk, de Steve Andreas. Aprenda uma variedade de métodos para transformar rapidamente seu crítico interior num aliado amistoso. Comece com o volume 1, e conheça mais métodos no volume 2.

Waltzing with wolverines – Finding connection and cooperation with troubled teens, de Mark Andreas. Nestas páginas, você encontrará histórias ilustrando princípios claros para obter sucesso até mesmo com os adolescentes mais difíceis. Pais e professores de crianças de todas as idades amam este livro.

Transforming your self – Becoming who you want to be, de Steve Andreas. Descubra do que é feita a sua identidade, como funciona e como usar este conhecimento para mudar a maneira como você pensa em si mesmo.

Consulte a lista de livros completa em: www.RealPeoplePress.com.

PROGRAMAS DE VÍDEO DESTACADOS
Resolving PTSD [Como resolver o TEPT]
Treinamento em streaming de vídeo com 4 dias de duração, com Steve Andreas. O TEPT simples é uma resposta fóbica a uma lembrança aterrorizante com os consequentes pesadelos e flashbacks. O TEPT complexo

pode incluir respostas problemáticas adicionais que necessitam ser resolvidas, como culpa, vergonha, ansiedade, arrependimento, autocrítica e outras. Este treinamento completo inclui demonstrações e práticas detalhadas para curar cada um desses aspectos.
Pode ser adquirido em: www.RealPeoplePress.com.

Core transformation [Transformação essencial]
Experimente um processo profundo em dez etapas onde suas limitações tornam-se a porta de entrada para uma experiência direta de estados essenciais do ser, como "paz", "amor" ou mesmo "unidade com o todo", que podem transformar até mesmo os problemas mais arraigados.
Webnário gratuito em vídeo, com Tamara Andreas. (75 min.) Uma excelente introdução à transformação essencial, incluindo uma experiência guiada em grupo e uma pequena demonstração.
Workshop completo de 3 dias, com Tamara Andreas. Disponível em DVD ou streaming de vídeo, este programa inclui demonstrações e o ensinamento de transformação essencial, alinhamento de posições perceptuais e reimpressão da linha temporal parental. Estes são alguns dos métodos mais usados.
Obtenha recursos e mais informações no site www.CoreTransformation.org.

Coming to Wholeness [Como alcançar a inteireza]
Baseado num ensinamento essencial da espiritualidade ocidental, o processo da inteireza nos proporciona uma maneira de descobrir e "dissolver" o senso de ego presente em nosso dia a dia. Em consequência, muitas das nossas dificuldades e reatividades emocionais também se dissolvem, dando-nos maior acesso a nosso humor, criatividade e sabedoria natural.
Webnário gratuito em vídeo, com Connirae Andreas. (70 min.) Uma excelente introdução a Trabalho da Unidade, incluindo uma experiência guiada em grupo e uma breve demonstração.
Treinamentos em streaming de vídeo: Acesse este trabalho profundo de onde estiver! As opções online incluem um treinamento de 2 dias e outro de 3 dias de duração.
Obtenha recursos e mais informações no site www.TheWholenessWork.org.

RECURSOS DIGITAIS: ÁUDIO E VÍDEO

Os recursos a seguir oferecem demonstrações de qualidade de muitos dos métodos apresentados neste livro. Se deseja incluir este e outros programas excelentes em sua biblioteca sobre PNL, veja nossa seleção completa em: www.RealPeoplePress.com.

Vídeos clássicos de PNL:

The swish pattern [O padrão *swish*]. Steve Andreas e Connirae Andreas. 72 min.

Uma intervenção rápida e poderosa para mudar hábitos e sentimentos. Steve ajuda um cliente a deixar de roer unhas. Connirae faz uma demonstração de como uma mulher pode mudar sua reação quando a filha usa um determinado tom de voz. Ver capítulos 16 e 17.

Six-step reframing [Remodelagem em seis etapas]. Connirae Andreas. 72 min.

Um método poderoso para acessar e organizar os recursos inconscientes, a fim de mudar hábitos, sentimentos e comportamentos indesejáveis. Inclui uma demonstração com uma mulher que desejava parar de fumar. Ver capítulo 7.

Resolving grief [Como superar a dor da perda]. Connirae Andreas. 54 min.

Um homem que acabara de perder o filho e outros entes queridos é levado a encontrar paz. Desenvolvido pelo casal Andreas, o método pode ser aplicado em qualquer outro caso de perda: de uma pessoa (divórcio, separação ou morte); de um emprego, de um objeto valorizado etc. Ver capítulo 10.

Resolving shame [Como superar a vergonha]. Steve Andreas. 34 min.

Segundo os especialistas, a vergonha está na raiz de muitas dificuldades — incluindo alcoolismo, abuso de drogas e codependência. Steve examina a estrutura da vergonha, e demonstra um método rápido para superar esse sentimento e recuperar a autoestima. Ver capítulo 13.

Changing timelines [Como mudar a linha do tempo pessoal]. Connirae Andreas. 77 min.

Nossas virtudes e fraquezas são, às vezes, resultado de como "codificamos o tempo". Connirae demonstra como descobrir e modificar a estrutura inconsciente das linhas do tempo pessoais para ajudar as pessoas a alcançarem os resultados que desejam. Ver capítulo 18.

Eye movement integration [Integração dos movimentos oculares]. Steve Andreas. 50 min.

Todos já ouvimos falar de EMDR (dessensibilização e reprocessamento por meio dos movimentos oculares). A integração dos movimentos oculares (EMI) é uma versão mais gentil, mais amável e mais eficaz do trabalho com movimentos oculares, como demonstrado nesta sessão completa de 50 minutos com um ex-combatente que sofrera de TEPT.

Making futures real [Tornando os futuros realidade]. Leslie Cameron Bandler. Introdução e comentários de Michael Lebeau.

Este vídeo de 1983 aborda a aplicação da PNL à eliminação do abuso de substâncias. A parte 1 (duração: 1h30) está disponível em: <https://vimeo.com/652602582>.

Áudios de PNL:

Advanced language patterns [Padrões avançados de linguagem]. Connirae Andreas. 4h 26 min; áudio, com manual em pdf.

Este best-seller permanente é uma elegante explicação e experiência do poder dos padrões de linguagem desenvolvidos na PNL. Aprenda os padrões de linguagem do sucesso e da transformação. Explicação detalhada com exemplos bem-humorados; inclui demonstrações de "mudança na conversação".

Anexo III
Treinamento e certificados

Uma sinergia acontece quando as pessoas se reúnem para vivenciar a transformação interna e a mudança. Íntimos e pessoais, os cursos da Andreas NPL Tranings oferecem aos participantes uma oportunidade de experimentar este trabalho em sua forma mais poderosa. Uma vez que é possível realizar o trabalho "sem conteúdo", cada pessoa pode manter sua privacidade e, ainda assim, ter experiências pessoais impactantes que honram profundamente o seu ser.

Quer esteja interessado primordialmente em mudança pessoal, quer esteja buscando aprender métodos que possam ajudá-lo a obter resultados transformadores e duradouros para seus clientes, experimente fazer um treinamento presencial. Seja bem-vindo à nossa comunidade.

Se deseja consultar o cronograma atualizado ou se inscrever em nossa lista de e-mail, visite: AndreasNLPTrainings.com.

SOBRE A ANDREAS NLP TRAININGS
Com sede em Boulder, Colorado, a Andreas NLP Trainings se especializa em oferecer treinamentos nos métodos mais recentes, eficazes e poderosos de PNL e nos campos relacionados. Em nossa equipe de capacitadores, há líderes e inovadores em transformação pessoal de todas as partes do mundo.

Connirae e Steve Andreas oferecem treinamentos de qualidade em PNL desde 1978. Mark Andreas, seu filho e colega de profissão, dá continuidade a essa tradição de treinamentos de qualidade, oferecidos com novas ideias, humor e calidez.

MATERIAIS DE TREINAMENTO
Os manuais de treinamento de Steve e Connirae para os cursos NLP Practitioner e NLP Trainer estão disponíveis via NLP Comprehensive (www.NLPCO.com) por meio de um contrato de licença de uso. Seu Master Practitioner Training Manual futuramente será publicado em versão e-book.

Anexo IV
A programação neurolinguística no Brasil

Criada em 1981, a Sociedade Brasileira de Programação Neurolinguística foi a primeira empresa a trabalhar esta ciência no Brasil. Associada à American Society of Neurolinguistic Programming, tem o aval de qualidade dos criadores mundiais da PNL. Mantém intercâmbio de tecnologia com o Dynamic Learning Center (Robert Dilts e Todd Epsteim), Grinder DeLozier & Associates (John Grinder) e NLP Comprehensive (Steve e Connirae Andreas).

A SBPNL é referência em PNL no país, tornando-se igualmente um centro gerador e formador de novas ideias, estudos e pesquisas na área. Seus cursos vão desde a introdução à PNL até seu aperfeiçoamento, como o Practitioner e o Master Practitioner.

Os cursos são ministrados por Gilberto Cury e pela equipe de instrutores da SBPNL, formados pelos principais nomes da PNL no mundo, como Richard Bandler, John Grinder e Robert Dilts, todos com sólida formação e experiência. Também participam assistentes treinados pela SBPNL, que, além de qualificados, passam por constante atualização.

Escrever para a SBPNL é a maneira de garantir a qualidade do treinamento recebido, com o endosso de Richard Bandler, John Grinder e Steve Andreas.

Sociedade Brasileira de Programação Neurolinguística
Rua Fernandes Borges, 120 — São Paulo — SP
Telefone: (11) 3882-2900
site: www.pnl.com.br
e-mail: atendimento@pnl.com.br

Bibliografia

Usando sua Mente – As coisas que você ainda não sabe que não sabe, de Richard Bandler.
Num texto claro, Richard Bandler mostra as diversas maneiras que usamos para pensar sobre nossos problemas cotidianos e resolvê-los. Dependendo do tamanho, luminosidade, distância das nossas imagens internas, reagimos diferentemente aos mesmos pensamentos. À medida que compreendemos esses princípios, podemos mudar nossas experiências para reagirmos de um modo mais adequado.

Transformando-se – Mais coisas que você não sabe que não sabe, de Steve e Connirae Andreas.
Neste livro, os autores aprofundam e ampliam a compreensão de como, através da linguagem, podemos ter acesso às experiências passadas e apresentam novas combinações, sequências e caminhos para utilizá-las. São explorados os padrões mentais que nos fazem ser como somos e oferecidos os meios para rapidamente mudarmos nosso comportamento.

Know-how – Como programar o seu futuro, de Leslie Cameron-Bandler, David Gordon e Michael Lebeau.
Se você deseja transformar seus sonhos em realidade, manter hábitos saudáveis de alimentação e saúde, deixar de fumar, ter uma vida sexual gratificante e ser um pai ou uma mãe melhor, encontrará aqui as formas de atingir seus objetivos. As técnicas utilizadas são uma série de recursos de programação neurolinguística.

O refém emocional – Resgate sua vida afetiva, de Leslie Cameron-Bandler e Michael Lebeau.
Muitas pessoas são vítimas de suas próprias emoções, sentem-se prisioneiras de seus medos, tristezas, mágoas ou incapacidades. Tentam evitar

sentimentos dolorosos ou perigosos para se poupar da dor e da rejeição, deixando de viver experiências valiosas. Uma análise detalhada e provocadora das emoções humanas que indica como e porque ocorrem as emoções e como controlá-las e até mesmo como usá-las em seu benefício. Através de exercícios práticos de PNL os autores nos ensinam a utilizar nosso emocional de forma satisfatória e produtiva.

O método emprint – Um guia para reproduzir a competência, de Leslie Cameron-Bandler, David Gordon e Michael Lebeau.
Um livro de programação neurolinguística destinado a abrir caminhos para se obter novas habilidades, talentos e aptidões. Um método para transformar possibilidades em realizações através da aquisição de novos padrões mentais de autoajuda.

Introdução à programação neurolinguística – Como entender e influenciar as pessoas, de Joseph O'Connor e John Seymour.
A programação neurolinguística procura entender por que determinadas pessoas aparentemente demonstram maior capacidade do que outras. Procura descrever em termos simples os mecanismos dessas pessoas, permitindo que outros assimilem os padrões de excelência utilizados. Este livro introdutório mostra as técnicas usadas pelos grandes comunicadores, técnicas essenciais para o desenvolvimento pessoal e a boa qualidade no campo do aconselhamento, educação e negócios.

Transformação essencial – Atingindo a nascente interior, de Connirae Andreas e Tamara Andreas.
O acesso à transformação pessoal pode ocorrer através de nossos piores erros. Aquelas que consideramos nossas maiores limitações podem tornar-se nossas melhores aliadas internas. Utilizando o processo de transformação essencial, através de dez passos principais, a mudança ocorre a partir de dentro, levando-nos imediatamente a relacionamentos mais satisfatórios, a um estado interior de paz e a uma sensação de unicidade.

Sobre os autores

Connirae e Steve Andreas começaram a estudar e a ensinar programação neurolinguística em 1977 e tornaram-se instrutores diplomados em 1979. Editaram quatro dos livros mais vendidos de autoria dos criadores da PNL, Richard Bandler e John Grinder: *Sapos em príncipes, Atravessando, Ressinificando* e *Usando sua mente*. O livro posterior de Steve e Connirae, *A essência da mente*, oferece uma introdução clara e didática ao tema, e *Change your mind* descreve padrões avançados adicionais, alguns dos quais foram criados por eles (linhas do tempo pessoais, como superar a dor da perda, a vergonha, a culpa e como transformar a raiva em perdão).

Desenvolveram manuais de treinamento completos e detalhados para os participantes dos cursos Practitioner, Master Practitioner e Trainer, estabelecendo padrões de qualidade e oferecendo modelos usados por muitos treinadores no mundo todo. Produziram mais de 70 vídeos demonstrando os principais processos de PNL, alguns dos quais podem ser encontrados no YouTube.

Steve Andreas também escreveu *Virginia Satir – The patterns of her magic*, em que apresenta os princípios que Satir usava em seu trabalho com famílias, e *Transforme-se em quem você quer ser*, em que apresenta a estrutura do autoconceito e como modificá-la de maneira fácil e rápida. Seu livro mais recente em dois volumes, *Seis elefantes cegos – Princípios fundamentais de abrangência e categoria na programação neurolinguística*, apresenta uma teoria unificada do campo da PNL e da mudança pessoal, mostrando como os diferentes trabalhos com modelos e métodos de mudança podem ser compreendidos como resultado de mudar uma ou mais de três variáveis fundamentais do processo.

Connirae Andreas é conhecida por seu trabalho pioneiro ao criar o método Core Transformation [Transformação essencial], por meio do qual nossas limitações tornam-se a porta de entrada para uma experiência que muitos descrevem como nossa essência espiritual.

A mais nova contribuição de Connirae, Wholeness Work [Processo de inteireza], oferece uma técnica precisa para experimentar "a dissolução do ego" de forma que também resolva os problemas em nossa vida. O trabalho com o todo vem da jornada pessoal de Connirae, incluindo sua recuperação de problemas de saúde. Mais do que apenas uma maneira de resolver problemas, o processo de inteireza resulta em evolução pessoal quando usado como uma prática de vida.

INFORMAÇÕES E RECURSOS

Nos sites a seguir, você encontra mais artigos, vídeos e materiais dos autores:

- » www.RealPeoplePress.com
- » www.AndreasNLPTrainings.com
- » www.SteveAndreas.com
- » www.ConniraeAndreas.com
- » www.CoreTransformation.org
- » www.TheWholenessWork.org

www.gruposummus.com.br